Wahlendorf

Woltersdorf

Pfefferteich

Darritz

Storbe

Alt Ruppi

F

Walsleben

ow

Werder

Krentzlin

Nied

NeuRuppin

Wuthenow

Wu

Gottberg

Ketzlin

Dabergotz

Bechlin

Gnewikow

Licht enber

Lüchfeld

Stöffin

Treschow

Ziegl.

Raden

Kugow

Buskow

Carwe

nck er

Protzen

Walchow

Langen

Wustrau

Alt Fr

Übertienhof

Schleuse

Feldber ge

Rhin

Fehrbellin

Das

See

Lentzkermühle

Wustrauische

Lentzke

Brunn

M

Tarmo

Luch

R

Betzien

Hackenberg

1674

SCHLÖSSER UND HERRENHÄUSER

Schlösser und Herrenhäuser

Baugeschichte und Familienhistorie
zu Theodor Fontanes
»Wanderungen durch
die Mark Brandenburg«

ausgewählt und mit Erläuterungen
versehen von

Gerd-H. Zuchold

Schriften des Landesheimatbundes Brandenburg e. V. (LHB)
zur Architektur- und Kulturgeschichte im Brandenburgischen
herausgegeben im Auftrag des Vorstandes des LHB
von Gerd-H. Zuchold

FRANKFURTER ODER EDITIONEN

CIP-Kurztitelaufnahme der Deutschen Bibliothek
»Schlösser und Herrenhäuser«
– 1. Auflage – Berlin:
FRANKFURTER ODER EDITIONEN 1998
ISBN 3-930842-41-6
NE-Schlösser

FRANKFURTER ODER EDITIONEN
gesetzt aus der Garamond
Alle Rechte vorbehalten
Printed Germany
ISBN 3-930842-41-6

*Erinnern schafft die Voraussetzung
für die Vermeidung neuen Unrechts*

Rita Süßmuth 1997

FÜR KUNO

den ständigen Begleiter

Inhalt

Vorwort

Sechs Jahre lang habe ich an der Technischen Universität Berlin, zuletzt am Fachbereich Architektur, im Rahmen eines interdisziplinären Forschungsprojektes (IFP) gearbeitet und im Fach »Baugeschichte« über das Thema »Geschichte der Architektur und bildenden Künste in der Mark Brandenburg« gelehrt.

Für das IFP, dessen Aufgabe es war, auf multimedialer Grundlage ein Werkzeug für die Erfassung und Inventarisierung von Kunst- und Kulturdenkmälern zu entwickeln, war ich seit Oktober 1991 im Land Brandenburg unterwegs, um Burgen, Schlösser und Herrenhäuser zu photographieren, denn die Funktionalität unserer Multimedia-Datenbank sollte am Beispiel der brandenburgischen Adelssitze gezeigt werden.

Anlaß waren die höchst kontroversen Zahlen über diese Denkmälergruppe nach der Wiedervereinigung: im »Spiegel« hieß es, es gäbe noch 179 Herrenhäuser, andere behaupteten, 789 wären abgerissen, und als in der TU die Datenbank schon die Katalognummer 1256 anzeigte, vermeldete die Forschergruppe zweier benachbarter anderer Universitäten, es gäbe noch genau 550 Herrenhäuser.

Alles Unsinn. Im Moment habe ich 1 653 Objekte in der Datenbank, und bei Ende der systematischen Untersuchung dürfte wohl die Zahl 2 000 ohne größere Schwierigkeiten erreicht sein.

Was aber ist eigentlich ein »Herrenhaus«? Jürgen Dorgerloh vom Referat für Denkmalpflege im Brandenburgischen Wissenschaftsministerium hat einmal gemeint, die Spannbreite gehe vom größeren Bauernhaus bis zur prachtvollen Vierflügelanlage. Recht hat er.

In Zusammenarbeit mit den Studenten wurden Quellen und Bauformen analysiert, die Sozialgeschichte brandenburgischer Güter thematisiert sowie das historische und geistige Umfeld eines »Rittergutes« dargelegt.

Das hier vorgelegte Buch ist gewissermaßen der »Fond« an Erkenntnissen, die aus jenen Jahren intensiver Beschäftigung mit der Thematik gesammelt wurden. Zu gegebener Zeit wird dieser »Fond« die Grundlage bilden für eine familiengeschichtliche und bauhistorische Publikation aller brandenburgischen Herrenhäuser. Den Band 1 der auf 13 Bände konzipierten Reihe werden die historischen Landschaften Ruppiner Land, Glien und Land Löwenberg bilden.

In der Potsdamer Lokalpresse gab es eine heftige Kontroverse, ob zwei vergoldete Löwenfiguren vor einem chinesischem Restaurant in der Potsdamer Kurfürstenstraße aufgestellt werden dürften. Das Amt für Denkmalpflege entschied für »nein«, Widerspruch erfolgte, die Diskussion gelangte in die Öffentlichkeit – die Löwen stehen jetzt. Etwa um dieselbe Zeit beklagte eine Leserin der »Potsdamer Neuesten Nachrichten«, im Land Brandenburg gäbe es zu viele west- und süddeutsche Fertighausfirmen, die mit ihren Produkten, die vom Architekturempfinden her gar nicht in die brandenburgische Landschaft paßten, das Land überschwemmten. Dem sollte ein Riegel vorgeschoben und »brandenburgische Architektur« statt dessen gefördert werden. Beides haben wir zum Anlaß genommen, um auf dem Rechner eine multimediale Karte anzufertigen, auf der alle fremde, also nichtbrandenburgische Architektur dick rot durchgestrichen wurde. Was blieb? Barocke Reihenbauten aus der Zeit des Soldatenkönigs. Ohne die fremden Einflüsse wäre Potsdam unattraktiv geblieben, klein und häßlich. Also sollten auch heute fremde Einflüsse toleriert werden – eigentlich gibt es gar keinen »brandenburgischen Stil«. Wenn man so will – und die überkommenen Bauten zeigen es eindringlich –, ist »brandenburgischer Stil« gekennzeichnet von Toleranz: der Große Kurfürst hat holländisch gebaut, Friedrich der Große französisch, Friedrich Wilhelm II. ägyptisierend, Friedrich Wilhelm III. am griechischen und römischen Vorbild angelehnt, Friedrich Wilhelm IV. am frühchristlichen Vorbild orientiert ... Aber alles entwickelt sich, und auch die heutigen Brandenburger sollten sich in der preußischen Tradition der Toleranz üben – nämlich Fremdes zunächst einmal als Bereicherung empfinden. Wenn also jemand an der Stelle eines baufälligen Herrenhauses ein neues errichtet, das in seinem Erscheinungsbild aber sehr an den »Colonial Style« von Häusern in der Umgebung von Boston/New England/USA erinnert (wie etwa in Ludwigsaue, zwischen Rüthnick und Beetz gelegen), so sollte sein Bauergebnis mit Respekt betrachtet werden: Brandenburg hat auch dafür Platz. Letztlich durch die preußischen Könige ist Brandenburg und gerade der Raum zwischen Berlin und Potsdam »multikulturell« geworden – damals war es eine Selbstverständlichkeit, was heute trotz diverser schwerster Klimmzüge nicht gelingt, denn die Ausländerfeindlichkeit im Bundesland Brandenburg nimmt nicht ab – sondern erschreckend zu. Nicht nur, daß heute für Bauten wie das »Chinesische Teehaus«, die Friedenskiche in Potsdam (italianisierend), das »Bayerische Haus« in Potsdam-Wildpark oder das im Stil eines englischen Landhauses errichtete Schloß Cecilienhof keine Baugenehmigung erteilt werden würde, weil zum einen den Maßstäben der Denkmalpflege entsprechend diese (und andere) Stile nicht hierher paßten – auch die heutigen Umwohnenden lehnten es wohl sicherlich ab, in der Umgebung ihrer kleinbürgerlichen Datschenidylle einen Ableger des Tadj Mahal oder des römischen Pantheon erbauen zu lassen. »Brandenburgisch« soll es sein, nur keiner weiß, was das denn eigentlich ist.

Nach sechs Jahren Reisen in Brandenburg ziehe ich für mich den Schluß, daß es »brandenburgische Architektur« nicht gibt und wir jedem dankbar sein sollten, der zur Illustration dieser Landschaft beigetragen hat – und das sind in erster Linie die Gutsherren –, also der Adel.

Voller Dankbarkeit gedenke ich jener, die diese Forschungen und Reisen in eine »terra incognita« ermöglicht haben: zuvörderst Herrn Professor Dr. Rudolf Schäfer, dem Dekan des Fachbereiches Architektur, der Sekretärin des Fachbereiches, Frau Hoff, sowie Herrn Professor Dr. Eberhard Kernchen (ebd.), dem Sprecher des genannten IFP. Auf der von ihnen ermöglichten Grundlage reiste ich mit meinem Freund und Kollegen Bernd Maether pro Jahr etwa 30 000 km durch das Bundesland Brandenburg, um Herrenhäuser und deren Umfeld zu photographieren.

Der Gedankenaustausch mit Bernd Maether war stets von außerordentlichem Gewinn. Ebenso gerne denke ich an die engagierten und von aktivem Mitdenken in der Thematik gekennzeichneten Beiträge der Studenten, von denen ich besonders erwähnen will: Judith Bartel, Stefan Bartoszewski, Peter Strzelczyk, Agnieszka Zykla, Sigurd Buhr, Harry Galliver, Torsten Allert, Sabine Dorsch sowie Clemens Schöllhorn.

Und nicht zuletzt danke ich den Förderern meiner wissenschaftlichen Ideen, Dr. Bardia Khadjavi-Gontard, München (Rittergut Stechau), Ulrich Weishaupt, Berlin, die ihre vorzüglich restaurierten Anwesen immer wieder bereitwillig als Anschauungsobjekte zur Verfügung stellten, um den Studenten zu zeigen, wie mit privatem Engagement dem Untergang geweihte Architektur gerettet und wieder zu kulturellen Zentren des Dorfes gemacht werden kann.

Mein Dank gilt aber auch SKH Friedrich Karl Prinz von Preußen (Grainbach-Samerberg), Herrn Otto-Helmut v. Rohr (Krefeld-Forstwald) wie ebenso Herrn Hans Straßl, dem Leiter der Abteilung Landverkehr beim Deutschen Museum München, sowie Herrn Lutz-Ulrich Kubisch vom Deutschen Technikmuseum Berlin, Prof. Dr. Thomas Stamm-Kuhlmann vom Historischen Seminar der Universität Greifswald, desgleichen Herrn Ekkehard Spiegel von der Berliner kulturpolitischen Wochenzeitung »Freitag«, wie auch Frau Saskia Hünicken und Sabine Abraham vom Verein »ARGUS« in Potsdam.

An letzter Stelle, die ich hier als besonders herausgehoben gewertet sehen möchte, bedanke ich mich für immer wieder höchst anregende Gespräche bei Reinhold von Wienskowski, Berlin, sowie Dr. Manfred Uhlitz vom Verein für die Geschichte Berlins und dem Direktor der Lessing Hochschule, Udo Piekarek, die die von ihnen geleiteten Institutionen immer wieder – auch wegen steigender Nachfrage aus dem Publikum – dem Autor als Forum zur Verfügung stellten, die Geschichte brandenburgischer Schlösser und die Kultur des brandenburgischen Adels einem interessierten und höchst motivierten Publikum nahezubringen.

Wenn mir Studenten am Schluß eines Semesters erklärten, nun läsen Sie Fontane mit völlig neuen Augen, reisten in Brandenburg mit vielfach geschärfter Optik und wüßten nun, wie man im »Gotha« recherchiert und daß es so ein Handbuch überhaupt gibt, so hat sich mein geheimer Wunsch über das Ziel der Lehrveranstaltungen hinaus erfüllt: Geschichte und Kultur einer arg vernachlässigten Landschaft einer größeren Personengruppe nahezubringen.

Daß dies nun auch in gedruckter Form geschehen kann, dafür danke ich besonders dem engagierten Frankfurter Verleger Matthias Kirchner, der – ganz in der Tradition Friedrichs des Großen – den Autor an keiner Stelle »genieret« hat.

Gerd-H. Zuchold

Landesgeschichtliche Einführung

I. Zur historischen Geographie

»Mark Brandenburg« ist eine historische Bezeichnung; »Mark« bedeutet Grenzlandschaft, d. h. eine Provinz an der Grenze des Reiches – in unserem Fall an der Grenze des Heiligen Römischen Reiches Deutscher Nation.

Die früheste Quelle, in der die Mark Brandenburg beschrieben wird, stammt aus dem Jahre 1373 und wurde für Kaiser Karl IV. aus dem Hause Luxemburg verfaßt, als dieser von 1375 bis 1378 auch die Mark Brandenburg beherrschte.[1]

Der unbekannte Verfasser beginnt seine Beschreibung mit den Worten: »Marchia Brandemburgensis est distincta in quinque dominia sive provincias, quarum provinciarum una vocatur Nova Marchia Brandemburgensis, altera Antiqua Marchia Brandemburgensis, tercia Prignicz, quarta Ukara et quinta Marchia trans Oderam.«[2]

Jeder, der einmal Latein gehabt hat, kennt das Vorbild des Kanzlisten: nämlich Caesars »De bello gallico«, dessen berühmte Eingangsworte »Gallia divisia est in partes tres ...« hier Pate gestanden haben.

Auf deutsch lautet der Anfang der Beschreibung der Mark Brandenburg: »Die Mark Brandenburg ist in fünf Herrschaftsgebiete geteilt, von denen eine Provinz die Neue Mark Brandenburg genannt wird, die andere die Alte Mark Brandenburg, die dritte die Prignitz, die vierte die Uckermark und die fünfte die Mark jenseits der Oder.«

Der der Gegend offenbar unkundige Autor hatte seine Schwierigkeiten, die ihm zugekommenen Informationen zu einem logischen Text zu verarbeiten – manchmal widerfährt das auch noch heutigen Autoren –, und so kam es, daß er die »Neue Mark Brandenburg« neben der »Mark jenseits der Oder« als eigenständiges Herrschaftsgebiet annahm.

Doch schon zwei Jahre später ist man am Hof Karls so vertraut mit den neuen Gebieten, daß die Mark Brandenburg nun geteilt wird in eine »Marchia transalbeana alio nomine antique Marchia«, »Marchia transoderana« und eine »Marchia media est inter Albeam et Oderam situata, et quia magna est, subdividitur in novem territoria, quorum nomina sunt hec: Lubus, Barnym, Czucha, Teltow, Terra Obula, Glyn, Prignetz, Ukera, Comitatus Lindowensis.«[3]

Es gibt also eine Altmark jenseits der Elbe, eine Mark jenseits der Oder und – für uns besonders interessant – eine »Mittelmark, die zwischen Elbe und Oder liegt, und da sie groß ist, in neun Gebiete eingeteilt ist, deren Namen die folgenden sind: Lebus, Barnim, Zauche, Teltow, Havelland, Glien, Prignitz, Uckermark und die Grafschaft Lindow.«

Uns interessiert diese Mittelmark, die den nördlichen Teil des heutigen Landes Brandenburg ausmacht.

II. Die Mark Brandenburg wird Staat

Auf dem Gebiet des jetzigen Bundeslandes Brandenburg gibt es wohl etwa 2 000 Schlösser- und Herrenhäuser. Deren Kartierung läßt mehrere Zentren erkennen: eine besonders starke Konzentration gibt es in der Uckermark, der Prignitz und im Süden in der Niederlausitz. Havelland, Barnim und Zauche sind dagegen bei weitem nicht mit einem so dichten Netz von Herrenhäusern überzogen, aber trotzdem ist zu erkennen, wie auch hier die Landschaft durch die Herrenhäuser gegliedert wird. Vorgreifend sei an dieser Stelle schon darauf hingewiesen, daß die Karte eigentlich nicht die Herrenhäuser zeigt, sondern die Verteilung der Rittergüter. Und die Berechtigung zum Bau eines Herrenhauses oder Schlosses war daran gebunden, daß das Gut die juristische Qualität eines »Rittergutes« hatte oder daß der Besitzer adelig war. Aber die Gleichung 2 000 Herrenhäuser = 2 000 Rittergüter geht nicht auf, denn im Laufe der Jahrhunderte haben viele märkische Rittergutsbesitzer den Hang zum »Zweitschloß«. Zu denken wäre etwa an Briesen bei Frankfurt (Oder) oder Altranft. Viel seltener dagegen sind drei Häuser in einem Ort; Kleinmachnow soll hierfür als Beispiel stehen. Es werden wohl etwa 1 200 bis 1 300 Orte sein, auf die sich die Herrenhäuser im heutigen Bundesland Brandenburg verteilen.

Wie kam diese große Zahl der Orte zustande? Und ist sie überhaupt bemerkenswert groß? Nehmen wir als Beispiel Südtirol. In fast jedem Dorf gibt es eine Burg oder ein Schloß, häufig genug beides in einem Ort.

Um die Güterstruktur Brandenburgs zu erklären, müssen wir weit in die Geschichte zurückgehen und begeben uns an das Ende des 10. Jahrhunderts.

927 hatte König Heinrich I. die Slawen in einer schweren Schlacht an der Elbe besiegt, ihren Hauptort Brennibor erobert und 931 die »Mark Nordsachsen«, die spätere Altmark, gegründet.

Kaiser Otto I. gründete 946 das Bistum Havelberg und 949 das Bistum Brandenburg. Die deutsche Landnahme und der Aufbau der beiden Bistümer wurden hier aber erheblich gestört, denn die Slawen wollten weder die deutsche Oberhoheit anerkennen noch wollten sie Christen werden. Der Gipfel der Widerspenstigkeit war der Slawenaufstand von 983. Die deutschen Siedler und die weltlichen wie die christlichen Amtsträger mußten in für sie sicheres Gebiet hinter der Elbe flüchten – die beiden Bischöfe residierten im Exil.

Das Gebiet östlich der Elbe bis zur Oder, das vom Bistum Brandenburg kirchlich verwaltet werden sollte, hieß die »Nordmark«. Obwohl das Land de facto nach 984 nicht mehr zur Verfügung stand, vergaben dennoch die deutschen Könige das Land zum Lehen – wir werden später noch auf diese überaus wichtige rechtshistorische Kategorie ausführlicher zu sprechen kommen –, wie denn auch der Papst die Bistümer Brandenburg und Havelberg besetzte, ohne das de facto beide Bistümer bestanden.

Das änderte sich erst, als 1134 Albrecht der Bär, der dem Geschlecht der askanischen Grafen von Ballenstedt angehörte, mit der Nordmark belehnt wurde. Albrecht wollte keineswegs nur Besitzer auf dem Papier – historisch richtiger gesagt: auf dem Pergament – bleiben, sondern es auch wirtschaftlich und politisch sein eigen nennen.

Albrecht war jemand, der subtile Politik zu machen verstand. Zunächst einmal kümmerte er sich um gute Beziehungen zu seinen östlichen Nachbarn. Und die waren so gut, daß ihm Fürst Pribislaw-Heinrich von Brandenburg 1130 die erbetene Patenschaft für seinen Sohn Otto – der spätere Markgraf Otto I. – nicht abschlug und ihm die Zauche zum Patengeschenk machte. Mehr noch: Pribislaw-Heinrich setzte Albrecht testamentarisch als Erben des von ihm beherrschten Teils des Landes an der Havel ein. Und als Pribislaw-Heinrich dann 1150 tatsächlich starb, eroberte Albrecht kurzer Hand dessen einstigen Herrschaftssitz Brandenburg. 1150 beherrschte Albrecht der Bär den südlichen Teil des Havellandes; die nördlich gelegenen »Ländchen« Rhinow, Friesack, Bellin und Glien gelangten erst im Verlauf der nächsten 100 Jahre in askanischen Besitz.

1138 hatte Albrecht die von den Slawen 984 den Deutschen wieder abgenommene Burg Havelberg zurückerobert, und im Wendenkreuzzug von 1147 den deutschen Einfluß in der erst 1349 erstmals so genannten Landschaft »Prignitz« weiter nach Osten geschoben.

Der Barnim gelangte Anfang des 13. Jahrhunderts in den Besitz der Askanier, worauf der Bau der Burg Stolpe an der Oder deutet. 1232 wird denn auch in einer Urkunde von der »terra Barnim« gesprochen.

In eben diesen Jahren eroberten die Markgrafen Johann I. und Otto II. die südliche Uckermark, nämlich das Flußgebiet an der Finow, und durch den Vertrag von Landin trat ihnen Herzog Barnim I. von Pommern das Land um die Uker ab, so daß nun die gesamte Uckermark den Askaniern gehörte, also brandenburgisch war.

Etwas anders sieht es mit dem letzten noch fehlenden Teil der Mark Brandenburg, dem Lebuser Land aus. 963 schlug Markgraf Gero den Polenfürsten Mieszko I. und gewann das westlich der Oder, von Schlaube, Spree, Löcknitz und Stobberow begrenzte Land. Doch dieser deutschen Landnahme war kein großes Glück beschieden, denn in dem bereits erwähnten Slawenaufstand von 984 ging das Land wieder verloren. Anfang des 12. Jahrhunderts gelangte es unter die Herrschaft des christlichen polnischen Königreiches – das Bistum Lebus wurde gegründet. 1249 überließ Boleslaw der Kahle von Glogau die Hälfte des Lebuser Landes dem Erzbischof Wilbrand von Magdeburg, damit dieser ihm bei Erbstreitigkeiten militärische Hilfe leiste. Wenige Jahre später, 1252, zwangen politische Gründe Boleslaw, seinen Teil des Lebuser Landes den Askaniern zu übereignen. 1287 erreichten die Markgrafen Otto IV. und Otto V., daß der Magdeburger Erzbischof seinen Anteil am Lebuser Land den Askaniern verpfändete. Der Kreis war somit in der Mitte des 13. Jahrhunderts geschlossen, und das gesamte Gebiet von der Zauche bis zur Uckermark brandenburgisch.

III. Burgen und Klöster als Siedlungsstruktur

Die Inbesitznahme eines Landesteiles bedeutete entweder die Übernahme schon bestehender Burgen oder den Bau von neuen, um den
Besitz des Landes auch verteidigen zu können. Ein Beispiel für den
ersteren Fall ist die Burg Lenzen in der westlichen Prignitz, die bereits
am Anfang des 10. Jahrhunderts von den Slawen erbaut worden war.
Als Beispiel für den zweiten Fall diene Zichow bei Angermünde, dessen Burg 1288 zum ersten Mal erwähnt und die erbaut wurde, nachdem die Uckermark 1250 askanisch geworden war.

So, wie die unter askanische Herrschaft gelangten Landesteile mit
einem System von Burgen überzogen wurden, wurden ebenso in ihnen auch Stützpunkte geistlicher Macht – Klöster nämlich – errichtet.

Es beginnt mit dem 1180 gegründeten Zisterzienserkloster Lehnin
in der Zauche. 1258 folgt das Zisterzienserkloster Chorin in der Uk-
kermark, 1271 wird in Alt-Friedland im Barnim ein Zisterzienserinnen-
kloster errichtet, 1287 das Zisterzienserinnenkloster Heiligengrabe in
der Prignitz und zuletzt 1318 die Kommende des Templerordens in
Lietzen, also im Land Lebus.

Das Land wurde durch drei Arten von Siedlern kolonisiert: Adeligen, also Rittern, Bauern und Mönchen sowie Nonnen.

Wer aber waren diese? Woher kamen sie?

Mit einem Wort: aus dem Westen. Aus dem niederrheinischen
Gebiet, aus Flamen, aus Westfalen. Wenn also das heutige Bundesland
Nordrhein-Westfalen die Patenschaft über das neue Bundesland Brandenburg übernommen hat, so ist dies gewissermaßen der Bogenschlag
zum Beginn der historischen Landschaft Brandenburg: ohne Kenntnis
und Fähigkeiten der Fachleute aus dem Westen hätte damals so wenig

wie heute Brandenburg eine Rolle in der deutschen Politik spielen können.

Brandenburg war in seiner Frühzeit Einwanderungsland. Die im Rahmen der Kolonisation eingewanderten Adelsfamilien kamen aus dem Westen und aus dem Süden. Die Familien von Alvensleben und von Quast kamen aus der Altmark,[4] die von Haake aus Westfalen,[5] die von Rochow ursprünglich aus dem Burgund,[6] und die von Oppen aus Sachsen.[7] Die Reihe könnte fortgesetzt werden.

Als Beispiel für damals gelte die Familie Barfuß, die unter anderem auch Prädikow besessen hat. In der Darstellung folgen wir Theodor Fontane.[8] 1280 wird die Familie erstmals in einer brandenburgischen Urkunde genannt, d. h. seit dem letzten Viertel des 13. Jahrhunderts sind Mitglieder dieser Familie im Brandenburgischen anwesend. Sie selbst aber ist wesentlich älter, stammt aus Niedersachsen, und wie die Familienüberlieferung es will, reichen ihre Wurzeln bis in das römische Köln zurück. Colonia Agrippinensis – so der lateinische Name Kölns – wurde 38 v. Chr. gegründet und 50 n. Chr. nach der Gemahlin des Kaisers Claudius, Agrippina eben, benannt.

Die Familie Redern, die Schwante besaß, ist eine ursprünglich böhmische Familie.[9]

Aus dem Fränkischen stammte die Familie von Arnim, die im Laufe der Jahrhunderte zu den größten Grundbesitzern in der Uckermark werden sollte. Schon 926 in der Mark bekannt, waren ihre wichtigsten Sitze in Boitzenburg, Zichow und Landin.[10]

Die Familie Winterfeld – sie soll unser letztes Beispiel sein – stammte aus der später so genannten Altmark, nämlich aus Salzwedel.[11]

Burgen und Klöster waren die Zentren, mit denen das gewonnene Land politisch haltbar und wirtschaftlich fruchtbringend gemacht werden sollte.

Wie sah dieser Vorgang aber aus?

Die Burgen übernahm der Landesherr oder ließ neue bauen. Da die Burgen aber in erster Linie der Landesverteidigung dienten, überließ diese der Landesherr nicht selten denjenigen Rittern, die sich um die Vertretung der gemeinsamen Sache besonders hervorgetan hatten.[12]

IV. Die Ritter im Land Brandenburg

Im Verlaufe der Darlegungen wurde schon des öfteren auf den Stand der »Ritter« abgehoben.

Wer waren jene »Ritter« und wie wurde man ein solcher?

Zur Klärung dieser Frage müssen wir uns noch weiter in die Geschichte zurückbegeben – nämlich in das von der römischen Republik in den ersten vorchristlichen Jahrhunderten entwickelte Rechtssystem. Der Historiker Livius berichtet in seinem Werk »Ab urbe condita«, die römische Bürgerschaft sei von dem König Romulus in fünf Steuerklassen eingeteilt und *einer* besonderen, die »equites romani«, die »Römischen Ritter«. Ein Mindestvermögen von 400 000 Sesterzen und ein Mindestalter von 17 Jahren war die Voraussetzung, um während des alle fünf Jahre stattfindenden Census – der eidlichen, öffentlichen Auskunft aller mündigen und gewaltfreien Bürger in fünfjährigem Abstand über ihre Vermögens- und Familienverhältnisse – in die Klasse der »Ritter« zu gelangen.[13]

Nachdem Romulus die Bürger Roms in fünf Steuerklassen geteilt hatte, »stellte er aus den vornehmsten Bürgern 12 Hundertschaften Reiterei zusammen ... Zum Kauf eines Pferdes wurden jedem Bürger 10 000 As aus der Staatskasse gegeben ... Entsprechend wurden nun die Stimmrechte verteilt: ... wurden Abstufungen eingeführt, so daß niemand vom Stimmrecht ausgeschlossen zu sein schien und doch die Entscheidung ganz bei den vermögendsten Bürgern lag. Die Ritter wurden nämlich bei den Abstimmungen zuerst aufgerufen ...«

Es entstand im Laufe der Jahrhunderte eine eigene Schicht, der ordo equester, in der es etwa seit dem zweiten nachchristlichen Jahrhundert eine feste Rangordnung gab, nämlich die viri eminentissimi (die erhabensten Männer), die viri perfectissimi (die vollkommensten Männer) und die viri egregii (die ausgezeichnetsten Männer).[14]

Die Ritter waren hauptsächlich in der Verwaltung des Staates tätig.

Diese Struktur des »Ritter«-Gedankens wurde über das spätantike Weströmische Reich in das frühmittelalterliche karolingische und ottonische Reich tradiert und fand so natürlich Eingang in die Struktur und die Gedankenwelt des »Heiligen Römischen Reiches Deutscher Nation«.

Eine der möglichen Formen der Vereinigung, in denen die Ritter zusammenkamen, waren Orden, geistliche oder auch weltliche.

Der Ritter- wie auch der Ordensgedanke erlebte unter den Königen Friedrich Wilhelm III. und Friedrich Wilhelm IV. – also in der ersten Hälfte des 19. Jahrhunderts – eine Wiedergeburt.

Es wurden z. B. mittelalterliche Orden revitalisiert,[15] Ritterspiele durchgeführt und in vielerlei Hinsicht die Anknüpfung an das Mittelalter betrieben, um die Monarchie der Hohenzollern zu legitimieren.

Genau in diesem Sinne beginnt der Berliner Stadtarchivar Ernst Fidicin in den fünfziger Jahren seine Arbeiten an einem Werk, das später sein Hauptwerk werden sollte – schon der Titel ist Programm: »Die Territorien der Mark Brandenburg oder Geschichte der einzelnen Kreise, Städte, Rittergüter, Stiftungen und Dörfer in derselben, als Fortsetzung des Landbuchs Kaiser Karl's IV.«[16]

Fidicins Werk ist für die Geschichte der Rittergüter eine unschätzbare Quelle, weil er durch die Analyse des Landbuches von 1375 wie auch anderer märkischer Urkundenwerke außerordentlich detaillierte Überblicke über die Besitzerwechsel auf den Rittergütern gibt.

Fast zur selben Zeit erscheint ein anderes Werk, ebenfalls der mittelalterlichen Landbuch-Tradition verpflichtet: Heinrich Berghaus veröffentlicht 1854 den ersten Band seines »Landbuches der Mark Brandenburg und des Markgrafthums Nieder-Lausitz in der Mitte des 19. Jahrhunderts; oder geographisch=historisch=statistische Beschreibung der Provinz Brandenburg ...«.

Fidicin und Berghaus konnten auf einen bedeutsamen Vorgänger aufbauen: Anfang des 19. Jahrhunderts hatte F. W. A. Bratring seine dreibändige »Statistisch-topographische Beschreibung der gesammten Mark Brandenburg« veröffentlicht.

Die letzte bedeutende gedruckte Quelle sind statistische Jahr- und Adreßbücher; zu nennen wären beispielsweise K. F. Rauer, »Hand-Matrikel der in sämtlichen Kreisen des Preußischen Staats und auf Land- und Kreistagen vertretenen Rittergüter«, Niekammers Güter-Adreßbücher oder die Ausgaben des »Handbuches des Grundbesitzes im Deutschen Reiche«.

Die zu analysierenden Bildquellen beginnen mit Martin Zeillers fundamentalem Werk »Topographia Electoratus Brandenburgici ... das ist Beschreibung der Vornembsten und bekantisten Stätte und Plätz in dem hochlöblichsten Churfürstenthum und March Brandenburg ...«, erschienen in Frankfurt am Main 1652. Die außerordentlich informativen Holzstiche sind entweder nicht oder mit dem Namen Caspar Merian signiert. Dieser war der Sohn des berühmten Matthäus Merian, der die bedeutende Officin in Frankfurt begründete. 1712 folgt Daniel Petzolds Stichsammlung

Eine große systematische Stichsammlung erscheint erst wieder in der Mitte des 19. Jahrhunderts mit Alexanders Dunckers monumentalem Werk »Die ländlichen Wohnsitze, Schlösser und Residenzen der Ritterschaftlichen Grundbesitzer in der preussischen Monarchie ...« Duncker bildet insgesamt 986 Häuser ab, die seine Maler, Stecher und Drucker für ihn darstellen; er selbst – Königlicher Hofbuchhändler in Berlin – verfaßt die in Regel sehr informativen Texte. Aus der Provinz Preußen zeigt er 186 Häuser, und auf das heutige Bundesland Brandenburg entfallen 150 Blätter.[17] Dazwischen gab es illustrierte Reiseliteratur sowie Lehrgedichte, denen auch informative Beschreibungen einzelner Herrenhäuser und der dazugehörigen Gärten zu entnehmen sind.[18]

Duncker ist der letzte »Universalist« auf dem Gebiet der Herrenhäuser. Später werden einzelne Herrenhäuser in Fachzeitschriften behandelt[19] oder in der Memoirenliteratur ihrer Besitzer abgebildet[20] –

für uns heute einzigartige Quellen. Ebenso wie die Photographien, die die »Junker« bei ihrer Vertreibung – die oft genug an die Deportation der Juden während der NS-Zeit erinnerten – retten konnten und die heute mit großzügigster Bereitwilligkeit der Forschung zur Verfügung gestellt werden.[21]

Eine weitere wichtige Quelle sind Landkarten. Hier greift man zunächst natürlich auf die Meßtischblätter der Preußischen Landesaufnahme vom Ende des 19. Jahrhunderts zurück, aber ebenso wichtig sind die Urmeßtischblätter sowie die Separationskarten, d. h. Karten, auf denen das zu einem Dorf wie zum Rittergut gehörende Land mit den damit verbundenen Rechten und Pflichten der Besitzer eingezeichnet sind. Derartige Karten sind aber relativ selten noch vorhanden. Über den Zusammenhang zwischen Herrenhaus, Wirtschaftshof, Park, Kirche und Kirchof sind nicht zuletzt Luftbilder von höchstem Interesse.

Einzig die Analyse der vorstehend genannten Literatur versetzt den wirklich Fragenden in die Lage, einen Überblick zu erhalten, um danach mit der Sammlung des Materials beginnen zu können.

Wenn wir fragen, was ein Rittergut ist, so wollen wir hierzu vorzugsweise Literatur des 19. Jahrhunderts befragen.

V. »Herrenhaus« als definitorisches Problem

»Rittergut« – das war gewissermaßen eine Sammelbezeichnung.
Fast alle der im Dehio, bei Rave oder in anderen Aufstellungen und
Büchern behandelten Schlösser sind Rittergüter, wie ein Blick in
Niekammers Güter-Adreßbücher oder das »Handbuch des Grundbe-
sitzes« erweist.

Was aber ist ein Rittergut?

Im »Universal-Lexikon der Gegenwart und Vergangenheit« aus
dem Jahre 1844 wird es definiert als ein »Gut, von welchem Ritterdienste geleistet wurden u[nd] deren Besitzer von den bäuerlichen und
öffentlichen Lasten, für die der Ritterdienst als Ersatz galt, frei waren
... Die Ritterdienste sind weggefallen, aber die Befreiungen u[nd] Privilegien sind geblieben ... Das Kennzeichen eines wahren Rittergutes
besteht darin, daß es in die Ritterrollen eingetragen u[nd] der Besitzer
landstandschaftsfähig ist.«[22]

Im selben Artikel werden den Rittergütern folgende Privilegien
zugeordnet:

– das Recht der Landstandschaft: der Besitzer kann in den Landtag gewählt werden, bzw. er hat das Recht, an der Wahl zum Landtag
teilzunehmen

– das Rittergut ist von allen Steuern und Abgaben an den Staat
befreit

– das Rittergut ist frei von jeder Einquartierung, Kriegsfuhren
und -lieferungen, von Land bzw. Gemeindefrohnden

– der Rittergutsbesitzer übt die Patrimonialgerichtsbarkeit sowie
die Polizeigewalt über seine Untertanen aus

– der Rittergutsbesitzer besitzt in der Regel das Patronatsrecht sowie die Forst-, Jagd- und Mühlengerechtigkeit.

Abgesehen von den finanziellen Erleichterungen durch die Befreiung von Steuern und Einquartierungen sind die Patrimonialgerichtsbarkeit sowie das Patronatsrecht die wichtigsten Rechte, die ein Rittergutsbesitzer innehatte.

Die Patrimonialgerichtsbarkeit ist sowohl erblich an den Rittergutsbesitzer und dessen Nachkommen sowie grundsätzlich an die Gutsqualität gebunden. Der Gutsherr war in seinem Dorfe bzw. über die zu seinem Gute gehörenden Bauern Richter. Er übte aber die Rechtssprechung in der Regel nicht selbst aus, sondern bestellte hierfür einen Juristen.[23]

Die Patrimonialgerichtsbarkeit wurde vom Landesherrn verliehen bzw. bestätigt.

Das Patronatrecht war in der Regel ebenfalls erblich an das Rittergut gebunden, und wurde vom zuständigen Bischof verliehen oder bestätigt. Um Patron über die Kirche des Dorfes zu werden, mußte der Gutsbesitzer im Besitz der vollen weltlichen und kirchlichen Rechtsfähigkeit sein.

Das wichtigste sich hieraus ergebende Recht war dem Bischof gegenüber das Recht, ihm den Pfarrer zur Bestätigung vorzuschlagen, der die Gemeinde gottesdienstlich betreute. Desweiteren hatte der Gutsbesitzer das Recht, an der Verwaltung des Kirchenvermögens teilzunehmen, ihm und seiner Familie stand ein besonders hervorgehobener Platz in der Kirche zu.

Das Haus, in dem ein Rittergutsbesitzer wohnte, wurde Schloß oder Herrenhaus genannt; beide Bezeichnungen standen gleichwertig nebeneinander.

Johann Heinrich Zedler erklärt 1743: »Schloß, ... ein Fürstliches oder Herren=Hauß, mit Mauren und Thoren, oder mit Graben und Brücken versehen. Dergleichen Häuser haben allezeit gewisse Herrlichkeiten und Gerechtigkeiten, die ihnen ankleben, und mit ihnen veräussert werden ...«[24]

Etwa einhundert Jahre später ist die Betrachtungsweise schon erheblich differenzierter. In Pierers Universal-Lexikon heißt es unter dem Stichwort »Schloß«, dasselbe sei »die Wohnung eines Fürsten oder Rittergutsbesitzers, wenn dieselbe ohne die Wirthschaftsgebäude aus mehr[eren] Gebäuden besteht, welches zusammen ein geschloßnes Ganzes ausmachen ... Bei oder in fürstl[ichen] Schlössern sind auch Kapellen (Schloßkapellen) od[er] Kirchen (Schlosskirchen), vorzüglich zum Gebrauch des Fürsten u[nd] seiner Dienerschaft.«[25]

Über »Herrenhäuser« schreibt er, es sei »bei Rittergütern das Wohnhaus des Besitzers, im Gegensatz der Wirthschaftsgebäude. Betreibt der Besitzer die Wirtschaft selbst, so wird das Herrenhaus so angelegt, daß von demselben der Wirtschaftshof nebst Gebäuden übersehen werden können; ist aber eine besondere Pachterwohnung bei dem Gute, so wird das Herrenhaus außer Verbindung mit den Wirthschaftsgebäuden, oft mit einem besonderen Hofe (Herrenhof) angelegt.«[26]

Nicht uninteressant ist, daß unter dem Stichwort »Herrenhof« im 1875 erschienenen Band »H« erklärend zum „Herrenhof" gesagt wird: »jetzt auch der Hof eines Rittergutsbesitzers im Gegensatz zu einem Bauernhofe.«

Nicht minder interessant ist die Definition, die Friedrich Rotermund 1830 in der »Allgemeinen Encyklopädie der Wissenschaften und der Künste« gibt: »Herrenhaus, das Wohnhaus eines Gutsbesitzers bei den Wirthschaftsgebäuden eines Hofes, welches zwischen einem bloßen Bauernhause und dem Hause eines vornehmen Städters in der Mitte steht, und die Annehmlichkeiten einer Stadtwohnung mit den Einrichtungen für die Befriedigung vieler Bedürfnisse eines Landwirtes mit einander verbindet. Es soll zwar geräumig und bequem seyn, aber nicht in ein prachtvolles Schloß ausarten, dessen Bau oder Unterhaltungskosten das Betriebskapital schwächen würden. Je größer das Gut ist, zu welchem ein solches Haus gehört, und je bedeutender die Vorräthe, und mannichfaltiger die Gegenstände sind, die darin vorzugsweise aufbewahrt und bearbeitet werden, ... desto größer muß das Herrenhaus selber seyn. Man hat darin meist nicht bloß Wohnzimmer und Schlafkammern, sondern auch wohl Gastzimmer, Vorsäle, Speise-säle, Kleiderkammern, Speisekammern. Die Hauptsache aber ist immer die Festigkeit des Hauses und die Güte und Dauer der zu dem Hause verwendeten Baustoffe.

Dieses Haus steht am besten auf der Seite des Vierecks, auf welchem die Wirthschaftsgebäude errichtet sind, die als die südliche betrachtet werden kann, so daß die Hauptzimmer gegen die Mittagssonne die Aussicht haben, von der entgegengesetzten aber der Hof mit den Hintergebäuden übersehen werden kann. Das Haus hat meist zwei Stockwerke...; an dem oberen ist nach der Seite des Hofes hin eine aus dem Hause hervortretende Gallerie ... angebracht, welche auf aus dem Hause hervorstehenden Balken, zum Theil aber auch auf Säulen ruhet.«[27]

Aus dem Zedlerschen Lexikon ist auch zu erfahren: »Es darf auch, ohne des Landes=Herrn Vorwissen und Bewilligung, niemand ... ein Schloß neu erbauen...«[28] Da Zedler am Anfang seines Artikels dargelegt hatte, daß Schloß und Herrenhaus gleichbedeutend sind, darf dieser Satz auch ohne Zweifel auf Herrenhäuser angewendet werden, woraus sich zwangsläufig ergibt, daß der Bau eines Schlosses oder Herrenhauses in der Regel an einen Grundbesitz von der Qualität »Rittergut« einerseits und andererseits an die Erlaubnis des Landesherrn gebunden war. Erinnert sei an die das Herrenhaus Quilitz betreffende Episode (s. S. 154ff.). Darüber hinaus zeigen die etwa in Niekammers Güter-Adreßbücher oder im »Handbuch des Grundbesitzes im deutschen Reiche« als »Gut« klassifizierten Besitztümer, die also nicht-adeligen Charakter hatten, daß auch auf ihrem Boden ein Herrenhaus erbaut werden konnte, wenn der Besitzer von Adel war.

Seit der deutschen Kolonisation des Landes östlich der Elbe war es üblich geworden, Dominialbesitz (Grundbesitz) und Ritterstand miteinander zu verbinden. Letztmalig festgeschrieben wurde diese Tatsache im von Friedrich dem Großen initiierten Allgemeinen Preußischen Landrecht, Zweyter Theil, Neunter Titel, § 51: »Personen bürgerlichen Standes können, ohne besondere Landesherrliche Erlaubniß, keine adliche Güter besitzen.«[29]

Gleichermaßen heißt es für den Adel ebd. im § 37: »Nur der Adel ist zum Besitze adlicher Güter berechtigt«; § 41: »Adliche Gutsbesitzer sind zur Ausübung der dem Gute verliehenen Jagdgerechtigkeiten in ihrem eignen Namen berechtigt«; § 42: »Sie können die dem Gute anklebende Gerichtsbarkeit in ihrem Namen ausüben lassen« – und nicht zuletzt – § 43 »Ihnen kommen die mit dem Kirchenpatronate verbundenen Ehrenrechte zu.«[30]

Diese sehr eng gezogenen Grenzen fielen bald nach Beginn der Herrschaft Friedrich Wilhelms III. weg. In dem berühmten Edikt vom 9. Oktober 1807 erklärte er: »Jeder Einwohner Unsrer Staaten ist, ohne alle Einschränkung in Beziehung auf den Staat, zum eigenthümlichen und Pfandbesitz unbeweglicher Grundstücke aller Art berechtigt; der Edelmann also zum Besitz nicht blos adelicher, sondern auch unadelicher, bürgerlicher und bäuerlicher Güter aller Art, und der Bürger und Bauer zum Besitz nicht blos bürgerlicher, bäuerlicher und anderer unadelicher, sondern auch adelicher Grundstücke, ohne daß der eine oder der andere zu irgend einem Güter-Erwerb einer besondern Erlaubniß bedarf ...«[31]

Nun war es auch Personen bürgerlichen Standes möglich, sich Herrenhäuser oder Schlösser zu erbauen, wenn sie Grund und Boden besaßen.

Im § 12 desselben Ediktes heißt es abschließend: »Mit dem Martini=Tage Eintausend Achthundert und Zehn (1810) hört alle Guts=Unterthänigkeit in Unsern sämmtlichen Staaten auf. Nach dem Martini=Tage 1810, giebt es nur freie Leute, so wie solches auf den Domainen in allen Unsern Provinzen schon der Fall ist, bei denen aber, wie sich von selbst versteht, alle Verbindlichkeiten, die ihnen als freien Leuten vermöge des Besitzes eines Grundstücks, oder vermöge eines besondern Vertrages obliegen, in Kraft bleiben.«[32]

Am 2. Januar 1849 wurde durch ein Gesetz König Friedrich Wilhelms IV. von Preußen die Patrimonialgerichtsbarkeit abgeschafft. Unter Bezug auf die Artikel 40, 85, 88 und 105 der preußischen Verfassungsurkunde galt nun: »Die standesherrliche, städtische und Patrimonialgerichtsbarkeit jeder Art in Zivil= und Strafsachen wird aufgehoben.

Fortan soll die Gerichtsbarkeit überall nur durch vom Staate bestellte Gerichtsbehörden ... ausgeübt werden.«[33]

Wenige Jahre später hob sein Bruder, Kaiser Wilhelm I., durch das Gesetz vom 13. Dezember 1872 die gutsherrliche Polizeigewalt auf: »Die Polizei wird im Namen des Königs ausgeübt. Die gutsherrliche Polizeigewalt ist aufgehoben«,[34] hieß es lakonisch in jenem Gesetz, mit dem auch die verwaltungsmäßige Neugliederung des Königreiches Preußen beschlossen wurde: die Gliederung in Gutsbezirke wurde zugunsten der Einteilung in Amtsbezirke aufgehoben.

VI. Die Ursachen für den miserablen Zustand der Brandenburgischen Schlösser und Herrenhäuser

Wenn man heute im Brandenburgischen über Land fährt, so fällt in den Dörfern der allgemein schlechte Zustand der Herrenhäuser und Gutsanlagen auf. Er verschlechtert sich dramatisch, weil die meisten Häuser seit der Wiedervereinigung leer stehen und so atmosphärischem Verfall wie auch der Vernichtung durch Vandalismus preisgegeben sind.

Wie kam es dazu? Es gibt zwei Ebenen.

Die erste, die hier ausführlich dargestellt wird, ist die Kulturpolitik der SED.

Viele der alten Familien besaßen ihre Höfe bis zum Ende des 2. Weltkrieges.

Danach setzte eine beispiellose Kampagne ein zur Vernichtung der historisch gewachsenen Struktur der Landwirtschaft. Die in der sowjetischen Besatzungszone die Macht ausübenden Kommunisten – seit 1946 in Form ihrer »revolutionären Partei neuen Typus«, der SED – versuchten mit allen Mitteln, ihre Ziele durchzusetzen: unter anderem sollte eine gesamte Bevölkerungsgruppe – nämlich der Adel – vernichtet und die Symbole ihrer einstigen Anwesenheit zerstört werden.

Das Programm der Kommunisten zur Verwirklichung dieses Vorhabens hieß »Bodenreform«.

Die SED wähnte sich als Vollenderin der Märzrevolution von 1848. Anläßlich deren hundertsten Jahrestages forderte der für die Bauernpolitik der SED Verantwortliche, Edwin Hoernle, im »Neuen Deutschland«: »Wenn die politischen Parteien, die im Frankfurter Parlament saßen, oder die Berliner Nationalversammlung bildeten, ernsthaft die Einheit und Freiheit des demokratischen Deutschlands gewollt hätten, so wäre ihre erste Aufgabe gewesen, die unterdrückten Kleinbauern und Landarbeitermassen des flachen Landes zum Sturm auf die Adelsschlösser zu rufen ... In der Ostzone Deutschlands sind die agrarpolitischen Lehren der deutschen Revolution von 1848 und ihrer Niederlage inzwischen gezogen worden. Die demokratische Bodenreform ist durchgeführt ... Die 'Bauernbefreiung' ist aber damit auch bei uns noch nicht abgeschlossen. Jetzt handelt es sich darum, die Neubauernbetriebe wirklich selbständig und produktiv zu gestalten. Unsere Neubauern brauchen Vieh, Ackergeräte, berufliche Beratung und zum großen Teil auch Hofstellen. Die alten Adelsschlösser müssen als Baumaterial für Bauernhäuser dienen. Es ist eine der wichtigsten Aufgaben unserer neuen realen Demokratie, das Werk der Bauernbefreiung bis zu Ende zu führen.«[35] Hoernle bezog sich auf einen Beschluß des Zentralsekretariats der SED vom 15. März 1948, in dem es hieß: »Der Abriß darf nicht nur unter dem Gesichtswinkel betrachtet werden, Baumaterialien für Neubauernsiedlungen zu gewinnen: viel wichtiger ist, soweit als möglich die Spuren der Junkerherrschaft auf dem Dorfe zu vernichten.«[35a] Legalisiert wurde dieses Ansinnen durch den Befehl Nr. 209 des Obersten Chefs der Sowjetischen Militäradministration in Deutschland vom 9. September 1948, in dem er die Ministerpräsidenten der Länder anwies, »für den Bau von Häusern in den neuen Bauernwirtschaften Ziegelsteine, Dachziegel, Kalks Gips, Schnittholz und andere Baumaterialien auszusondern.«[35b] Wenig später, am 23. September 1948, begann – auf diese Weise gedeckt – Walter Ulbricht auf dem 2. Parteitag der SED seinen ersten Feldzug gegen die Hinterlassenschaften der einst »herrschenden Klasse«: »Die Neubauern haben das Recht, die Gebäude der alten Gutshöfe, auch der Herrensitze, abzureißen und das Material für den Bau von Neubauerngehöften zu verwenden ...«[36]

Es begann einer der größten Akte von ideologisch motiviertem Vandalismus. Was dem ersten Zerstörungswahn entging, wurde mangels anderer vorhandener Baulichkeiten als Rat der Gemeinde, Kindergarten oder Schule genutzt, oft mit entstellenden Ein- und Umbauten.

Im September 1945 erließ die brandenburgische Provinzial-
regierung ihre »Verordnung über die Bodenreform«. In deren Artikel 1
heißt es: »Die demokratische Bodenreform ist eine unaufschiebbare
nationale, wirtschaftliche und soziale Notwendigkeit. Die Bodenreform
muß die Liquidierung des feudalen junkerlichen Großgrundbesitzes
gewährleisten und der Herrschaft der Junker und Großgrundbesitzer
im Dorfe ein Ende bereiten, weil diese Herrschaft immer eine Bastion
der Reaktion und des Faschismus in unserem Lande darstellte und eine
der Hauptquellen der Aggression und der Eroberungskriege gegen andere Völker war.«[37]

Auf einer Rede während einer Großkundgebung der KPD am
19. September 1945 im Berliner Admiralspalast (dem heutigen »Metro-
pol-Theater«) rief Edwin Hoernle, KPD-Mitglied und Direktor der
Zentralverwaltung für Land- und Forstwirtschaft, auf, »jene Herren-
schicht, die sich den deutschen Boden angeeignet hat und die auf Grund
ihrer Macht über den Boden und über die Menschen in Deutschland
eine unheilvolle Rolle gespielt hat, die preußische Junkerkaste, endlich
einmal zu liquidieren.«[38] Und wenig später sagt er in derselben Rede:
»Das ganze Volk ist interessiert daran, daß die Junkerklasse, daß der
preußische Militarismus in Deutschland verschwindet.«[39]

1946 schrieb der heute noch immer als Ikone »linken Denkens«
geltende einstige »Staatshistoriker der DDR«, Jürgen Kuczynski, es sei
an der Zeit, die »Junker und Monopolisten, die immer und immer wieder unser Volk ins Unglück geführt haben und wieder führen werden,
... jetzt wirklich endgültig aus dem Leben unseres Volkes aus[zu]schal-
ten!«[40]

Die 1946 gegründete, diktierende Partei »SED« bezeichnete es
als »die alles überragende Aufgabe für das deutsche Volk, die sozialen
Träger der Aggression für immer aus dem Leben der Nation zu beseitigen.«[41] Das Zitat stammt von Alexander Abusch, der damals Vizepräsident des »Kulturbundes für die demokratische Erneuerung
Deutschlands« war. An anderer Stelle seines bis zum Ende der sechziger
Jahre für die Kulturpolitik der DDR richtungsweisenden Werkes sagt
er: »Die deutsche Nation muß ihre Geschichte neu erkennen, mitleid-

los gegen sich selbst, um alles Finstere der Vergangenheit, das wie ein Alp die freie Regung jeder Generation bedrückte, zu vertreiben. Und entscheidend ist, daß die deutsche Nation lernt, neu zu handeln.«[42]

1946 heißt es in einer »Verordnung der Deutschen Verwaltung für Land- und Forstwirtschaft«: »Bestehende Gutsanlagen sind ihres früheren Gutscharakters zu entkleiden ... Steht die bisherige Bezeichnung des Gutes oder der Gemeinde mit dem Namen des früheren Besitzers in Übereinstimmung, so ist die Landes (Provinzial) verwaltung verpflichtet, die Gemeinde umzubenennen.«[43] Anschauliches Beispiel für diese Politik ist Neuhardenberg, das 1949 in »Marxwalde« umbenannt wurde und seit dem 1. Januar 1991 wieder den Namen von 1815 trägt.

Einen ersten Höhepunkt des Kampfes der SED-Funktionäre gegen die Schlösser und Herrenhäuser bildete das Jahr 1948. Im März jährte sich zum 100. Mal die Wiederkehr der in der damaligen DDR so genannten »bürgerlich-demokratischen Revolution«, die bekanntlich mit einem völligen Fiasko der Aufständischen endete und vehemente Bekenntnisse der Bevölkerung zum Königshaus zur Folge hatte. Die SED sah sich als die Vollenderin jener Revolution.

Gerhard Strauß, 1948 Referatsleiter für bildende Kunst, Museen und Denkmalpflege bei der Deutschen Verwaltung für Volksbildung, schrieb unter dem Titel »Fortschrittliche Denkmalpflege« am 24. März 1948 im »Neuen Deutschland«: »Denn Altes ist nicht 'an sich' wertvoll, sondern nur dann erhaltenswert, wenn es noch eine für das Kommende wesentliche Aussage zu machen vermag ... Unwesentliches und besonders solche Monumente, die ohne den mindesten künstlerischen oder geschichtlichen Wert nur Träger militaristischer und faschistischer volks- und fortschrittsfeindlicher Ideen sind, müsse[n] im Interesse der unmittelbaren Lebenserhaltung und einer als notwendig erkannten erzieherischen Einwirkung auf unser Volk nicht nur geopfert, sondern auch auf Initiative der Denkmalpflege ausgelöscht werden.«[44]

Im Zusammenhang mit dem Befehl 209 der Sowjetischen Militäradministration (SMAD) kam es in den ersten Nachkriegsjahren zu einer Welle von Schloßabrissen. Bemäntelt wurde diese Aktion mit der

Begründung, Baumaterial für die durch die im Zuge der Bodenreform durchgeführte Enteignung bäuerlichen Großgrundbesitzes entstandenen Neubauernstellen bereitzustellen.

Doch in Wahrheit ging es um die Zerstörung der Erinnerung an einstige Adelssitze. In einer Anordnung des Brandenburgischen Innenministers Bechler vom 28. Januar 1948 heißt es: »Der bereits durch den Befehl 209 bzw. durch die verschiedensten Verfügungen der Landesregierung angeordnete Abriß der Schlösser, ehemaligen Herrensitze, Gutsgebäude und sonstigen junkerlichen Baulichkeiten ... ist nach meinen Feststellungen nur zögernd oder gar nicht durchgeführt worden. Es ergehen nunmehr folgende bindende Anweisungen, für deren Durchführung ich die Herren Landräte und Oberbürgermeister persönlich voll verantwortlich mache: Der Abriß der mit Runderlaß Nr. III 242/47 vom 10. 11. 1947, Anordnung Nr. 3 bekanntgegebenen Objekte ist ... sofort in Angriff zu nehmen. Darüber hinaus sind sämtliche Objekte vorstehend aufgezeigter Art, die nicht in dem Runderlaß enthalten sind, abzubrechen. Wo durch Umbau bzw. Teilabriss selbständige Neubauerngehöfte erstellt werden können und dadurch der gutsähnliche Charakter verschwindet, ist von einem Gesamtabriss abzusehen.«[45] Eindrucksvolle Beispiele für die Ergebnisse dieser Verfahrensweise sind die Herrenhäuser in Haselberg, Trampe, Lichtenberg bei Eberswalde oder Eichow bei Cottbus. In Haselberg wie in Eichow wurde der Corps de logis herausgebrochen und die beiden verbliebenen Seitenflügel derartig reduziert, daß sie heute nur noch dem geübten Auge des Kundigen als Bestandteile des einstigen Schlosses erkennbar sind. Der »Umbau« fand nach Auskunft von Dorfbewohnern um 1948 statt.

In Trampe wie in Lichtenberg wurde das einstige barocke Krüppelmansardwalmdach entfernt, ein neues Wohngeschoß an dessen Stelle gesetzt und das Bauwerk nun durch ein Flachdach gedeckt. Hier berichteten Dorfbewohner, der Umbau hätte um 1969 stattgefunden.

Ernst Badstübner meint zu Recht in seiner neuesten Arbeit über Renaissance-Schlösser in der Mark Brandenburg, Trampe sei »heute ...

durch ... Umbau als architekturgeschichtliches Denkmal ... gänzlich entwertet«.[46] Doch dieser »Umbau« hat Schloß Trampe eine Denkmalsqualität anderer Art eingebracht: es sollte betrachtet werden als »Mahnmal« für den Umgang des real existierenden Sozialismus mit Schlössern und Herrenhäusern. Denn Trampe ist das zu verallgemeinernde Beispiel, und nicht Vorzeigeobjekte wie Neuhardenberg, Wiepersdorf oder Wustrau.

Eine andere Spielart, das »sozialistische Dorfbild« zu gestalten, bestand in der Errichtung einer Freilichtbühne und eines Dorffestplatzes auf dem Gelände des einstigen Herrenhauses, wie es in Markgrafpieske oder Cammer sehr typisch veranschaulicht ist, der Errichtung der Poststelle oder einer »Verwaltungseinrichtung« wie in Altrosenthal oder dem Teilabriß des Herrenhauses wie etwa in Kuhhorst.

Die eben genannten Beispiele, die um mehrere Hundert problemlos erweitert werden könnten, belegen in eindrucksvoller Weise nicht nur die grundsätzliche Kulturfeindlichkeit der marxistisch-leninistischen Ideologie, sondern auch das weitgehende Versagen der staatlichen Denkmalpflege – wenn man den nachfolgenden Text von Gerhard Strauß liest. Dieser Text ist eindringliches Beispiel für die Kollaboration der führenden Fachleute dieses Bereiches, die sich bis zum Ende der achtziger Jahre hinzog, als der damalige Generalkonservator der DDR z. B. immer wieder die Genehmigung zum Abriß einzelner Häuser, besonders der Eckhäuser, aus dem Bereich der seit 1976 denkmalgeschützten 2. Potsdamer Stadterweiterung, aus Gründen der »Baufälligkeit« gab. Dem Dominoprinzip entsprechend fielen die folgenden Häuser in kurzen Zeitabständen gleichfalls in sich zusammen, so daß nun Plattenbauten an ihrer Stelle errichtete werden konnten. Erst den Aktivitäten der Bürgerinitiative »ARGUS« ist es zu verdanken, daß während und infolge der »Wende« in der damaligen DDR diesem verhängnisvollen Treiben ein Ende gesetzt werden konnte und große Teile originaler barocker Bausubstanz in Potsdam gerettet werden konnte.[47] Doch zurück zu den Anfängen. Strauß schrieb 1948: »Durch die fortschrittliche Demokratisierung in der Ostzone, zu deren ersten Maßnahmen die Enteignung der junkerlichen Großgrundbesitzer und faschistischen Konzernherrn gehörte, gingen viele Schlösser, Guts- und Herrenhäuser in das Eigentum des Volkes über. Diese Gebäude aber werden nicht etwa einem Dornröschenschlaf überlassen. Die Zeit-verhältnisse und die demokratische Forderung, dem Volk das Beste zu geben, bedingen die zweckmäßige Verwendung der ehemaligen Her-rensitze zum Nutzen der Gemeinschaft ... Unter fortschrittlichen Ver-hältnissen unterliegen dagegen sowohl der Inhalt ... eines Denkmals wie auch seine Form der kritischen Auswertung. Das heißt: Denkmale werden nicht um ihrer selbst willen beachtet, sondern als Mittel zur Erforschung der Geschichte und der in ihr enthaltenen Gesetzmäßig-keiten ... Eine fortschrittliche Denkmalpflege wird ... den Bestand an historischen Objekten zwar auch sichern und erforschen, aber beides unter kritischer Auswertung der Substanz im Verhältnis zu den vor uns liegenden Aufgaben. Sie wird mit dazu beitragen, daß der Neubau unserer Städte von den Notwendigkeiten unserer Tage und der Zu-kunft bestimmt wird ... All das beinhaltet nicht eine uneingeschränkte Hinnahme und Erhaltung des überlieferten Bestandes, denn auch die Denkmalpflege soll nicht nur interpretieren, sondern auf Grund der von ihr gewonnenen Kenntnisse zur bewußten Veränderung der Welt beitragen ... Beseitigung ... wird weiter dann akut sein, wenn ein Denkmalbestand der ideologischen Entwicklung unseres Volkes un-ausweichlich im Wege steht, wenn grundsätzliche Planungen wirklich behindert werden oder wenn zur Erhaltung des Lebens das Material auch historischer Gegenstände in Anspruch genommen werden muß.«[48]

1949 erschien zum Thema »Bodenreform« ein Schlüsselroman von Otto Gotsche, »Tiefe Furchen«. Gotsche, damals Leiter des Se-kretariats des Ersten Stellvertreters des Ministerrates der DDR, Walter Ulbricht, läßt eine seiner Hauptfiguren – der zweite Band des Roma-nes spielt im Frühjahr 1946 – sagen: »Mit diesem grundlegenden Wan-del erfüllt sich aber auch der Jahrhunderte alte Traum des Landvolkes: Das Volk bekommt den Boden wieder selbst in die Hand! ... Wir wol-len dieses Mal unsere Geschichte selbst schreiben. Wir sind diesmal die Handelnden. Was soll erreicht werden? Vier Punkte will ich her-ausstellen. Erstens: Es wird altes Unrecht wiedergutgemacht. Die den

Boden tatsächlich auch bearbeiten, denen soll er auch gehören ... Zweitens: Die Macht der Zwingherrn, die uns immer niedergehalten haben, die unser Elend verschulden, die aus der Not und dem Jammer des Volkes immer ihren Nutzen gezogen haben, soll gebrochen werden ... Drittens: ...Das Hineinreden in unsere Angelegenheiten und die niederdrückende Bevormundung durch die Grundherrn muß ein Ende haben.«[49]

Und an anderer Stelle heißt es: »Bevor nicht die wirtschaftliche Macht der Junker gebrochen ist, ist es unmöglich, die neue Entwicklung zu sichern und den Frieden zu erhalten. Daß die Demokratie wieder ein Spielball für sie wird, verhindern wir durch die Enteignung ... Allein ihr Hiersein, ihr persönliches Vorhandensein, bewerkstelligt schon, daß wir nicht weiterkommen. So schwer wiegt das Bleigewicht der Tradition, so unfähig sind die Massen des Volkes ohne ihre Partei, deren Stärke die Voraussetzung für den Sieg des Volkes ist.«[50]

Ein anderes, »literarisches« Beispiel stammt von Edwin Hoernle,[51] einem der führenden Landwirtschaftsfunktionäre der KPD und späteren SED, der 1924 ein Gedicht mit dem Titel »Landarbeiter im Streik« schrieb, aus dem hier eine Strophe zitiert sei:

> *»Verdammt! Ich trag nicht länger dieses Joch!*
> *Ich bin es doch, der Brot geschafft –*
> *doch nicht den Meinen.*
> *Genug! Mein Schweiß schuf Euch den Segen!*
> *Vergeltung schafft des Ackerknecht Zorn!*
> *Auf! Drisch, oh Faust, lebendig Korn –*
> *Wir Knechte werden jetzt die Tenne fegen!*[52]

Hier wird im vorletzten Vers zur direkten Gewalt aufgerufen, zur Gewalt gegen Menschen – nämlich den Angehörigen des Adels, denn das »lebendig Korn« soll gedroschen werden, aber auch gegen Sachen, denn die leer gefegte Tenne im Gedicht steht sinnbildlich für das von den Zeugnissen der Junkerherrschaft gesäuberte Dorf; der letzte zitierte Vers bedeutet also das abgerissene Herrenhaus und den parzellierten Park.

Die Kultur- und Traditionsfeindlichkeit des Marxismus zeigt sich in diesem Zitat besonders deutlich. Man kann wohl Nicolaus Sombart nur zustimmen, wenn er kultursoziologisch den Untergang der DDR mit dem Kahlschlag auf dem Lande in Zusammenhang bringt: »Die DDR ist gescheitert, weil sie ihre eingesessene Oberschicht verloren hat. Die 'Leute' aus den kleinen Häusern am Rande der Dorfstraße wollten einen Staat nach ihrem Bilde und Gusto machen. Dazu waren Sie nicht imstande ... Hinter der Utopie der 'sozialistischen Menschengemeinschaft' ... steht tief eingesenkt ins kollektive Unterbewußte das in Jahrhunderten verinnerlichte Lebensgefühl der alten, vorbürgerlichen 'solidaren Gutsgemeinschaft'. Ein Atavismus. Sie haben sich ihrer alten Herren entledigt, sind aber Untertanen geblieben, die sie immer waren. Freiheit war ihre Sache nicht. Die Freiheit ist letzlich ein aristokratisches Prinzip und war lebendig nur in den Schlössern, die sie zerstört haben.«[53]

Die Durchsicht der erhaltenen Akten im Brandenburgischen Landeshauptarchiv in Potsdam lassen erkennen, wie schleppend der Abriß der Herrenhäuser im damaligen Land Brandenburg vonstatten ging – sei es aus Desinteresse an der Sache wie auch aus Mangel an genügend Abrißwerkzeugen und Sprengstoff.[54]

Ihren ersten spektakulären Höhepunkt hatte diese Abrißwelle in den Jahren 1950/51, als in Berlin das Stadtschloß der Hohenzollern gesprengt wurde.[55]

Es begann damals ein zäher Kampf moralisch integerer Denkmalschützer um den Berliner Professor Richard Hamann mit den »Politikern«, und zum Glück konnten sich letztere keineswegs immer trotz ihrer Macht durchsetzen. Wie hart diese Auseinandersetzungen waren, zeigt ein Telegramm des damaligen brandenburgischen Innenministers Bechler vom 19. März 1948 an den Rat des Kreises Nauen, wohl im Zusammenhang mit dem Abriß des Herrenhauses in Friesack, das die Denkmalpfleger zu erhalten suchten: »Amt für Denkmalspflege nicht

beachten. Minister des Innern allein zuständig für Erhaltung von Gebäuden usw.«[56]

Ein zweiter Höhepunkt war der Abriß des Potsdamer Stadtschlosses in den Jahren 1959/60.

Auch die Hinwendung zu einer positiven Neubewertung Preußens
durch die DDR seit der zweiten Hälfte der siebziger Jahre brachte für
die meisten Schlösser nichts Positives. Das bewußte Verfallenlassen
und der Abriß ging weiter: 1983 etwa wurde das Schloß in Karwe
abgerissen, und im Frühjahr 1989 noch fiel Schloß Dessow – »Honek-
kers letzte Rache«, wie die Dorfbewohner heute sarkastisch kommen-
tieren.

Die Betrachtung der Gutsanlagen im heutigen Land Branden-
burg, aber auch in den anderen neuen Bundesländern, bestätigt die
Richtigkeit des Urteils, das Heinrich Magirius, langjähriger leitender
Mitarbeiter der Arbeitsstelle Dresden des Instituts für Denkmalpflege
der DDR kürzlich fällte: »Es ist traurig festzustellen, daß es den
Denkmalpflegern nicht gelang, das Schicksal der Vernichtung von Bau-
denkmalen abzuhalten, deren bauhistorische oder kunstgeschichtliche
Bedeutung unbestritten war ...«[57]

Die meisten der Herrenhäuser jedoch überstanden die Säube-
rungswellen der zweiten Hälfte der vierziger und frühen fünfziger Jahre. Sie wurden genutzt als Schulen, Kindergärten, Wohnungen für
Umsiedler, als Sitz des Rates der Gemeinde oder als Verwaltung der
örtlichen landwirtschaftlichen Produktionsgenossenschaften (LPG). In
der Regel aber wurde nichts in das Haus investiert. Wenn es dann den
baupolizeilichen Vorschriften hinsichtlich einer Nutzung nicht mehr
entsprach, so sollte es abgerissen werden. In einigen Fällen wurde auch
so verfahren. Größtenteils aber waren die alten Häuser von so solider
Bauart, daß sie überlebten.[58] Zwar schwerstens angeschlagen, aber immerhin kündeten sie noch von einstigen Zeiten. Heute sieht es weitaus
dramatischer aus – doch davon im nächsten Kapitel. Nur sehr wenigen Schlössern war es vergönnt, nicht zum Dahinsiechen verurteilt zu
sein, sondern so gepflegt zu werden, wie es ihrer Stellung als historischen Zeugnissen entspricht. Hierzu gehört etwa das in Schloß Wie-

persdorf eingerichtete Schriftstellerheim, das Schloß Sommerswalde, in dem eine Ausbildungsstätte für Pionierleiter der kommunistischen Jugendorganisation »Junge Pioniere« untergebracht war, oder etwa Schloß Dammsmühle nahe dem Dorf Schönwalde bei Oranienburg, zu DDR-Zeiten Gästehaus des Stasi-Ministers Mielke.

Schlösser wie Wiepersdorf, Wustrau oder später auch Neuhardenberg, das zu DDR-Zeiten Marxwalde hieß, waren »Vorzeigeobjekte«, durch die international der Anschein erweckt werden sollte, alle historischen Bauten würden so gepflegt wie diese.

Daß dem so nicht war, zeigt der unvoreingenommene Blick auf die Wirklichkeit in den Dörfern.

Er zeigt auch das vollkommene Scheitern des 1975 von der DDR erlassenen Denkmalschutzgesetzes, in dem definiert wird: »Ziel der Denkmalpflege ist es, die Denkmale der DDR zu erhalten und zu erschließen, daß sie der Entwicklung des sozialistischen Bewußtseins, der ästhetischen und technischen Bildung sowie der ethischen Erziehung dienen.«[59]

Die böse Saat, die Ulbricht und Genossen ausgestreut hatten, trug Früchte: Die Herrenhäuser wurden vernachlässigt, verfielen oder verkamen größtenteils in Müll und Unrat. Noch 1978 sprach man etwa in einem Kommentar der »Märkischen Volksstimme« von den »protzigen Höfen der Gutsbesitzer«.[60]

Das einzige in der DDR veröffentlichte Buch über brandenburgische Herrenhäuser erschien 1968 von Georg Piltz.[61] Er unternimmt es, die Schloßbaukunst im Berliner Umland aus marxistischer Sicht zu interpretieren und gelangt so zu sehr schablonenhaften Ansichten, die weder der Denkmälergruppe, noch weniger aber ihren Auftraggebern gerecht werden. Piltz meint, es »verdienen nur sehr wenige Adelssitze den Namen 'Schloß', und ebenso selten kommt es vor, daß ein fürstliches Schloß einem Herrenhaus zum Verwechseln ähnlich sieht. Das wichtigste aber ist: Schloßbau und Herrenhausbau haben verschiedene Wurzeln und entwickelten sich in verschiedener Richtung. Wenn man die Unterschiede auf eine knappe Formel bringen wollte, so könnte man sagen, daß Schloß vertrete das importierte und übernommene, das Herrenhaus das traditionsgebundene Element in der Baukunst des Landes. Die Junker waren in der Regel nicht so begütert, daß sie sich den Luxus eines Schloßbaues hätten leisten können, und ihr geistiger Horizont reichte im allgemeinen nicht über die Grenze ihres Gutes hinaus. Das erste erklärt die vergleichsweise bescheidene Gestalt vieler Herrenhäuser, das zweite den Mangel an Bereitschaft, die Baupläne von einem Architekten entwerfen oder überprüfen zu lassen. Die meisten Häuser sind von Maurermeistern aus den umliegenden Landstädten erbaut worden.«[62]

VII. Die Lage nach der Wiedervereinigung

Von der zweiten Jahreshälfte 1989 bis zur Unterzeichnung des Beitrittsvertrages der DDR unter die Hoheit des Grundgesetzes – also der Wiedervereinigung – ging die Hoffnung um, daß die von den Kommunisten geschaffenen Unrechtszustände – in der Hauptsache »Bodenreform«, Enteignungen von Betrieben sowie die Enteignung der »Mauergrundstücke« im Jahre 1961 – wiedergutgemacht, d. h. rückgängig gemacht würden, mithin eine Wiedereinsetzung in den Stand vor 1945 bzw. vor 1961 herbeigeführt werden würde.

Statt dessen wurde das »Volkseigentum« in das Eigentum des Bundes überführt, der nun versucht, es gewinnbringend zu verkaufen. Dazu wurden mehrere Firmen gegründet. Die Herrenhäuser werden von der Treuhandliegenschaftsgesellschaft (TLG) verkauft bzw. von den Gemeinden selbst, und das Ackerland von der BVVG (Bodenverwertungs- und Verwaltungsgesellschaft).

Die Folge waren sogenannte »ungeklärte Eigentumsverhältnisse«. Zum einen machten die Vertreter der alten Eigentümerfamilien ihre Ansprüche geltend, zum anderen streiten sich Land und Kommunen um die Immobilie – die jeder wohl auch gerne gewinnbringend veräußert hätte.

Die zu DDR-Zeiten verschiedenen Nutzungsmöglichkeiten entfielen nach und nach: für Kindergärten und Schulen gab es neue Sicherheitsbestimmungen, die LPGs hörten zu existieren auf (deren Rechtsnachfolger sich nur ungern im Herrenhaus niederließen). In der Regel wurden die Herrenhäuser leergezogen – und sind damit dem Verfall preisgegeben. Überall sind die Spuren von Vandalismus zu beobachten – eingeschlagene Fensterscheiben, vollgeschissene Räume, umherliegende Bierdosen und leere Schnapsflaschen sind nicht selten Zeugen der Exzesse von Dumpfheit und Unbildung, die *jetzt* zum Zerfall eines Hauses beitragen.

Wie förderlich für die Re-Entwicklung der Landwirtschaft und der Landeskultur im Besonderen die Rückkehr von Angehörigen der alten Familien sein können, dafür gibt es mannigfache Belege; zu denken wäre beispielsweise an Alt Madlitz, wo Karl Wilhelm Graf Finck von Finckenstein aus der maroden LPG einen in seinem Besitz befindlichen florierenden landwirtschaftlichen Betrieb eingerichtet hat, in dem die Dorfbewohner Arbeit finden, [63] das Gut Lietzen, 1815 durch Schenkung Friedrich Wilhelms III. an die Familie von Hardenberg gekommen, wo nun Gebhard von Hardenberg der Landwirtschaft wieder zu neuem Aufschwung verhilft. [64]

Auch der brandenburgische Ministerpräsident Manfred Stolpe sprach sich schon früh – 1992 – für die Rückkehr der alten Familien aus, weil sie mit ihrem Wissen und Können die brandenburgische Landwirtschaft aus der Krise führen könnten. Er schrieb in seinem 1992 erschienenen Buch »Schwieriger Aufbruch: »Wenn alte Brandenburger Familien zurückkehren und wieder etwas aus ihren ehemaligen Gütern machen wollen, begrüße ich das ...« Später – am 5. Mai 1994 – wiederholte er die Einladung an Vetreter alter brandenburgischer Familien, hier wieder Fuß zu fassen, anläßlich der Verabschiedung des Chefs des Aufbaustabes Frankfurt (Oder), Hermann Freiherr von Richthofen, als er sagte, es sei »eine historische Ungerechtigkeit, daß die besagten Familien nicht uneingeschränkt zurückkehren könnten«. [65]

Ein Herrenhaus kann nur existieren, wenn das dazugehörige Umfeld vorhanden ist. Die Entwicklung in Folge des Einigungsvertrages hat häufig genug zu absurden Zuständen geführt. Als Beispiel diene Lebusa im Elbe-Elster-Kreis des Landes Brandenburg, bis vor dem Ende des 2. Weltkrieges zur Provinz Sachsen gehörend.

Das Rittergut Lebusa besteht aus dem Herrenhaus, dem dazugehörigen Park, einem alten und einem neuen Wirtschaftshof sowie etwa 1 200 ha Land (Ackerfächen, Wald und Wiesen). Zu DDR-Zeiten war auf dem Gelände des ehemaligen Rittergutes ein VEG (d. i. Volkseigenes Gut) Tierzucht untergebracht, im Herrenhaus ein Wohnheim für die Lehrlinge sowie die Betriebsküche samt Speisesaal des VEG. Seit der Auflösung des VEG wird das Gut privatisiert, d. h. es ist in einzelne Teile (Lose) zerlegt worden, die einzeln verkauft werden. Los I war das wirtschaftlich zu nutzende Land, Los II der neue Wirtschaftshof, Los III der alte Wirtschaftshof und Los IV das Herrenhaus. Der Park gehört der Gemeinde und steht nicht zum Verkauf. Los III wird sich wohl schwer verkaufen lassen, weil sich auf dem Hof ein denkmalgeschützter Speicher befindet, ein prachtvolles Gebäude aus der Zeit um 1840 mit einem riesigen Dach, in dem in etwa 1,70 m Höhe Lagerböden eingezogen waren. Diese dürfen aufgrund denkmalschützerischer Auflagen nicht verändert werden – mithin ist der Speicher einer zeitgemäßen Nutzung entzogen. Deshalb ist der »Alte Wirtschaftshof« nur schwer verkäuflich. Noch dramatischer sieht es mit dem Herrenhaus aus. Zum Verkauf steht nur das Herrenhaus mit einem ca. 10 m breiten Streifen Landes darum sowie dem Zugangsweg. Ihm ist damit seine historische und natürliche Versorgungsbasis – die Erträge aus der Land- und Viehwirtschaft – genommen. Es muß sich also selbst tragen – und da ist der Spielraum sehr eng. Hotel oder Weiterbildungsstätte sind die gängigen Alternativen – aber noch mindestens 1 000 Herrenhäuser existieren, von denen 900 auf diese Weise am Leben erhalten werden müßten. Das ist jedoch kaum möglich, und so erweist sich der nach der Wiedervereinigung eingeschlagene Weg, die Rittergüter zu zerlegen und die Bestandteile einzeln zugunsten der Staats- oder Kommunalkassen zu verkaufen, als der grundsätzlich falsche Weg.

Richtiger – und vor allem gerechter – wäre es gewesen, den Zustand vor der Bodenreform wiederherzustellen. Daß die »Bodenreform« eine kommunistische Terrormaßnahme mit dem Ziel war, eine ganze Bevölkerungsgruppe zu liquidieren, dürfte mittlerweile kaum noch angezweifelt werden.

Die neben den Enteigneten bzw. deren Erben Leidtragenden sind die Häuser und die dazugehörigen Wirtschaftshöfe mit ihrer Architektur.

Seit 1945 waren es die verantwortlichen Offiziere der Roten Armee, die mit äußerstem Nachdruck den Abriß aller brandenburgischen Herrenhäuser forderten, spätestens seit 1948 taten es ihnen die SED-Funktionäre gleich.[66] Das ist aus den an vorhergehender Stelle dargelegten Gründen nicht geschehen. Wenn aber nicht bald etwas geschieht, so fallen viele der seit der Wiedervereinigung leerstehenden Häuser aus Baufälligkeit in sich zusammen, und wichtige Zeugnisse dörflicher Lebenskultur vergangener Jahrhunderte sind ein für allemal verloren.

Die Herrenhäuser brauchen derzeit weder Verkaufsstrategieen noch Hochglanzprospekte für potentielle Erwerber – sondern ganz einfach historische Gerechtigkeit. Und die, deren Familien seit Jahrhunderten mit dem betreffenden Haus verbunden sind, finden gewiß aus historischem Bewußtsein einen Weg, die ihnen anvertrauten Häuser zu erhalten.

Und im übrigen wäre es nur zu gerecht, würde bei der Wiederherstellung des gepflegten Zustandes der Herrenhäuser nach dem Prinzip verfahren werden, das z. B. von Versicherungen angewandt wird: das Verursacherprinzip. Wer den schlechten Zustand der Herrenhäuser und der dazugehörigen Wirtschaftshöfe und Parks verursacht hat, ist aufgrund der Quellenlage zweifellos zu belegen: die KPD bzw. deren Nachfolgerin, die SED. Deren Rechtsnachfolgerin ist seit der Wende die PDS. Also sollte ein Teil deren Parteivermögens dazu verwendet werden, um die an den Gütern verursachten Schäden zu beheben (andere Teile sollten genutzt werden, um Umweltschäden und durch die SED-Planwirtschaft ruinierte Betriebe zu sanieren).

Da dieses Geld zur Sanierung aller genannten Schäden kaum reichen wird, könnte man, wie in den fünfziger Jahren auch an »Aufbaustunden« denken. Nur wer sollte sie leisten? Die ehemaligen Verursacher und ihre Protagonisten in der PDS werden sich wohl kaum mehr verantwortlich fühlen, geschweige denn, daß man ihrem Denkschema folgend sie zum Einsatz befehlen kann.

Der Wiederaufbau der Güter und besonders die Sicherung der in der Regel nicht unter Schutz stehenden Ställe, Speicher, Scheunen, Taubenhäuser o. ä. ist aber dringlichst notwendig. Hier verfallen Zeugnisse ländlicher Baukultur, deren Erhalt den Bewohnern des Landes die Identität zurückgeben kann, die sie frühestens 1933, spätestens 1945 verloren haben.

VIII. Reisen und Speisen
im Bundesland Brandenburg

Wenn sich jemand für blühende Adonis-Röschen, für Rastplätze der Großtrappen oder für die Geomorphologie pleistozäner Sandgeschiebehügel interessiert, wird er in den Brandenburgern freundliche Wegweiser finden, die ziemlich genau wissen, wo was zu sehen ist.

Fährt man aber vor einem Gutshaus vor, so ist alles ganz anders. Man steigt aus und bemerkt, daß sich hinter den umliegenden Fenstern die Gardinen leicht bewegen – kein Schritt des Ausgestiegenen bleibt ungesehen. Jedes Photographieren wird registriert, jeder Schritt beobachtet – es ist fast immer »High Noon«, man hat so ein Gary-Cooper-Gefühl – insbesondere dann, wenn sich dann doch einmal eine Tür öffnet, und ein meist großer, stämmiger Mann erscheint, die Arme in die Hüften gestemmt ... Er fragt nichts, sagt nichts, und seine gesamte Körpersprache verrät Abneigung. Also Weiterphotographieren, Details besprechen und aufnehmen – und bemerken, daß sich im Rükken gewundert wird: »Was photographieren die da eigentlich?« Sollte es doch zu einem Gespräch kommen, so ist es in der Regel notwendig, ausführlich zu begründen, warum man sich für das Gutshaus interessiert.

Ähnliche Erfahrungen machte schon Fontane. In einem seiner späten Briefe grantelt er: »Dabei ist das Schriftstellermetier und der Zweck, zu dem man kommt, mehr oder weniger verdächtig. 'Was will er eigentlich? Da steckt gewiß was dahinter. Solch Berliner Scriblifax kann sich doch nicht für unsre Schafställe interessieren. Kunst? Bilderinschriften? Kunst gibt es hier nicht ...«[67]

Nun, wir waren auch solche »Scriblifaxe«. Ich erinnere mich lebhaft an den »Phototermin« vor dem Herrenhaus in Paulinenaue im

Havelland. Wir fanden das Haus relativ schnell, stiegen mit startbereiten Kameras aus und begannen das Haus zu analysieren. Auf dem seitlich des Hauses angelegten Parkplatz standen mehrere neuere Mittelklassewagen deutscher und ausländischer Produktion – ein weiteres Automil dieser Art »brauste« heran, hielt bremsenquietschend und ein agiler Endfünfziger sprang heraus und schrie fast mit überquicksender Stimme »Wer seid ihr? Was wollt ihr? Wozu die Photos? Das ist *unser* Wohnhaus!« Der Herr beruhigte sich zunehmend, erklärte aber, daß, wenn die nun »eben vorhandenen gesellschaftlichen Zustände« nicht akzeptiert werden würden, künftig auch mit Toten zu rechnen sein müsse. Einige Monate später hat sich dann tatsächlich ein Oranienburger Stadtverordneter erhängt, weil sein Haus mit einem Restitutionsanspruch belegt wurde. Wir haben immer wieder feststellen müssen, daß der Staatsbürgerkunde- und Politunterricht in der DDR doch sehr tief sitzende Folgen hat. Das Ergebnis waren fast »therapeutisch« zu nennende Gespräche, die aber in der Regel viel Zeit kosteten, die wir nicht hatten. In derartige Situationen zu gelangen, war immer mißlich. Wir sind schließlich Architekturhistoriker und keine »Seelendoktoren«. Was ich immer versucht habe weiterzugeben ist die Haltung, geschundener Architektur – in diesem Falle der brandenburgischen Herrenhäuser – zu ihrem Recht auf Dasein zu verhelfen und diejenigen zu unterstützen, die es als ihre historische, familiäre, moralische oder auch »nur« ästhetische Aufgabe empfinden, diese Bauwerke und ihr Umfeld, also auch die Architektur der Gutshöfe zu bewahren und wiederherzustellen.

In der Regel meinen die Bewohner des Gutsgeländes in dem Besucher einen künftigen Investor, Käufer, Makler oder gar Erben zu erkennen. Letzteres wird wohl als besonders schlimm empfunden, weil aus fast jeder Regung der Beobachtenden sich schlechtes Gewissen verrät. Denn eigentlich wissen sie sehr genau, daß sie zu Unrecht im Herrenhaus wohnen, die einstigen Ställe zu Unrecht in Wohngebäude mit scheußlichen PVC-Fenstern umgebaut haben. Als ich im April 1997 mit einer Gruppe meiner Studenten zu mehreren PKWs in der Uckermark in einen Gutshof einfuhr, war gerade ein alter Mann dabei, seinen Müll in einen Container zu befördern; der murmelte, als er uns sah: »Wat denn, alles Erben ...?!« Ein Gespräch kam nicht zustande; er schlurfte hinweg, wir gingen auf den Kirchhof und analysierten Herrenhaus, Kirche und Kirchhof.

Doch es geht auch anders, z. B. in Groß Kreutz. Aus einem Fenster der zum Gutshof gehörenden Gebäude schaute eine Frau heraus und rief uns zu: »Kann ich Ihnen helfen ...?« Wir erklärten uns, und gleich darauf stand eine wohlgelaunte Frau vor uns, die sich vorstellte als Frau »von Müller«. Sie zeigte uns bereitwillig das Herrenhaus, den Park und den Wirtschaftshof, und mit großem Engagement telephonierte sie den Pfarrer herbei, damit er uns die Dorfkirche zeigte. Wir waren auf eine Alteigentümerin gestoßen, die das eigentlich ihrer Familie gehörende Eigentum von der Treuhand wieder zurückgekauft hatte. Sie erklärte die Pläne mit dem Herrenhaus, dem Gut und den Ländereien – und ich dachte bei mir: 'Eine neue Frau von Friedland'. und lag damit gar nicht so falsch, denn wie sich im Gespräch herausstellte, kam sie eigentlich aus Friedersdorf ...

Aber auch mit privaten Neueigentümern haben wir beste Erfahrungen gemacht. Die Eigentümer von Haus Garz bei Neuruppin öffneten uns bereitwillig ihr Anwesen, so daß von Semester zu Semester zu verfolgen war, welch großartiges Ergebnis persönliches Engagement, gepaart mit Stilgefühl und preußischem Daseinsbewußtsein zustande bringen kann. Gerade hier in Garz habe ich immer so ein »Meistersinger« – Gefühl verspürt: das Handwerk, d. h. der Bürger tritt in die Fußstapfen des Adels und führt das weiter, was dessen Vertreter im besonderen Fall nicht mehr zu leisten imstande sind: Wiederherstellung und Erhalt von Herrenhaus und Park, gegebenenfalls auch des Wirtschaftshofes.

Die Quintessenz aus dem Gesagten lautet: den Häusern bzw. Gütern geht es nur dann gut, wenn ein eindeutig bestimmbarer Eigentümer das Sagen hat: am besten der Alteigentümer oder dessen Nachfahren, oder auch jeder neue Erwerber, wenn er denn bereit sein sollte, in die Tradition des brandenburgischen Landadels einzutreten – und er die Kraft hat, den Kampf gegen die häufig etwas teureren Auflagen des staatlichen Denkmalschutzes aufzunehmen, deren Verwirklichung vom Besitzer eines Denkmals oft finanziell kaum zu leisten ist.

Diese Häuser haben gelebt, weil in ihnen gelebt wurde, teilweise schon seit dem 15. Jahrhundert, und wurden seitdem den jeweils herrschenden kulturellen Erfordernissen angepaßt. Jetzt scheint es, als würde dem Herrenhaus eine Käseglocke übergestülpt, um es so zu erhalten, wie es ist. Ein Todesurteil.

Betrachten wir uns als Beispiel Irland. Hier gibt in fast jedem Dorf ein Herrenhaus, und in fast jedem dieser Herrenhäuser kann man bestens essen und trinken sowie mit Komfort wohnen. Ein Haus wie Badingen etwa könnte ein vorzügliches Hotel abgeben, und ein Sterne-Koch würde hier den Platz finden, in kulinarischer Wüste eine Feinschmecker-Oase zu schaffen. Eine der offiziellen Denkmalpflege nahestehende Kunsthistorikerin sagte mir einmal sinngemäß – »lieber Leerstand als Zimmer mit Bad und WC«. Das war 1994. Noch immer (1998) steht Haus Badingen leer. Die Wände sind hier teilweise über drei Meter dick – daher ist zu hoffen, daß mindestens dieses Haus auch die derzeit praktizierte Denkmalpflege überleben wird.

Aber auch Fontane war mit derartigen Problemen schon konfrontiert. Wenn man heute Tourismus-Prospekte des Bundeslandes Brandenburg liest, so stößt man immer wieder auf drei vorzugsweise zitierte Stellen. Die erste stammt aus dem Vorwort zur zweiten Auflage der »Wanderungen« aus dem Jahre 1864 und heißt: »Wer in der Mark reisen will, der muß zunächst Liebe zu 'Land und Leuten' mitbringen ... Er muß den guten Willen haben, das Gute gut zu finden, anstatt es durch krittliche Vergleiche totzumachen.« Wenig später heißt es: »Es ist mit der märkischen Natur wie mit manchen Frauen. 'Auch die häßlichste' – sagt das Sprichwort – 'hat immer noch sieben Schönheiten.' Ganz so ist es mit dem 'Lande zwischen Oder und Elbe'; wenige Punkte sind so arm, daß sie nicht auch ihre sieben Schönheiten hätten. Man muß sie nur zu finden verstehn.« Und das letzte Zitat aus demselben Vorwort lautet: »Das Beste aber, dem du begegnen wirst, das werden die Menschen sein, vorausgesetzt, daß du dich darauf verstehst, das rechte Wort für den 'gemeinen Mann' zu finden.« Mit diesem »gemeinen Mann« hatte Fontane durchaus zwiespältige Erfahrungen gemacht. Er testiert ihm für den »Innenbereich« positive Eigenschaften: »Die Märker sind gesunden Geistes und unbestechlichen Gefühls, nüchtern, charaktervoll und anständig ... Das Pflichtgefühl, ihr Lerntrieb, ihr Ordnungssinn, ihre Sparsamkeit – das ist ihr Bestes.«[68] Aber bei allem, was mit einem offenen Blick in Zusammenhang steht, bescheinigt er ihnen: »... sie sind ohne rechte Begeisterungsfähigkeit und vor allem ohne Liebenswürdigkeit. Auch ohne Stammesgenie – die Rheinländer und Schwaben haben entschieden mehr davon ... Im übrigen sind sie neidisch, schabernackisch und engherzig und haben in ganz hervorragender Weise den ridikülen Zug, alles was sie besitzen oder leisten, für etwas ganz Ungeheueres anzusehen. Eine natürliche Folge früherer Ärmlichkeit, wo das Kleinste für wertvoll galt.«[69]

Fontane würde sich wohl sehr dagegen gewehrt haben, mit diesem seinem Wort so ausschließlich pro Brandenburg vereinnahmt zu werden.

Er nämlich hatte ein durchaus distanziertes Verhältnis zu den Brandenburgern. 1882 schrieb er, an seine Frau, »es ist Torheit, aus diesen Büchern herauslesen zu wollen: ich hätte eine Schwärmerei für Mark und Märker. *So* dumm war ich nicht.«[70] Er hat geschrieben, daß das Reisen etwas teurer ist in Brandenburg und man sich nicht davon verdrießen lassen sollte.[71]

Wir waren im nordwestlichen Brandenburg unterwegs, das Hotel-Restaurant war eine umgebaute Mühle, und wir hatten »Müllers Mühlentopf« bestellt, was nachher serviert wurde als gegartes Fleisch mit Saucen aus der Tüte. Als die Kellnerin, die sich als Chefin des Etablissements zu erkennen gab, nach der Sauce befragt wurde, meinte sie, die wäre extra mit Sherry gemacht, was wir sicherlich nicht kännten. Aber wenn wir wieder einmal vorbeikämen, würde die Sauce nach unseren Wünschen zubereitet.

Wir werden aber nicht mehr vorbeikommen.

Dies ist kein Einzelfall. Wir waren im südlichen Brandenburg unterwegs, und in dem Ort, der durch seine Sänger berühmt ist, fanden wir kein Restaurant, das lokale Speisen verhieß. Also gingen wir in ein »Steak-House« am Marktplatz, und auf die Frage der Kellnerin, wie ich mein Steak wohl haben möchte, sagte ich: »englisch«. Was dann kam, war eine ca. 3 mm (!) dicke Fleischscheibe, die zwangsläufig »rare« sein mußte – Bernd Maether und ich stellten während der Authopsie jener Fleischscheibe Mutmaßungen darüber an, ob es wohl angängig wäre, sie zurückzugeben – aber wir hatten keine Zeit, uns auf Experimente, deren Ausgang nicht ermessen werden konnten – und das waren hier Reklamationen – einzulassen, wir aßen denn also und zahlten.

Derartige Fälle findet man immer wieder – auch heute noch, obwohl seit sieben Jahren brandenburgische Wirte und Wirtinnen in die uns nahliegenden Oasen kulinarischen Feinschmeckertums reisen können: Schweiz, Österreich, Norditalien, Frankreich. Lernen sie nichts? Wollen sie nichts lernen? Warum?

So, wie es uns erging, war es Fontane bereits 1862 ergangen. an seine Frau schrieb er am 10. Juni 1862: »Ich reise um 6 (Sonnabend) nach Königs Wusterhausen, wo ich's sehr reizend fand, besonders am Abend (Pfingstheiligabend). Die Einfahrt war entzückend und höchst poetisch. Am andren Morgen, wo die Sonne an die Stelle unsicher Mondbeleuchtung trat, erwies sich vieles als kümmerlich, aber es war doch interessant. Von da nach *Mittenwalde,* wo Paul Gerhardt 4 Jahre Prediger war und 'Befiehl du deine Wege' dichtete. Yorck stand als Oberst 7 Jahre lang dort in Garnison; und ich logierte im 'Hotel Yorck'. Nach Teupitz kam ich nicht. In der Nacht Gewitter und Wanzen. Um 2 zu Bett, um 4 wieder auf; um 10 Uhr vormittags (2.Feiertag) wieder in Berlin, wo ich erst wieder was Ordentliches zu essen, und zu trinken kriegte.«[72]

Als Fontane später dann doch noch nach Teupitz fuhr, war es eine Seereise, die er unternahm, und er äußert sich überschwenglich vor Begeisterung: »Die Fahrt war sehr angenehm, und da man auch, wenn man für 20 oder 25 Personen ein Dampfschiff (das Köpnicker) mietet, zu *Wasser* nach Teupitz fahren kann, so hat die Merckel den lebhaften Wunsch geäußert, daß wir, bald nach Deiner Rückkehr, eine solche Fahrt machen. Es geht an Stralow, Köpnick, Müggelsbergen, Königs Wusterhausen etc. vorbei, immer fast auf breiten Seen, Berge rechts und links, so daß es wirklich sehr schön sein muß. Kein Mensch ahnt, daß man in der *Mark* solche Fahrten machen kann, die wahrscheinlich mit den Fahrten auf dem Loch Ness und Loch Lochy (der sogenannte kaledonische Kanal, von Inverneß aus) die größte Ähnlichkeit haben. Die Fahrt wird ohngefähr 6 Stunden dauern, von 6 bis 12; von 12 bis 4 in Teupitz, von 4 bis 10 wieder zurück. Wein, pie und tarts muß man mitnehmen und in Teupitz nur Zander essen, der dort sehr schön ist.«[73]

Alle Restaurants aber, die in diesem Buch empfohlen werden, sind durch den Autor bzw. dessen Mitreisende (d. h. Bernd Maether bzw. Studenten) mehrfach getestet worden.

Hier haben wir stets mit Genuß gegessen und empfehlen diese Häuser auch weiter. Die vorgestellten Restaurants sind – biologisch gesprochen – Frühlingsblüher, und es werden mit stetiger Regelmäßigkeit immer mehr. Sie zeigen, daß die Landschaft zu blühen beginnt – es braucht nur eben seine Zeit.

1859 schrieb Fontane nach einer Fahrt in den Spreewald, »die Gelegenheit scheine ihm günstig, überhaupt die Bemerkung zu machen, daß unsere verschriene Mark ein Eldorado für Feinschmecker ist. Ich verweile nicht bei der mehligen, geplatzten Kartoffel, die auf der ganzen Welt nur einmal in ihrer Vollendung vorkommt – das ist auf den Sandbergen der Mark; ich will nicht ein überhebliches Lächeln durch die bloße Nennung eines so trivialen Namens hervorgerufen haben; aber da gibt es viel andere Dinge noch: die Morchel, die Teltower Rübe, die Sellerie. Goethe, der so wenig von den Musen und Grazien in der Mark hielt, war über den Wert der Teltower Rübe mit Pastor Schmidt durchaus einverstanden.«[74]

Hier ist auf Seiten des Autors natürlich eine gehörige Portion Ironie mit im Spiel, denn Fontane wußte sehr gut, was wirklich vorzügliche Küche bedeutet.[75]

IX. Fontane und der Adel

Fontane war zwischen 1852 und 1859 preußischer Korrespondent in London. Hier lernte er nicht nur das englische Leben kennen, sondern auch erstmals den Zusammenklang zwischen Architektur, Garten, Landschaft, und vor allem erfuhr er, wie sehr man aus der Kenntnis der Geschichte eine positiv besetzte Identität gewinnen kann – wenn man sie denn kennt.

Nun gab es damals eine außerordentlich rege und höchst ertragreiche lokalgeschichtliche Forschung, die von Vereinen betrieben wurde. Zwei der großen seien genannt: der Verein für die Geschichte der Mark Brandenburg (gegründet 1841) und der Verein für die Geschichte Potsdams (gegründet 1864). Doch es gab auch in den Regionen Vereine, deren Leistung auch heute noch zu Unrecht vergessen ist.

Fontane begann, nach Berlin als Korrespondent der konservativen »Kreuzzeitung« zurückgekehrt, 1860 mit seinen Arbeiten an den »Wanderungen«. Ganz richtig hatte er erkannt, daß es noch viele weiße Flecke gäbe, denen er mit seiner Arbeit Farbe geben wollte: »Erst als das Buch halb fertig war, fing ich an, unter Beibehaltung leichter, feuilletonistischer Form, mich in meine Aufgabe zu vertiefen, und so sind schließlich verschiedne Arbeiten entstanden, *die absolut Neues bringen* und, in ihrem Kern weit über das bloß Unterhaltliche hinausgehend, unsre Spezialgeschichte in der Tat bereichern. Diese Arbeiten sind das Beste, was über die betreffenden Dinge und Personen existiert, weil eben nichts existiert als das, was ich darüber gesagt habe ... Das große Publikum kann diesen Unterschied nicht merken, wohl aber unsre märkischen Historiker.«[76] An denen aber übte er – wenn auch nur außerordentlich diskret – mindestens leichte Kritik, als er 1861 an seinen

Verleger Wilhelm Hertz schrieb: »Die letzten 150 Jahre haben dafür gesorgt, daß man von den Brandenburgern (oder Märkern oder Preußen) mit Respekt spricht; die Taten, die geschehn, und die Männer, die diese Taten geschehn ließen, haben sich Gehör zu verschaffen gewußt, aber man kümmerte sich um sie mehr *historisch* als *menschlich*. Schlachten und immer wieder Schlachten, Staatsaktionen, Gesandtschaften ...«[77] An Ernst von Pfuel schrieb er 1864: »Es ist alles auf ein *Ganzes* hin angelegt, auf die Beweisführung: auch im märkischen Sande flossen und fließen überall die Quellen des Lebens, und jeder Fußbreit Erde hat seine Geschichte und erzählt sie auch – man muß nur willig sein, auf die oft leisen Stimmen zu lauschen. Die zwei Bände, die bis jetzt erschienen sind, lassen das, worauf es mir ankommt, erst erraten: die Belebung des Lokalen, die Poetisierung des Geschehenen, so daß (ganz wie es am Rhein, in der Schweiz, in Schottland und an vielen Orten ist) in Zukunft jeder Märker, wenn er einen märkischen Orts- oder Geschlechtsnamen hört, sofort ein *bestimmtes* Bild mit diesem Namen verknüpft, was jetzt gar nicht oder doch nur in einer prosaisch-häßlichen Weise der Fall ist.«[78]

Für Fontane war es klar, daß die Beschäftigung mit märkischer Geschichte die Beschäftigung mit seinem Adel und dessen Wirken und Leistungen sein würde. Überschwenglich schreibt er am 28. Mai 1860 an seine Mutter nach einem Besuch in Schloß Friedersdorf: »Zehn Generationen von 500 Schultzes und Lehmanns sind noch lange nicht so interessant wie 3 Generationen eines einzigen Marwitzzweiges. Wer den Adel abschaffen wollte, schaffte den letzten Rest von Poesie aus der Welt.«[79] Noch 35 Jahre später schreibt er an Georg Friedlaender: »Die Welt wird noch lange einen Adel haben, und jedenfalls *wünsche* ich der Welt einen Adel, aber er muß danach sein, er muß eine Bedeutung haben für das Ganze, muß Vorbilder stellen, große Beispiele geben und entweder durch geistig moralische Qualitäten direkt wirken oder diese Qualitäten aus reichen Mitteln unterstützen.«[80] 1888 bekennt er gegenüber Guido Weiß (1822 – 1890), dem Chef des eher links gerichteten Magazins »Berliner Reform«: »... nur erst die neuste Zeit hat hier gebessert, aber alles, was die Hohenzollern geschaffen und mit ihrem Tun und ihrem Geiste durchdrungen haben, ist hoch interessant: das Berliner Schloß, alt und neu, das Potsdamer Sanssouci, das Marmorpalais, das Neue Palais, das Charlottenburger Schloß – welche Welt! welche Gestalten, welche Erinnerungen. Es hat nur alles noch nicht seinen Geschichtsschreiber gefunden.«[81]

Er schreibt an den Schriftsteller Leo Berg (1862 – 1908) im Jahre 1888, er sei »auf Preußen und Mark Brandenburg eingeschworen«.[82] Doch schon ein Vierteljahrhundert vorher hatte er seine Haltung als Chronist der Mark Brandenburg mit den Worten beschrieben: »Ich beschreibe den Adel, ... mein Buch zeigt nirgends eine *unwürdige* Gesinnung, und es ist mindestens unpassend, mir mehr oder weniger direkt eine servile Verbeugung vorzuwerfen.[83]

Er hat gewußt, daß er aufgrund des Themas, mit dem er sich beschäftigte, leicht angefeindet werden konnte, und er betont immer wieder, daß er auch politisch auf Seiten des Adels steht. Seiner Frau schreibt er: »Deine kleine Reprimande wegen der 'Grafen und Exzellenzen' ist wohl ziemlich unverdient; ich dächte doch, daß ich mich in meinem Briefe selbst genugsam darüber ausgesprochen habe. Das ist zwar wahr, daß ich mehr mit Adel als Bürgertum in Berührung bin, aber das ist teils eine Folge meines Metiers (Poet und 'Wanderungen'-Schreiber), teils eine Folge meiner politischen Richtung. Poeten und Künstler haben zu allen Zeiten fast ausschließlich Verkehr mit Fürsten, Adel und Patriziat gehabt; es ist ja auch ganz natürlich. Heutzutage freilich, wo der *Bürgerstand* (im weitesten Sinne) eine hervorragende Bedeutung hat und zum Teil gerade der Träger all der Vorzüge ist, die sonst dem Adel und der Geistlichkeit eigen waren, *braucht* es nicht mehr so zu sein, wer aber im Lager der 'Feudalen' ficht, der muß sich noch mit den alten Elementen behelfen.«[84]

Fontane war konservativ – und blieb es auch. 1861 wurde er als Beisitzer für die Urwahl im preußischen Abgeordnetenhaus berufen. Die Wahl endete mit einem Fiasko für die Konservativen. In sein Tagebuch notiert er: »Versammlung der Urwähler; man tut mir den Tort an, mich mit in's Bureau zu wählen. So muß ich denn 5 Stunden in bittrer Kälte aushalten, um Schließlich den Sieg unserer Gegner registrieren zu können.«[85]

Über zwanzig Jahre später ist er ziemlich entsetzt, wie der neue Kaiser, Friedrich III., mit Bismarck umgeht, denn dieser habe ihm »... ein Schriftstück ausgehändigt ..., ein sogenanntes Regierungsprogramm, das auf mich einen sonderbaren Eindruck macht, weil es Kritik übt und den Reichskanzler als einen 'wie andere mehr' behandelt. Eine (wenn man nicht Fortschrittler) mindestens sonderbare Behandlung des großen Mannes, aus der ich nicht viel Gutes schloß. Und so kam es ... Ohne Adel, ohne Geistlichkeit und Bürokratie geht es freilich nicht, aber es ist unzweifelhaft, daß wir in Preußen einen liberalen Adel, eine liberale Geistlichkeit und eine liberale Beamtenschaft haben. Mit diesen Elementen, die an Zahl wie geistiger Potenz der alten preußischen Regierungsgarde mindenstens ebenbürtig sind, hätte mans unter anderen Umständen versuchen können. Aber der Kaiser war bereits ein Sterbender, und so hatten wir nicht einen liberalen Regierungswechsel, sondern die alte Regierung blieb, in die nun 'vom Kabinett aus', d. h. durch die Kaiserin, fortschrittlich hineingewirtschaftet wurde ... Zum Glück dauerte es nicht lange. Nach 99 Tagen starb Friedrich III., und alles atmete auf, als das Kranken- und Weiberregiment ein Ende nahm und der jugendliche Kaiser Wilhelm II. die Zügel in die Hand nahm. Es war hohe Zeit. Alles hat wieder die Empfindung, daß ... ein 'Dirigent' da ist, der nicht alles dem bloßen Zufall überläßt.«[86]

Fontane war ein Verehrer Bismarcks. Als er einmal näheren Kontakt zu dem Berliner Juristen Anton von Senfft-Pilsach (1834 – 1889), einem heftigen Bismarck-Gegner, hatte, gelang es ihm, die unangenehme Situation durch Bismarcks Lieblingsschnaps zu retten: »... und ich war froh, daß ich durch eine Flasche uralten Nordhäuser-Kornbranntweins, die ich, neulich von dorther als Geschenk erhalten, nun als Rarität hervorholte, seine Aufmerksamkeit einen Augenblick von seinen Triumphen abziehn konnte. Denn so sehr er Bismarck haßt, so hat er doch einzelnes mit ihm gemein; darunter die Vorliebe für Nordhäuser.«[87] Mit der Absetzung Bismarcks durch den Kaiser, den er ja ebenfalls sehr verehrte, war er völlig einverstanden, denn Bismarcks

»Größe lag hinter ihm; sie bleibt ihm in der Geschichte und in den Herzen des deutschen Volkes, aber was er in den letzten drei Jahren davon verzapft hat, war *nicht* weit her.« So schrieb er dem ihm befreundeten Georg Friedlaender und bekannte zugleich im selben Brief: »Bismarck hat keinen größeren Anschwärmer gehabt als mich, meine Frau hat mir nie eine seiner Reden oder Briefe oder Äußerungen vorgelesen, ohne daß ich in ein helles Entzücken geraten wäre, die Welt hat selten ein größeres Genie gesehn, selten einen mutigeren und charaktervollen Mann und selten einen größeren Humoristen.«[88]

Wenn auch aus seinen letzten beiden Lebensjahren Äußerungen bekannt sind, in denen er scheinbar eindeutig gegen den Adel Stellung nimmt, ja sogar den »4. Stand« (d. h. die Arbeiter) als Säule des Staates betrachtet,[89] so sind diese letzten Äußerungen eben keine exempla pars pro toto – vielmehr wird es hier so sein wie mit Thomas Mann, der am Ende seines Lebens auch mit dem Kommunismus liebäugelte, dennoch aber immer ein »Bürgerlicher« blieb.

Theodor Fontane erkannte stets die Leistung des Adels als kulturfördernd und Kulturträger an – sein Werk und seine Briefe künden davon und sollten auch heute als Haltung beispielgebend sein.

Anmerkungen

[1] Johannes Schultze (Hrsg), Das Landbuch der Mark Brandenburg von 1375, Berlin 1940 (= Veröffentlichungen der Historischen Kommission für die Provinz Brandenburg und die Reichshauptstadt Berlin VIII, 2: Brandenburgische Landbücher, Bd. 2)

[2] ebd., S. 2

[3] ebd., S. 62; 66; 63

[4] Ernst Heinrich Kneschke, Neues allgemeines Deutsches Adels-Lexicon, Leipzig, Bd. 1, 1859, S. 38 bzw. Bd. 7, 1867, S. 297

[5] ebd., Bd. 4, 1863, S. 124

[6] ebd., Bd. 7, 1867, S. 297

[7] ebd., Bd. 6, 1866, S. 606. – zum Problem s. auch die außerordentlich interessante Darstellung von Hermann Graf von Arnim, Märkischer Adel, Berlin 1989[2] (= Veröffentlichungen des Vereins für die Geschichte der Mark Brandenburg, N. F. Bd. 1)

[8] Theodor Fontane, Wanderungen durch die Mark Brandenburg, hrsg. von Helmuth Nürnberger, München, Wien 1991, Bd. 1, S. 938

[9] Johann Christian v. Hellbach, Adelslexikon, Ilmenau 1826 (= Nachdruck Akademische Druck- und Verlagsgesellschaft, Graz 1967), Bd. 2, S. 297

[10] ebd., Bd. 1, S. 76

[11] Gothaisches Genealogisches Taschenbuch der Adeligen Häuser. Der in Deutschland eingeborene Adel (Uradel), Bd. 5, 1904, S. 892ff.

[12] hierzu ausführlich Riedel, Von dem Unterschiede zwischen den beschlossenen und unbeschlossenen Geschlechtern der Brandenburgischen Ritterschaft, in: Märkische Forschungen 1, 1841, S. 266ff.

[13] Livius, Römische Geschichte seit Gründung der Stadt, hrsg. von Heinrich Dittrich, Berlin (Ost) und Weimar 1978, Bd. 1, S. (= Bibliothek der Antike. Römische Reihe)

[14] Mommsen, Theodor, Römisches Strafrecht, Berlin 1899, Bd. 3, S. 565

[15] vgl. hierzu Gerd-H. Zuchold, Der Kronprinz als Kloster- und Ordensgründer. Die Entwurfzeichnungen Friedrich Wilhelms (IV.) zum Kloster »St. Georgen im See«, in: Jahrbuch Preußischer Kulturbesitz XIX, 1992, S. 483ff.

[16] Die Territorien der Mark Brandenburg oder Geschichte der einzelnen Kreise, Städte, Rittergüter, Stiftungen und Dörfer in derselben, als Fortsetzung des Landbuchs Kaiser Karl's IV., bearbeitet von E. Fidicin, Berlin 1857ff.

[17] Diese das heutige Bundesland Brandenburg betreffenden Blätter werden demnächst von Bernd Maether und mir kommentiert herausgegeben werden.

[18] so z. B. Büsching, Anton Friedrich, Beschreibung seiner Reise von Berlin über Potsdam nach Reckahn unweit Brandenburg ..., Berlin 1775 oder Michael Niedermeier, Clemens Alexander Wimmer (Hrsg): Leopold von Reichenbach, Der schöne Garten (1788),

Friedrich Ludwig Karl von Finckenstein, Der Frühlingstag im Garten (1811/12),
Berlin 1997 (= Mitteilungen der Pückler Gesellschaft, NF 12)

[19] so z. B. Konrad Faerber, Das Herrenhaus in Klein-Machnow bei Berlin, ein Lehmbau,
in: Zentralblatt der Bauverwaltung 1920, S. 177ff.

[20] z. B. Hans Peter Dreier, 600 Jahre brandenburgische Familie von Hake und ihre
1994 lebenden Nachkommen, Schönenwerd 1994

[21] Für den brandenburgischen Adel gibt es eine Darstellung hierzu (noch) nicht; vgl. aber
die höchst eindrucksvolle Zusammenstellung von Adam von Watzdorf a. d. H. Störmthal,
Schicksalsbuch des Sächsisch-Thüringischen Adels 1945, Limburg 1994
(= Aus dem Deutschen Adelsarchiv, Bd. 11)

[22] Pierer, H. A., Universal-Lexikon der Gegenwart und Vergangenheit oder neuestes
encyclopädisches Wörterbuch der Wissenschaften, Künste und Gewerbe, Bd. 25,
Altenburg 1844, S. 155f.

[23] Meyers Konversations-Lexikon. Eine Encyklopädie des allgemeinen Wissens, Leipzig und
Wien 1890,[4] Bd. 12, S. 779 s. v. Patrimonialgerichtsbarkeit

[24] Johann Heinrich Zedler, Großes vollständiges Universallexikon,
Leipzig und Halle 1743, Bd. 35, Sp. 210

[25] Pierer, wie Anm. 22, Bd. 27, S. 193

[26] Pierer, wie Anm. 22, Bd. 14, S. 126

[27] J. S. Ersch, J. G. Gruber, Allgemeine Encyklopädie der Wissenschaften und Künste,
Zweite Section, Siebenter Theil, Leipzig 1830, S. 11 s. v. Herrenhaus

[28] Zedler, wie Anm. 24

[29] Hans Hattenhauer (Hrsg), Allgemeines Landrecht für die Preußischen Staaten von 1794,
Frankfurt am Main, Berlin 1970, S. 536

[30] ebd., S. 535

[31] Sammlung der für die Königlichen Preußischen Staaten erschienenen Gesetze und
Verordnungen von 1806. bis zum 27sten Oktober 1810, Berlin 1822, S. 171 § 1

[32] ebd., S. 173, § 12

[33] Gesetz=Sammlung für die Königlichen Preußischen Staaten, Berlin 1849, Nr. 1, S. 1 § 1

[34] Gesetz=Sammlung für die Königlichen Preußischen Staaten, Berlin 1872,
Nr. 41, S. 673 § 46

[35] Edwin Hoernle, Die deutsche Bauernbefreiung und das Jahr 1848, in:
Neues Deutschland, 18. März 1948, S. 5

[35a] BLHA, Sign.: cd. Br. Rep. 203/1536, Blatt 66

[35b] Klaus Geßner (Hrsg.) Befehle der Sowjetischen Militäradministration des Landes
Brandenburg 1945 – 1949, Frankfurt/M., Berlin, Bern, New York, Paris, Wien 1997,
S. 127 f.

[36] Walter Ulbricht, Die wichtigsten Aufgaben in der Landwirtschaft. Aus dem Referat auf
dem 2. Parteitag der SED vom 20. – 24. September 1947 in Berlin, in:
Die Bauernbefreiung in der Deutschen Demokratischen Republik, Berlin (Ost) 1961,
Bd. 1: Februar 1945 – Juni 1948, S. 144

[37] Verordnungsblatt der Provinzialverwaltung Mark Brandenburg, Nr. 1 vom
20. Oktober 1945, S. 8ff. (als Faksimile abgedruckt bei Philipp-Christian Wachs,
Die Bodenreform von 1945: die zweite Enteignung der Familie Mendelssohn-Bartholdy,
Baden-Baden 1994, Anhang S. IIff. (= Archiv der deutschen Hochschulwissenschaften,
Abt. III A, Bd. 2)

[38] Edwin Hoernle, Bodenreform, eine Wende in der deutschen Geschichte, in: Demokratische Bodenreform. Rede von Wilhelm Pieck ... und Edwin Hoernle am 19. September 1945, Berlin 1945, S. 19f.

[39] ebd., S. 26f.

[40] Jürgen Kuczynski, Monopolisten und Junker – Todfeinde des deutschen Volkes, Berlin o. J. [1946], S. 46

[41] Alexander Abusch, Der Irrweg einer Nation. Ein Beitrag zum Verständnis deutscher Geschichte, Berlin (Ost) 1946, S. 263

[42] ebd., S. 254

[43] Brandenburgisches Landeshauptarchiv Potsdam (künftig BLHA), Rep. 208: Ministerium für Land- und Forstwirtschaft, Nr. 176

[44] Gerhard Strauß, Fortschrittliche Denkmalpflege, in: Neues Deutschland, 24. März 1948, S. 3

[45] BLHA (wie Anm. 43), Pr. Br. Rep. 250 Osthavelland 826 (ohne Blattangabe)

[46] Ernst Badstübner, Schlösser der Renaissance in der Mark Brandenburg, Berlin 1995, S.36 (= MONUMENTA BRANDENBURGICA. Monographien zur Architektur und Kunstgeschichte in Brandenburg, Bd. 2)

[47] s. z. B. V. Kl., »... und immer verliert man ein Stück Heimat. Von der Plankennziffer zum Verwertungszwang – sündhafte Parallelen bei der Stadterneuerung gestern und heute, in: Märkische Allgemeine Zeitung, 20. September 1995

[48] Gerhard Strauß, Herrensitze dienen dem Volkswohl, in: Demokratischer Aufbau 1, 1947, S. 23

[49] Otto Gotsche, Tiefe Furchen, Berlin 1961, Bd. 2, S. 6

[50] ebd., S. 43f.

[51] s. Wer war wer – DDR. Berlin 1992, S. 197., s. v. Hoernle, Edwin (1883–1952): Theologiestudium; Vikar, freier Schriftsteller, 1918/19 Mitglied des Stuttgarter Arbeiter- und Soldatenrats,verschiedene Funktionen im Apperat der KPD, Mitglied des Reichstags 1924–1933, Moskau, Mitglied des NKFD – Vorbereitung der Agrarpolitik, 2. Vizepräsident der Provinzialverwaltung Brandenburg, 1945–1949 Präsident der Deutschen Zentralverwaltung bzw. Hauptverwaltung Land- und Forstwirtschaft, ab 1949 Vizepräsident der Deutschen Verwaltungsakademie

[52] zitiert nach: Voß, Eberhard, Probleme des Kampfes der Landarbeiter gegen die Gutsbesitzer in den Jahren 1921 bis 1923 in Deutschland, in: Wissenschaftliche Zeitschrift der Universität Rostock – Gesellschafts- und Sprachwissenschaftliche Reihe. 17 (1968) 2/3, S. 115.

[53] Nicolaus Sombart, Große Jagden, einfache Feste: Gutsherrenleben in Ostelbien, in: Frankfurter Allgemeine Zeitung, Magazin, 38. Woche, 23. September 1994, H. 760, S. 43

[54] Hierzu wird demnächst Bernd Maether eine Publikation von bisher unveröffentlichten Dokumenten vorlegen: Bernd Maether (Hrsg), »Amt für Denkmalspflege nicht beachten ...«. Die Herrenhäuser im Land Brandenburg zwischen 1945 und 1952. Politische Dokumente zur Bodenreform und der frühen DDR

[55] vgl. hierzu ausführlich Gerd-H. Zuchold, Der Abriß der Ruinen des Stadtschlosses und der Bauakademie in Ost-Berlin. Vom Umgang mit Denkmälern preußischer Geschichte in der Frühzeit der DDR. Eingaben, Memoranden und amtliche Schreiben. Eine Dokumentation, in: Deutschland Archiv 18, 1985, S. 178ff.

[56] BLHA (wie Anm. 43) Rep 250 Osthavelland Akte Nr. 1145 Bl. 25

57 Heinrich Magirius, Verluste an Schlössern und Herrenhäusern in Sachsen seit 1945, in: Mitteilungen des Landesvereins Sächsischer Heimatschutz e.V. 2,1993, S. 39

58 Wie brutal die Verwahrlosung durchgeführt wurde, belegen eindringlich die vom »Freundeskreis Schlösser und Gärten der Mark« in der Deutschen Gesellschaft e.V. herausgegeben großformatigen Hefte »Schlösser und Gärten der Mark«, die aufgrund ihrer höchst beeindruckenden Gegenüberstellung von Photos, die den Zustand vor dem 2. Weltkrieg mit dem unmittelbar nach der Wende zeigen, von außerordentlichem dokumentarischen Wert sind.

59 Denkmalpflegegesetz, Gesetzblatt der DDR I, Nr. 26/75 vom 27. Juni 1975, Präambel

60 Bernd Schmeissl, Wohnlich ist dieses Land, in:
Märkische Volksstimme, 9. Dezember 1978, S. 1

61 Georg Piltz, Schlösser und Gärten um Berlin, Leipzig 1968

62 ebd., S. 13

63 s. hierzu Karl Feldmeyer, Schwierige Heimkehr. Neusiedler auf altem Boden,
Berlin 1997, S. 212ff.

64 ebd., S. 25ff.

65 zitiert nach dem mündlichen Bericht eines Teilnehmers dieser Zusammenkunft, Reinhold von Wienskowski, den dieser im Rahmen eines Diskussionsbeitrages auf der von der Brandenburgischen Landeszentrale für Politische Bildung am 16. 06. 1997 in Potsdam veranstalteten Tagung zum Thema »Bodenreform« gegeben hatte.

66 hierzu demnächst die außerordentlich gleichermaßen bedrückende wie aufschlußreiche Dokumenten-Veröffentlichung von Bernd Maether, wie Anm. 54

67 Fontane, Brief an die Tochter Martha Fontane, 26. Mai 1889, in: Fontanes Briefe in zwei Bänden, hrsg. von Gotthard Erler, Berlin [Ost] und Weimar 1980², Bd. 2, S. 218 (= Bibliothek Deutscher Klassiker)

68 Theodor Fontane, Die Märker und die Berliner und wie sich das Berlinertum entwickelte (1889), in: Theodor Fontane. Wanderungen durch die Mark Brandenburg, hrsg. von Gotthard Erler, Berlin 1991, Bd. 7: Dörfer und Flecken im Lande Ruppin. Unbekannte und vergessene Geschichten aus der Mark Brandenburg, S. 558

69 ebd.

70 Fontane, Brief an Emilie Fontane, 12. August 1882, in: Fontanes Briefe (wie Anm. 67), Bd. 2, S. 68

71 Fontane, Vorwort zu Wanderungen, 2. Auflage 1864 (wie Anm. 8), S.13

72 Fontane, Brief an Emilie Fontane, 10. Juni 1862, in:
Fontanes Briefe, (wie Anm. 67), Bd. 1, S. 293

73 Fontane, Brief an Emilie Fontane, 23. Juni 1862, in: Fontanes Briefe (wie Anm. 67), Bd. 1, S. 294

74 In den Spreewald. Vier Reisekapitel von Th. F., in: Wanderungen (wie Anm 68), S. 9

75 vgl. hierzu Luise Berg-Ehlers, Gotthard Erler (Hrsg), »Ich bin nicht für halbe Portionen«. Essen und Trinken mit Theodor Fontane, Berlin 1996², besonders S. 59f., 66f., 78,

76 Fontane, Brief an Wilhelm Hertz, 24.November 1861, in:
Fontanes Briefe, (wie Anm. 67), Bd. 1, S. 285

77 Fontane, Brief an Wilhelm Hertz, 31. Oktober 1861, in:
Fontanes Briefe, (wie Anm. 67), Bd. 1, S. 283

78 Fontane, Brief an Ernst von Pfuel, 18. Januar 1864, in:
Fontanes Briefe, (wie Anm. 67), Bd. 1, S. 315f.

[79] Fontane, Brief an die Mutter Emilie, 28. Mai 1860, in:
Fontanes Briefe, (wie Anm. 67), Bd. 1, S. 278

[80] Fontane, Brief an Georg Friedlaender, 6. Mai 1895, in:
Fontanes Briefe, (wie Anm. 67), Bd. 2, S. 367

[81] Fontane, Brief an Guido Weiss, 14. August 1889, in:
Fontanes Briefe, (wie Anm. 67), Bd. 2, S. 229

[82] Fontane, Brief an Leo Berg, 8. Juli 1888, in:
Fontanes Briefe, (wie Anm. 67), Bd. 2, S. 198

[83] Fontane, Brief an Wilhelm Hertz, 9. Dezember 1863, in:
Fontanes Briefe, (wie Anm. 67), Bd. 1, S. 314f.

[84] Fontane, Brief an Emilie Fontane, 10. Juni 1862, in:
Fontanes wie Anm. 67), Bd. 1, S. 292

[85] Theodor Fontane, Tagebücher 1866 – 1882.1884 – 1898,
hrsg. von Gotthard Erler, Berlin 1994, S. 276

[86] ebd., S. 243

[87] Fontane, Brief an Clara Stockhausen, 27. Dezember 1878, in:
Fontanes Briefe, (wie Anm. 67), Bd. 1, S. 460

[88] Fontane, Brief an Georg Friedlaender, 1. Mai 1890, in:
Fontanes Briefe, (wie Anm. 67), Bd. 2, S. 264

[89] Fontane, Briefe an Georg Friedlaender, 14. August 1896 und 5. April 1897, in:
Fontanes Briefe, (wie Anm. 67), Bd. 2, S. 395 bzw. S. 409.

Die Orte und ihr Umfeld

»Bei erbauung der Stäte, ziehung der Mauern, aufführung der Kirchen und Thürme, belegung der Strassen mit steinpflaster u. d. m. finden wir unsere Vorfahren in grosser beschäftigung; und die arbeit, so wir bei dem alten bau finden, stellet uns Künstler und Handwerksleute vor, welche nicht allein den geschmak damahliger zeiten belustiget und vergnüget, sondern den heutigen was zu rahten, und mit aufmerksamkeit zu betrachten vorlegen, daß man die stärke, festigkeit, regelmäßigkeit der alten mauern, sonderlich in feldsteinen bewundern muß. Welches alles wenn mans mit der einrichtung des Staats zusammen nimmt, wie es aus den damahligen finstern zeiten herausgekommen, unsern zeiten zwar nicht beikommt, für damahlige zeiten sich aber vollkommen schikket, und von deren wohlstand und glückseligkeit ein unwiedersprechlich zeugnüß ableget. Es würden auch manche gute denkmahle selbiger zeiten übrig sein: wann nicht das folgende wiedrige schiksal die nachkommen deren beraubet.«

Johann Christoph Bekmann, 1751

1. Zernikow

Das Fredersdorffsche Herrenhaus, Hofseite.

Fredersdorff war 18 Jahre lang, von 1740 – 1758, im Besitz von Zernikow, an welche Tatsache wir die Frage knüpfen, ob er dem Dorf und
seinen Bewohnern ein Segen war oder nicht? Die Beantwortung der
Frage fällt durchaus zu seinen Gunsten aus. Wie er trotz Ehrgeiz und
einem unverkennbaren Verlangen nach Ansehn und Reichtum, doch
überwiegend eine liebenswürdige und gutgeartete Natur gewesen zu
sein scheint, so erwies er sich auch als Gutsherr mild, nachsichtig, hülfe-
bereit. Seine Bauern und Tagelöhner hatten gute Zeit. Und wie den
damaligen Bewohnern, so war er dem Dorfe selbst ein Glück. Die
meisten Neuerungen, soweit sie nicht bloß der Verschönerung dienen,

lassen sich auf ihn zurückführen. Er fand eine vernachlässigte Sand-
scholle vor und hinterließ ein wohlkultiviertes Gut, dem er teils durch
Anlagen aller Art, teils durch Ankauf von Wiesen und Wald das gegeben hatte, dessen es zumeist benötigt war. Die Tätigkeit, die er entwik-
kelte, war groß. Kolonisten und Handwerker wurden herangezogen
und Weberei und Strohflechterei von fleißigen Händen betrieben. Zu
gleicher Zeit und mit Vorliebe nahm er sich des Seidenbaus an. Gärten
und Wege wurden mit Maulbeerbäumen bepflanzt (schon 1747 standen deren 8 000) und das Jahr darauf hatte er zum ersten Male einen
Reinertrag aus der gehaspelten Seide. Kaum daß er ein Stück guten
Lehmboden auf seiner Feldmark gefunden, entstand auch schon eine
Ziegelei, so daß er 1746, und zwar aus selbstgebrannten Steinen, das
noch jetzt existierende Wohnhaus erbauen konnte. Noch im selben
Jahre führte er, ebenso wie in Spandau und Coepnick, große Brauerei-
gebäude auf, in denen das so beliebt gewordene und nach ihm genannte »Fredersdorffer Bier« gebraut wurde. In allem erwies er sich als der
gelehrige Schüler seines königlichen Herrn, und an der ganzen Art
und Weise, wie er die Dinge in Angriff nahm, ließ sich erkennen, daß
er den organisatorischen Plänen des Königs mit Verständnis zu folgen
und sie als Vorbild zu verwerten verstand. Er mocht' es dabei, besonders was die Mittel zur Ausführung anging, leichter haben als mancher
andere, da ein König, der ihm schreiben konnte: »Wenn ein Mittel in
der Welt wäre, Dir in zwei Minuten zu helfen, so wollte ich es kaufen,
es möchte auch so teuer sein wie es immer wolle« sehr wahrscheinlich
auch bereit war, durch Geschenke und Vorschüsse aller Art zu helfen.
Es scheint indessen, daß diese Hülfen immer nur innerhalb beschränk-
ter Grenzen blieben und daß die Meliorationen erst von 1750 ab einen
größeren Maßstab annahmen, wo sich Fredersdorff mit Caroline Marie Elisabeth Daum, der reichen Erbtochter des schon 1743 verstorbenen Banquier Daum vermählt hatte. Wenigstens beginnen von da ab
erst jene Güterkäufe, deren ich schon oben erwähnt habe. Fredersdorff
lebte mit seiner jungen Frau in einer sehr glücklichen aber kinderlosen
Ehe.

(aus: Theodor Fontane, Wanderungen durch die Mark Brandenburg: Die Grafschaft Ruppin)

Der Seidenbau in Brandenburg zur Zeit Friedrichs des Großen

Schon Friedrich Wilhelm I. hatte versucht, im eigenen Lande Seide zu produzieren, um von teuren Importen unabhängig zu sein. Doch die Versuche schlugen fehl. 1742 begann Friedrich der Große, das Projekt wieder aufzunehmen und sorgte per Dekret dort für den Anbau von Maulbeerplantagen, wo der Staat die Möglichkeit hatte, Einfluß zu nehmen: auf den Domänen (Staatsgütern), den den Kriegskammern unterstehenden Ländereien, im Schulwesen und im kirchlichen Bereich. Da die Pastoren und Küster zum Teil vom Staat bezahlt wurden, erhielten auch sie die Anweisung, Maulbeerbäume zu pflanzen. Um den Wettbewerb zu stimulieren, schreibt Friedrich in seinem Politischen Testament aus dem Jahre 1752, »ließ ich die Seide unseres eigenen Bodens ebenso teuer bezahlen wie die aus Italien; ich gebe den Dorfpfarrern, die die meiste Seide erzeugt haben, Prämien und Vergünstigungen an die, die Maulbeerbäume pflanzen.« Später (seit 1783) gab es für besonders erfolgreiche Seidenbauern als Auszeichnung für außerordentlich hohe Erträge Prämien in Form von Geld oder einer Medaille, auf denen auf der einen Seite Friedrich als antiker Herrscher mit Lorbeerkranz und der Umschrift »FRIDERICUS INSTAURATOR« dargestellt ist; auf der anderen eine unter einem Maulbeerbaum sitzende Seidenspinnerin. Die Umschrift hier lautet: »INDUSTRIAE SERICAE PRUSS. MDCCLXXXIII«. Doch weder Verdienstorden noch »Jahresendprämien« konnten dem Projekt zum Erfolg verhelfen.

Das Herrenhaus

Das Herrenhaus, der Zernikower Chronik zufolge zwischen 1746 bis 1748 nach Plänen von Knobelsdorff errichtet, bewohnte bis zu seinem Tode im Jahre 1758 Michael Gabriel Fredersdorff, Geheimer Kämmerer Friedrichs des Großen. Durch Verheiratungen und Erbschaften gelangte es in den Besitz der Familie von Arnim, die hier bis zur Enteignung im Zuge der kommunistischen »Bodenreform« erfolgreich und kulturfördernd wirtschaftete.

Literatur

Sibylle Badstübner-Gröger, Thomas Krebs, Zernikow, Berlin 1991 (= Schlösser und Gärten der Mark. Veröffentlicht durch »Freundeskreis Schlösser und Gärten der Mark e. V.« in der Deutschen Gesellschaft e. V.) – Clara von Arnim, Der grüne Baum des Lebens. Erinnerungen einer märkischen Gutsfrau, München 1992, bes. S. 213ff.

Die Anfahrt nach Zernikow

(Stadt und Land Atlas Berlin/Brandenburg, 1997, S. 14 B 4) Man fährt auf der B 96 bis Seilershof, durchfährt den Ort und erreicht nach 6,5 km Zernikow. Man kann aber auch auf der L 15 von Rheinsberg nach Großwoltersdorf über Menz fahren und biegt 2 km hinter Menz nach Osten in die Straße nach Zernikow.

Wichtige Denkmäler in der Umgebung

Kloster Himmelpfort: (Stadt und Land Atlas Berlin/Brandenburg, 1997, S. 5 C 2/3) 1299 vom brandenburgischen Markgrafen Albrecht III. als Grablege gestiftet. – **Seilershof:** (Stadt und Land Atlas Berlin/Brandenburg, 1997, S. 15 C 1/2) Gedenkstein für die 1810 hier erfolgte Übergabe des Leichnams der Königin Luise aus mecklenburgischer in preußische Hoheit. – **Neuglobsow:** (Stadt und Land Atlas Berlin/Brandenburg, 1997, S. 4 D 1) Glashüttensiedlung von 1779/80, im Ortsteil – **Dagow** auf dem Kirchhof die Grabstellen von Mitgliedern der Familie der ehemaligen Hüttenbesitzerin Pirl, wie auch das Grabgewölbe der Anna Meta Katharina Noack, † 1832) [Meta's Ruh]: Fontane, Wanderungen: Die Grafschaft Ruppin – Der Menzer Forst und der große Stechlin.

Sehenswerte Schlösser und Herrenhäuser in der Umgebung

Fürstenberg: (Stadt und Land Atlas Berlin/Brandenburg, 1997, S. 5 C/D 1) Schloß: 1741 – 1752 als Witwensitz für die mecklenburgische Herzogin Dorothea Sophia erbaut, repräsentative Dreiflügelanlage, heute als Altenheim genutzt; Alte Burg: 1353 erstmals urkundlich erwähnt, die heute außerordentlich unscheinbaren Bauten im Kern 16.

Jh., ursprünglich Vierflügelanlage, erhalten Ostflügel (Altes Haus), Südflügel (Großes Neues Haus von 1572) und neue Küche (Westflügel). – **Dannenwalde:** (Stadt und Land Atlas Berlin/Brandenburg, 1997, S. 15 B/C 2) Schloß von 1788, Dreiflügelanlage für die Familie von Waldau. – **Rauschendorf:** (Stadt und Land Atlas Berlin/Brandenburg, 1997, S. 15 D 1) 1774 vom Prinzen Heinrich von Preußen dem Major von Kaphengst geschenkt, Ende des 19. Jh. im Besitz des Berliner Meiereibesitzers Bolle. – **Boitzenburg:** (Stadt und Land Atlas Berlin/Brandenburg, 1997, S. 7 A 2) Stammsitz der Familie von Arnim, außerordentlich repräsentative Anlage vom 12. bis 19. Jh.; der englische Landschaftspark wurde von Lenné geschaffen.

Sehenswerte Kirchen in der Umgebung

Fürstenberg: (Stadt und Land Atlas Berlin/Brandenburg, 1997, S. 5 C/D 1) Stadtkirche: (Kirchenschlüssel: ev. Pfarramt 16789 Fürstenberg/Havel, Pfarrstr. 1, Tel. 03 30 93/3 25 35) 1845 – 1848, aufwendiger, an den Formen der oberitalienischen Gotik orientierter, durch seine Formenvielfalt beeindruckender Bau von Friedrich Wilhelm Buttel. – **Boitzenburg:** (Stadt und Land Atlas Berlin/Brandenburg, 1997, S. 7 A 2) Dorfkirche: Grabsteine und Epitaphe der Familie von Arnim, u. a. für den Staatsminister Adolf Heinrich v. Arnim-Boitzenburg († 1868). (Kirchenschlüssel: ev.-luth. Pfarramt, 17268 Boitzenburg, Goethestr. 22, Tel. 03 98 89/2 34)

Gastronomie

Atrium-Hotel »Deutsches Haus«
Seestraße 13, 16831 Rheinsberg
Tel. 03 39 31/3 90 59; Fax /3 90 63
Landhaus Arnimshain
Dorfstr. 32, 17268 Buchenhain II (bei Boitzenburg)
Tel. 03 98 89/6 40; Fax /6 41 50

Information

Heimat- & Verkehrsverein Rheinsberger Seenkette e.V.
Markt-Kavalierhaus, 16831 Rheinsberg; Tel. 03 39 31/20 59

2. Köpernitz

Das bescheidene Wohnhaus der Gräfin LaRoche-Aymont, wo König Friedrich Wilhelm IV. sie des öfteren besuchte.

Ihre Beziehungen zum Rheinsberger Hofe wie zum Prinzen Louis und kaum minder wohl die Huldigungen, die ihr, später noch, am französischen Hofe zuteil geworden waren, gaben ihr vor der Welt ein Ansehen und Friedrich Wilhelm IV. kam nie nach Ruppin oder Rheinsberg, ohne der alten Marquise auf Koepernitz seinen Besuch zu machen. Es traf sich, daß sie, bei einem dieser Besuche, ... durch ihre Kochkunst glänzen und den König durch eine Trüffel- oder Zervelatwurst überraschen konnte. Fr. W. IV. erbat sich denn auch etwas davon für seine Potsdamer Küche (natürlich nicht vergeblich) und zum Weihnachtsabend erschien das königliche Gegengeschenk: ein Kollier aus goldenen Würstchen bestehend, die Speilerchen von Perlen, und begleitet von einem verbindlichen Schreiben mit dem Motto: »Wurst wider Wurst«. Geschenk und Gegengeschenk wiederholten sich mehrere Male, so daß sich zu dem Kollier ein Armband und zu dem Armband ein Ohrgehänge gesellte; zuletzt erschien eine Tabatiere in Form einer kurzen, gedrungenen Blut- und Zungenwurst, äußerst wertvoll, oben und unten mit Rubinen besetzt. Die Freude war groß, aber es war die letzte dieser Art. Aus den Zeitungen ersah die Marquise bald darauf, daß einer der Hofschlächtermeister zu Potsdam, als Gegengeschenk für eine große Fest- oder Jubiläumswurst (und sogar unter Beifügung desselben Mottos: »Wurst wider Wurst«) in gleicher Weise durch eine Tabatiere beglückt worden war, und die Sendungen in die königliche Küche hörten von diesem Augenblick an auf ... Zu den Erinnerungsstücken von Koepernitz gehören auch die ... Gegengeschenke, die Friedrich Wilhelm IV. der Gräfin machte, wenn, um die Weihnachtszeit, wieder eine Blut-, Trüffel- oder Zervelatwurstsendung von Koepernitz her in Sanssouci eingetroffen war. Der König war dabei höchst erfinderisch und schenkte (natürlich immer in Wurstform) erst ein Schuppenarmband, dann ein Schuppenkollier, dann Ohrgehänge (kleine Saucischen aus Perlen und Diamanten), dann eine Tabatiere (dicke Blutwurst aus Granaten). Diese vier hab' ich gesehn. Ich weiß nicht, ob die Zahl damit erschöpft ist. Die Briefe, die diese Geschenke begleiteten, laufen von 1849 bis 54 und paraphrasieren das alte Wurstthema auf immer neue Weise.

(aus: Theodor Fontane, Wanderungen durch die Mark Brandenburg: Die Grafschaft Ruppin)

Das Herrenhaus

Fontane beschreibt es mit den Worten: »Das Herrenhaus ist von großer Einfachheit: ein Erdgeschoß (neun Fenster Front) mit Dach und Erker ... Das einladendste Zimmer des Hauses ist der Salon, der den Blick auf eine große Herbstwiese hat. Hier, an einem milden Herbsttage, bei offenstehender Tür und Kaminfeuer, ist gut sein.«

Königliche Leberwürste

Das Dorf Köpernitz gehörte ursprünglich zum Amt Rheinsberg und war königlicher Schatullbesitz. Nachdem Friedrich der Große im Jahre 1740 den preußischen Thron bestiegen hatte, wurde Schloß Rheinsberg die Wohnstätte seines Bruders, des Prinzen Heinrich von Preußen. (1726 – 1802) Zu dessen Vertrauten in den Jahren vor dem Tode zählte Antoine Charles Etienne Paul Graf La Roche-Aymont (1775 – 1849), der 1794 Frankreich verließ und in Rheinsberg in die Dienste des Prinzen eintrat. Er heiratete 1796 Caroline Amalie von Zeuner, Hofdame der Prinzessin Wilhelmine (1751 – 1820), der Schwester König Friedrich Wilhelms II. (1744 – 1797).

Für seine Dienste übergab ihm Prinz Heinrich 1802 das Gut Köpernitz. Graf La Roche-Aymont machte militärische Karriere und wurde 1814 Königlich-preußischer Generalmajor. Nach dem endgültigen Sturz Napoleons ging er mit seiner Gemahlin nach Frankreich zurück, um hier wichtige Aufgaben bei der Reorganisierung des Staatswesens zu übernehmen. Ein erotischer Seitensprung – er wollte seine Geliebte zur Mitbewohnerin des ehelichen Pariser Palais' machen – führte zum Zerwürfnis mit der Gattin, die nach Köpernitz zurückging. Hier starb sie 1859 und wurde auf dem nahe dem Dorf gelegenen Friedhof beigesetzt. Dessen Grabsteine zeugen vom weiteren Schicksal des Gutes. Da ihre Ehe kinderlos blieb, erbte ihr Neffe Ferdinand von Zeuner (1823 – 1886) das Gut. Der hatte Auguste Freiin von Oettinger (1834 – 1861) geheiratet, deren gleichnamige Tochter mit dem Obersten Eugen von Trossel (1853 – 1937) verheiratet war.

Nach der »demokratischen Bodenreform« wurden im Herrenhaus Wohnungen eingerichtet und die große Wiese dahinter zu Kleingärten parzelliert. Die einst zum Gut gehörende Mühle entbehrt durch viele Umbauten jeglicher Romantik und dient heute als Berufsbildungsstätte einer dem Deutschen Gewerkschaftsbund nahestehenden Stiftung.

Über den Verbleib der von Fontane beschriebenen Preziosen ließ sich nichts in Erfahrung bringen.

Die Anfahrt nach Köpernitz

(Stadt und Land Atlas Berlin/Brandenburg, 1997, S. 14 C 1) Das Dorf liegt an der Weggabelung der Landstraßen L 19 (Lindow - Rheinsberg) und L 223 (Schönermark – Köpernitz). Bis Rheinsberg sind es noch etwa 5,6 Km.

Sehenswerte Denkmäler in der Umgebung

Rheinsberg: (Stadt und Land Atlas Berlin/Brandenburg, 1997, S. 13 B 4) Schloß und Park, Residenz des Kronprinzen und nachmaligen Königs Friedrichs des Großen, 1734 – 1740, maßgeblich unter Leitung Knobelsdorffs umgebaut (Schloßbesichtigung Di – So 10 – 16 Uhr). – **Lindow:** (Stadt und Land Atlas Berlin/Brandenburg, 1997, S. 24 B 2) Rathaus (1809), Wohnhäuser: Straße des Friedens 35 (1745), Straße des Friedens 40 (M. 18. Jh.), Straße des Friedens 57 (ehemaliges Reformiertes Pfarrhaus, 1803), Mittelstr. 100 (Pfarrhaus der Stadtkirche, 1755). – Nonnenkloster (unbekannter Ordenszugehörigkeit), gegr. um 1230, Konventshaus (3. Viertel 13. Jh.), sog. »Klosterschule« (Ende 15. Jh.), bemerkenswerte Parkanlage um das Kloster, insbesondere sei auf den Friedhof mit zahlreichen Grabsteinen der Stiftsdamen hingewiesen.

Sehenswerte Herrenhäuser in der Umgebung

Meseberg: (Stadt und Land Atlas Berlin/Brandenburg, 1997, S. 24 B 4) errichtet in den Jahren 1738/39 für Graf Wartensleben, seit 1774 im Besitz von Ch. L. v. Kaphengst, der es großartig ausschmücken ließ, u.a. mit Deckengemälden von Christian Bernhard Rode. Das Haus wird derzeit durch die in München ansässige Messerschmidt-Stiftung großartig saniert und restauriert. – **Binenwalde:** (Stadt und Land Atlas Berlin/Brandenburg, 1997, S. 13 D) Ort einer der Romanzen des Kronprinzen Friedrich, der – als Kompaniechef in Rheinsberg stehend – sich in die Tochter des Försters Cusig, Sabine, verliebt hatte. Diese offenbar sehr intensive Herzensbeziehung mußte Friedrich auf Befehl seines Vaters beenden, schenkte aber 1753 dem Vater der Geliebten die Försterei samt dazu gehörigem Land am Kalksee, erlaubte dem

Beschenkten den Bau eines Herrenhauses, verbunden mit der Auflage, den Ort künftig »Binenwalde« zu nennen. Die Geschichte ist schön erzählt in dem Roman von M. Ludolf, Sabine. Eine Romanze aus den glücklichen Rheinsberger Tagen des Kronprinzen Friedrich, Karwe und Berlin 1993. – **Flecken Zechlin:** (Stadt und Land Atlas Berlin/Brandenburg, 1997, S. 3 D 1) von der alten Burg sind nur noch »kyklopisch« zu nennende Fundamente erhalten, das auf der Fläche in der Mitte des 18. Jh. errichtete Amtshaus diente zu DDR-Zeiten als Schule, steht heute leer und ist dem Vandalismus preisgegeben. Das Amtshaus war der Lieblingsaufenthalt des Berliner Malers Eduard von Gärtner (1801 – 1877), der aufgrund seiner zahlreichen Architekturdarstellungen auch der »Canaletto der Mark« genannt wurde. – **Möckern:** (Stadt und Land Atlas Berlin/Brandenburg, 1997, S. 13 B 2) das Herrenhaus wurde in der Mitte des 19. Jh. im neogotischen Stil durch Baron Le Fort errichtet und dient heute als Jugendherberge. – **Schwanow:** (Stadt und Land Atlas Berlin/Brandenburg, 1997, S. 13 D 3) das Herrenhaus der Familie von Levetzow ist heute in vergleichsweise zufriedenstellendem Zustand, der als Flügel angebaute Festsaal wurde zu DDR-Zeiten von der örtlichen LPG als Schweinestall genutzt, und ist daher in äußerst beklagenswertem Zustand.

Sehenswerte Dorfkirchen in der Umgebung

Meseberg: (Stadt und Land Atlas Berlin/Brandenburg, 1997, S. 24 B 4; Kirchenschlüssel: ev. Pfarramt 16775 Kraatz-Buberow, Dorfstr. 40, Tel. 0 33 06/23 35) erbaut Anf. 16. Jh., 1772 umgebaut und Gruft sowie Herrschaftsempore angefügt, Votivgemälde der Familie v. d. Gröben von 1588 mit Darstellung der Erschaffung Evas und Auferstehung Christi, hölzernes Epitaph (um 1700) für Otto v. d. Gröben, Sandsteinepitaph für W. v. d.Gröben († 1721), sowie Grabsteine für J. v. d. Gröben († 1576), O. v. d. Gröben († 1685), Chr. v. d. Gröben († 1683); besonderer Aufmerksamkeit sei auch die barocke Predigtuhr anempfohlen. – **Gutengermendorf:** (Stadt und Land Atlas Berlin/Brandenburg, 1997, S. 25 C 2; Kirchenschlüssel: ev. Pfarramt

Gutengermendorf, Dorfstr. 61, Tel. 03 30 84/6 02 12) Feldsteinbau
M. 13. Jh., Kanzel von 1697, Patronatsgestühl Anf. 17. Jh.

Gastronomie
Atrium-Hotel »Deutsches Haus«
Seestraße 13, 16831 Rheinsberg
Tel. 03 39 31/3 90 59; Fax /3 90 63

Information
Heimat- & Verkehrsverein Rheinsberger Seenkette e.V.
Markt-Kavalierhaus, 16831 Rheinsberg
Tel. 03 39 31/20 59

3. RADENSLEBEN

Schloß Radensleben erhielt sein neogotisches Aussehen während des Umbaues 1894 – 1896.

Nicht unmittelbar am Ruppiner See, vielmehr eine halbe Meile landeinwärts, liegt Radensleben, seit über zweihundert Jahren ein Quastsches Gut.

Der ursprüngliche Besitz der Quaste oder »Quäste« lag und liegt noch im Westen des Ruppiner Sees, am fruchtbaren Rande des Rhinluches hin. Garz, Vichel, Rohrlack, sind alt-Quastsche Güter, von denen ich in einem spätern Abschnitt erzählen werde, aber über das am Ostufer des Sees gelegene Radensleben sei schon an dieser Stelle berichtet. Alexander Ludolf v. Quast erstand es bald nach Schluß des

Dreißigjährigen Krieges und gründete neben der Garzer Linie die Linie Radensleben. Sie blüht bis diesen Tag. In einem Zimmer des Herrenhauses, auf dunkelrotem Hintergrunde, hängt streng und ernst das Bildnis Alexander Ludolfs.

Radensleben, das wir in wenig mehr als viertelstündiger Fahrt von Carwe aus erreichen, gilt als eines der schönsten Güter der Grafschaft, und zu seinen weiten Acker- und Wieseflächen gesellen sich große Forstbestände, die sich zum Teil bis in die Rheinsberger Gegend hin ausdehnen. Aber was unser Interesse weckt, das ist ein andres, ist die poetische, beinah absolute Stille, die ihren Zauberkreis um dies Stück Erde zieht.

Das Ruppiner Land ist überhaupt eins von den stillen in unsrer Provinz, die Eisenbahn streift es kaum und die großen Fahrstraßen laufen nur eben an seiner Grenze hin; aber die stillste Stelle dieses stillen Landes ist doch das Ostufer des schönen Sees, der den Mittelpunkt unserer Grafschaft bildet und von ihr den Namen trägt. Durchreisende gibt es hier nicht, und jeder dem man begegnet, der ist hier zu Haus; kein anderer Verkehr als der der Dörfer untereinander, und es bleibt selbst fraglich, ob das Handwerksburschentum in andern als in verschlagenen Exemplaren an dieser Stelle betroffen wird.

Noch einmal also, keine »Passanten«. Es legt hier nur an, wer landen will.

Wir sind unter diesen, fahren eben in die breite, mit prächtigen Bäumen besetzte Dorfstraße ein, und halten vor dem alten Herrenhause, einem geräumigen aber anspruchslosen Bau, dessen Fachwerkwände die schlichte Art des vorigen Jahrhunderts zeigen. Ein traulichwohnlicher Zug ist um das Ganze her, und im selben Augenblick wo wir eintreten erkennen wir auch, daß das Haus nach gut märkischer Art tüchtiger ist als es von außen her erschien und daß seine Fachwerkwände nur eine Hülle sind, hinter der sich ein massiver älterer Bau verbirgt. Zugleich bemerken wir eine doppelarmige Treppe, die breit und mit niedrigen Stufen ansteigend, nach rechts und links hin auf die oberen Korridore mündet.

Es ist warm, und so nehmen wir in der Vorhalle Platz, um die Wohltat von Luft und Licht und den vollen Blick in die Anlagen des Gartens zu haben. Eine künstlerische Hand hat hier unverkennbar die Linien gezogen, und die Frage tritt an uns heran: wer war hier tätig? wer schuf diese Durchsichten? wer richtete diese Statuen auf? wer gab ihnen die malerischste Stelle?

Und nun verlassen wir die Vorhalle wieder, um erst im Erdgeschoß und dann im oberen Stock eine lange Zimmerreihe zu passieren, und siehe da im reichen Anblick aller hier angesammelten Schätze wird uns zugleich Antwort auf unsere Frage. Kunst, echte Kunst überall. Das gut Märkische schwindet und der Zauber italischer Ferne steigt vor uns auf.

Erst eine Landschaft Blechens, hell, prächtig, fremdländisch. Der heiße Sonnenschein liegt auf dem schattenlosen Marktplatz und blau dehnt sich das eingebuchtete Meer, an dessen Horizont ein Kuppelturm emporsteigt.

Wie schön! Und indem wir weiterschreiten, tuen sich die goldenen Tore des Südens immer herrlicher vor uns auf. Alle Namen die vor Perugino und Raphael geglänzt, die Schöpfer moderner Malerei, hier sprechen sie zu uns. Giotto und Giottino, Fiesole und Orcagna, Fra Bartolomeo und Pietro Spinello Aretino, die beiden Lippis, vor allem der mächtige Mantegna – alle die groß waren, ehe die größeren kamen, sie sind hier um uns versammelt. Die Welt der Madonnen erschließt sich uns, und aus ihren Rahmen auf uns niederblickend, tuen sie was sie immer taten, und lächeln Freudigkeit und Hoffnung in unser Herz. Da ist eine »Mutter Gottes anbetend vor dem Kinde« ein Terrakotta-Relief von Luca della Robbia, und da ist eine zweite (mit einem Stieglitz auf dem Händchen des Christkinds) in der lieblich naiven Art Filippino Lippis. Hier fällt das faltenreiche, lang herabwallende Kopftuch über die ernsten, hoheitkündenden Züge der »Himmelskönigin« wie Fra Bartolomeo die Jungfrau gemalt und hier breitet eine Madonna Giovannis da Milano ihren schwarzen mit Rot- und Goldbrokat gefütterten Mantel um Päpste, Mönche und Heilige aus und erhebt sich mit ihnen, um ihre Schützlinge mit gen Himmel zu tragen. Selbst das große Bild in der Kirche »Annunziata« zu Florenz, das alljährlich dem anbetenden Volke nur einmal gezeigt wird, – künstlerische Begeistrung hat nach flüchtigem Schauen die schönsten Köpfe desselben festzuhalten gewußt und die hinweggelauschten Bildnisse Marias und des verkündenden Engels, sie haben jetzt eine Stätte hier, in dem stillen Herrenhause der stillen Grafschaft.

Manches Kunstwerk wohl, von dem die Welt nicht weiß, verbirgt sich in märkischen Dörfern. Grabdenkmälern von Rauch und Schadow, von Canova und Thorwaldsen bin ich begegnet, Bilder aller Länder und Schulen seit Papst Julius' Tagen hab' ich gesehen, – aber Bilder aus den Tagen der Kindheit und Keuschheit aller modernen Kunst, solche Bilder hat nur das Herrenhaus zu Radensleben. Kein andres märkisches Dorf kennt Fiesole und Mantegna, am wenigsten hat es sie.

Da sind wir wieder in der Halle. Kühle weht, und wir blicken noch einmal hinunter in den Park, hinter dessen Bäumen die Abendröte verglüht. Seine fein gezogenen Linien überraschen uns nicht länger mehr. Wo Madonna weilt, da weilt auch die Schönheit.

(aus: Theodor Fontane, Wanderungen durch die Mark Brandenburg: Die Grafschaft Ruppin)

Radensleben – Geburtsort des ersten deutschen Denkmalpflegers

Ferdinand von Quast (1807 – 1877) ist unstrittig der bedeutendste Sohn des Dorfes Radensleben. Er studierte in Berlin an der berühmten Bauakademie Architektur und Vermessungswesen, bestand seine Prüfung, und ging bald danach, versehen mit einem Stipendium aus der Privatschatulle König Friedrich Wilhelms III. – das ihm übrigens der Kronprinz besorgt hatte – nach Italien, speziell nach Ravenna, um hier die erstmalige Bauaufnahme der frühchristlichen Kirchen dieser Stadt durchzuführen. 1842 veröffentlichte er seine Studien als Buch und erwarb damit endgültig das Interesse seines Förderers, des nunmehrigen Königs Friedrich Wilhelms IV. Der machte ihn 1844 zum »Conservator der Denkmäler im Königreich Preußen«; später führte er den Titel »Generalkonservator«. Er war Chef einer Behörde, die denkmalwürdige

Bausubstanz sichern und inventarisieren sollte. Zunächst galt es, eine Übersicht zu gewinnen, was eigentlich vorhanden ist. Da er wußte, daß ein derartiges Unternehmen auf behördlichem Wege allein seriöserweise nicht zu realisieren war, regte er im Königreich die Gründung von Vereinen an, deren Aufgabe in der Hauptsache darin bestehen sollte, seine Behörde zu informieren, was es an historischer Bausubstanz in deren Einflußbereich denn eigentlich gab. Eine vorbildliche Idee. Quast entwickelt einen Erfassungsbogen am Beispiel der Denkmälergruppe »Kirchen«, der heute noch nichts an Aktualität eingebüßt hat – wenn er richtig gelesen und auf heutige Ansprüche übertragen werden würde. Seit Quast beginnt der Staat, mehr und mehr die Bauvorhaben seiner Bürger zu reglementieren – Altes muß alt bleiben, und Neues darf nicht dazukommen. Quast selbst war da ganz anders. Ihm machte es nichts aus, in alte Bauten Kunstzeugnisse der Sprache seiner Zeit einzufügen. Zu denken wäre z. B. an die Glasmalereien der Stadtkiche in Rheinsberg oder an die Ausstattung seiner Kirche in Radensleben. »Ad fontes«, möchte man vielen heutigen Denkmalpflegern wünschen ...

Das Herrenhaus

Als Fontane Radensleben besuchte, fand er noch das von Quast bewohnte Herrenhaus vor. Zwischen 1894 und 1896 wurde es umgebaut, in einer Mischung aus historisierendem Heimatstil und – in Erinnerung an den großen Vorfahren – in sarazenisch-venizianisch-byzantinischem Stil.

Zu DDR-Zeiten diente es als Altenpflegeheim (in Wirklichkeit war es damals eine Verwahr- und Ablageanstalt debiler und siecher Alter), heute ist es ein wohl modernisiertes Heim, das als »Seniorenwohnpark Radensleben« zur Marseille-Kliniken AG Hamburg gehört. Bei dessen äußerer und innerer Gestaltung wurde ein höchst akzeptabler Kompromiß zwischen den Forderungen der Denkmalpflege und des realen, finanzierbaren Gebrauchs eines zum Denkmal deklarierten Gebäudes gefunden.

Literatur zur Person

Felicitas Buch, Studien zur preußischen Denkmalpflege am Beispiel konservatorischer Arbeiten Ferdiand von Quasts, Worms 1990 (= Manuskripte zur Kunstwissenschaft in der Wernerischen Verlagsgesellschaft, Bd. 30).

Die Anfahrt nach Radensleben

(Stadt und Land Atlas Berlin/Brandenburg, 1997, S. 34 A 1) Autobahnabfahrt Neuruppin-Süd, auf der L 164 über Langen und Wustrau nach Radensleben.

Bedeutende Denkmäler in der Umgebung

Neuruppin: (Stadt und Land Atlas Berlin/Brandenburg, 1997, S. 23 C/D 2) Pfarrkirche St. Marien (1801 – 1804) von Philipp Bernhard Berson, Dominikaner-Klosterkirche St. Trinitatis, M. 13. Jh., restauriert 1836 – 1841 durch Schinkel, Tempelgarten: 1732 – 1736 von Georg Wenzeslaus von Knobelsdorff für den damaligen Kronprinzen und nachmaligen König Friedrich den Großen errichtet.

Sehenswerte Herrenhäuser in der Umgebung

Gnewikow: (Stadt und Land Atlas Berlin/Brandenburg, 1997, S. 33 A 3) Herrenhaus der Familie von Woldeck, im Kern M. 18. Jh., Anfang und Ende des 19. Jh. überbaut. – **Wall:** (Stadt und Land Atlas Berlin/Brandenburg, 1997, S. 34 C 1/2) schönes klassizistisches Herrenhaus mit Wappen der Familie von dem Knesebeck, heute wohl restauriert und als Sitz der Gemeindeverwaltung genutzt; der Park im wesentlichen erhalten. – **Vehlefanz:** (Stadt und Land Atlas Berlin/Brandenburg, 1997, S. 44 B 4) von der frühdeutschen Turmhügelburg ist lediglich der ca. 9 m hohe Hügel erhalten, auf dem einst ein Turm stand wie in Garz (s. dort) oder wie der »Grützpott« in Stolpe; Burg: nur außerordentlich geringe Reste sind erhalten, wohl 15. Jh.; unmittelbar daneben das ehemalige Amtshaus aus der M. des 18. Jh.

Sehenswerte Kirchen in der Umgebung

Herzberg (Mark): (Stadt und Land Atlas Berlin/Brandenburg, 1997, S. 24 D 2; Kirchenschlüssel: ev. Pfarramt Herzberg, Ruppiner Str. 49, 16835 Herzberg, Tel. 03 39 26/7 03 53) spätgotischer Feldsteinbau, im Inneren beachtliche Reste spätgotischer Wandmalereien mit Darstellung eines Passionszyklus. – **Vehlefanz:** (Stadt und Land Atlas Berlin/Brandenburg, 1997, S. 44 B 4; Kirchenschlüssel: ev. Pfarramt Vehlefanz, 16727 Vehlefanz, Breite Str. 10, Tel. 0 33 04/50 05 73) hochinteressante Dorfkiche, im Inneren sehr prachtvoll verzierter Epitaph der Familie von Bredow von 1589; Totenschild für Marcus v. d. Lütke; in der Vorhalle vier Renaissance-Grabsteine für Mitglieder der Gans Edlen Herrn zu Putlitz. – **Karwe:** (Stadt und Land Atlas Berlin/Brandenburg, 1997, S. 33 B 4; Kirchenschlüssel: ev. Pfarramt Radensleben, 16818 Radensleben, Dorfstr. 89, Tel. 03 39 25/7 02 82) das Herrenhaus wurde um 1980 abgerissen, auf dem Kirchhof die Begräbnisstätte der Familie v. d. Knesebeck.

Sehenswerte andere Gebäude in der Umgebung

Herzberg (Mark): (Stadt und Land Atlas Berlin/Brandenburg, 1997, S. 24 D 2) Dorfkrug, 18. Jh. mit von vier Säulen getragener Vorlaube. – **Rüthnick:** (Stadt und Land Atlas Berlin/Brandenburg, 1997, S. 30 A 2) Dorfkrug wie in Herzberg, nur wird hier die Vorlaube von sechs Säulen getragen.

Gastronomie
Hotel & Restaurant Schloß Ziethen
16766 Groß Ziethen
Tel. 03 30 55/9 50; Fax /95-59

Information
Stadtinformation BürgerBahnhof
Karl-Marx-Str. 1, 16816 Neuruppin
Tel. 0 33 91/4 54 60; Fax /45 46 66

4. WUSTRAU

Wustrau. Das Schloß des »Alten Zieten« dient heute als Weiterbildungsstätte für Richter.

1786 starb Hans Joachim von Zieten. Achtundsechzig Jahre später folgte ihm sein Sohn Friedrich Christian Emil v. Zieten, achtundachtzig Jahre alt, der letzte Zieten aus der Linie Wustrau. Wir treten jetzt an sein Grab.* Es befindet sich unter der schon erwähnten schönen alten Linde, die zwischen der Kirche und dem leis ansteigenden Kirchhofe steht. Hinter sich die lange Gräberreihe der Bauern und Büdner, macht dies Grab den Eindruck, als habe der letzte Zieten noch im Tode den Platz behaupten wollen, der ihm gebührte, den Platz an der Front seiner Wustrauer. Ähnliche Gedanken beschäftigten ihn sicherlich, als er zehn oder zwölf Jahre vor seinem Tode dies Grab zu bauen begann.

Ein Hünengrab. Der letzte Zieten, klein wie er war, verlangte doch Raum im Tode. Denn er baute das Grab nicht bloß für sich, sondern für das Geschlecht oder den Zweig des Geschlechts, das mit ihm schlafen ging. Mit Eifer entwarf er den Plan und leitete den Bau. Eine Gruft wurde gegraben und ausgemauert, und schließlich ein Riesenfeldstein, wie sich deren so viele auf der Wustrauer Feldmark vorfinden, auf das offene Grab gelegt. Am Fußende aber geschah die Ausmauerung nur halb, so daß hier, unter Einführung eines schräg laufenden Stollens, eine Art Kellerfenster gewonnen wurde, durch das der alte Herr in seine letzte Wohnung hineinblicken konnte. Mit Hülfe dieser Zuschrägung wurde denn auch später der Sarg versenkt. Als Fr[iedrich] W[ilhelm] IV. im Jahre 1844 den schon oben erwähnten Besuch in Wustrau machte, führte ihn der Graf auch an die Linde, um ihm daselbst das eben fertig gewordene Grab zu zeigen. Der König wies auf eine Stelle des Riesenfeldsteins und sagte: »Zieten, der Stein hat einen Fehler!« worauf der alte Herr erwiderte: »Der drunter liegen wird, hat noch mehr.«

Diese Antwort ist so ziemlich das Beste, was vom letzten Wustrauer Zieten auf die Nachwelt gekommen ist. Einzelne andere Repliken und Urteile (z. B. über die Schadowsche Statue, so wie über Bücher und Bilder, deren Held sein Vater war) sind unbedeutend, oft ungerecht und fast immer schief. Er sah alles zu einseitig, zu sehr von einem bloß Zietenschen Standpunkt aus, um gerecht sein zu können, selbst wenn ihm ein feinerer ästhetischer Sinn die Möglichkeit dazu gewährt hätte. Dieser ästhetische Sinn fehlte ihm aber völlig. Selber eine Kuriosität, bracht' er es über die Kuriositätenkrämerei nie hinaus. Sein Witz und Humor verstiegen sich nur bis zur Lust an der Mystifikation. Den Altertumsforschern einen Streich zu spielen, war ihm ein besonderer Genuß. Er ließ von eigens engagierten Steinmetzen große Feldsteine konkav ausarbeiten, um seine Wustrauer Feldmark mit Hülfe dieser Steine zu einem heidnischen Begräbnisplatz avancieren zu lassen. Am Seeufer hing er in einem niedlichen Glockenhäuschen eine irdene Glocke auf, der er zuvor einen Bronzeanstrich hatte geben lassen. Er wußte im voraus, daß die vorüberfahrenden Schiffer, in dem

Glauben es sei Glockengut, innerhalb acht Tagen den Versuch machen würden, die Glocke zu stehlen. Und siehe da, er hatte sich nicht verrechnet und fand nach drei Tagen schon die Scherben. Solche Überlistungen freuten ihn, und man kann zugeben, daß darin ein Äderchen von der Herzader seines Vaters sichtbar war. Im übrigen aber war er unfähig, zu dem Ruhme seines Hauses auch nur ein Kleinstes hinzuzufügen; er fühlte sich nur als Verwalter dieses Ruhmes, ein Gefühl freilich, das ihm unter Umständen Bedeutung und selbst Würde lieh.

*Friedrich Christian Emil v. Zieten ... war der einzige Sohn Hans Joachims aus seiner zweiten Ehe mit Hedwig Elisabeth Albertine v. Platen. Dieser letzte Zieten aus der Wustrauer Linie wurde den 6. Oktober 1765 geboren und starb am 29. Juni 1854. Er war Rittmeister, Landrat des Ruppiner Kreises, und Ritter des Schwarzen Adlerordens. Wurde gegraft am 15. Oktober 1840. (Aus Hans Joachims erster Ehe mit Leopoldine Judith v. Jürgaß war eine Tochter geboren worden, die sich später mit einem Jürgaß auf Gantzer verheiratete ...)

(aus: Theodor Fontane, Wanderungen durch die Mark Brandenburg: Die Grafschaft Ruppin)

Wustrau und die Vorgeschichtsforschung

Der Sohn »des alten Zieten« kommt bei Fontane nicht gut weg, worauf sich der »Sänger der Mark Brandenburg« auch prompt Händel mit dem damaligen Nachfolger im Erbe einhandelte. Zu recht, wie man heute feststellen kann, denn der Landrat setzte alles daran, seinen Besitz (also nicht nur Schloß und Park) in den bestmöglichen Zustand zu versetzen. Was er auch geschafft hat. Die erhaltenen Archivalien beweisen es. Zum Glück sind große Teile des Gutsarchives im Geheimen Staatsarchiv in Berlin-Dahlem aufbewahrt, also schnell und unkompliziert und für jedermann einsehbar.

Aber dennoch hat Fontane dem Landrat seine Sympathie nicht versagen können. In seinem Roman »Der Stechlin« etwa ist er das Vorbild des alten Dubslaff, und den Hang des Landrats zur märkischen

Vorgeschichtsforschung hat Fontane in der Figur des »Pastors Seiden-topf« in dem Roman »Vor dem Sturm« verewigt.

Seit der Mitte des 18. Jahrhunderts wurden vermehrt Schriften veröffentlicht, in denen über die – wie wir heute sagen – Vor- und Frühgeschichte der Mark Brandenburg heftigst disputiert wurde. Ein Höhepunkt war Johann Christoph Bekmanns 1751/53 veröffentlichte »Historische Beschreibung der Chur und Mark Brandenburg«, die er Friedrich dem Großen widmete. Weil der als Kronprinz in Rheinsberg residierte, in dessen Hubenow-See sich eine seit alters her so genannte »Remus«-Insel befindet, folgerte Bekmann, der alt-römische König Remus wäre, anstatt von seinem Bruder ermordet worden zu sein, ins nördliche Germanien geflüchtet, und hätte hier fruchtreich gewirkt und daher sei eben Friedrich der Große ein legitimer Nachfahre der römischen Herrscher. Jemand mit dem offenkundig analytischen Sinn des Landrates durchschaute derartiges Treiben und führte seine »gläu-bige« Umwelt an der Nase herum. Dennoch war er in »Fachkreisen« wohl gelitten und korrespondierte mit damaligen Koryphäen wie dem als Arzt ebenso wie als Vorgeschichtsforscher bedeutenden Rudolf Vir-chow oder dem Freiherrn von Ledebur, damals Direktor des Kabi-netts vaterländischer Altertümer des Königlichen Museums am Lust-garten.

Das Herrenhaus

Das stattliche und gepflegte Bauwerk erscheint heute in neobarockem Kostüm, das es bei einem Umbau um 1900 erhalten hat. Zu DDR-Zeiten beherbergte es eine Weiterbildungsstätte des Ministeriums für Justiz. Nach der Wiedervereinigung wurde es Außenstelle der Deut-schen Richterakademie Trier. Da das Haus Anfang der achtziger Jahre eine völlig neue Raumstruktur erhielt, ist dessen Inneres wenig interes-sant. Im vor dem Schloß gelegenen sog. »Kavalierhaus«, dessen Inne-res im Zusammenhang mit der obengenannten Baumaßnahme eben-falls völlig verändert wurde, befand sich einst das Geburtszimmer des Husarengenerals von Zieten.

Literatur zum Schloß

Gerd-H. Zuchold, Hans Joachim von Zieten und Wustrau. Überlegungen zur Baugeschichte des Landsitzes des berühmtesten Reitergenerals Friedrichs des Großen, in: Mitteilungen des Vereins für die Geschichte Berlins 94, H. 1, 1998, S. 331ff.

Die Anfahrt nach Wustrau

(Stadt und Land Atlas Berlin/Brandenburg, 1997, S. 33 B 3/4) Das Dorf liegt an der Autobahnabfahrt Berlin – Hamburg, Abfahrt Langen in östlicher Richtung.

Anderes Sehenswertes im Ort

Dorfkirche: (Kirchenschlüssel: ev. Pfarramt 16818 Langen, Dorfstr. 71, Tel. 03 39 32/7 05 45; auch bei Günter Bauske, Pension »An der Bleiche«, An der Bleiche 3, 16818 Wustrau, Tel. 03 39 25/7 03 68) an der Südwand Walfischrippe; im Inneren Epitaph für den General Hans Joachim von Zieten († 1786) nach Entwurf von Christian Bernhard Rode, Epitaph für die erste Gemahlin des Generals, Louise von Zieten († 1756); prachtvolle, anläßlich der Silberhochzeit im Jahre 1911 des Albert Julius Graf von Zieten-Schwerin und seiner Gemahlin Constance von Derschau gestiftete Glasfenster mit den Wappen verschiedener Adelsfamilien; an der nördlichen Außenwand der Kirche die Sarkophage des Generals und seiner zweiten Gemahlin; gegenüber dem Portal der Kirche die Grablege des Landrats von Zieten (s. Abb.); am Ende des Kirchhofs der sog. »Grafenfriedhof« mit den Gräbern der Angehörigen der Familie von Zieten-Schwerin; Eiskeller (um 1750); barocke Postmeilensäule (um 1780) am nördlichen Ausgang des Dorfes, mehrere barocke und klassizistische Meilensteine im Ortsgebiet.

Bedeutende Schlösser und Herrenhäuser in der Umgebung

Langen: (Stadt und Land Atlas Berlin/Brandenburg, 1997, S. 33 B 2) das an der Straße gelegene Herrenhaus ist durch mausgrauen SED-Einheitsputz nur Eingeweihten als solches erkennbar, das unmittelbar daneben liegende alte Herrenhaus, später wohl als Inspektorenhaus genutzt, entpuppt sich bei genauerem Hinsehen von der Hofseite als veritabler Fachwerkbau der 2. Hälfte des 17. Jh und entstand wohl, als das Rittergut der Familie von Redern gehörte. Das »Neue Herrenhaus« hingegen ist gewiß von der Familie von der Hagen erbaut, die das Gut seit 1737 besaß. – **Buskow:** (Stadt und Land Atlas Berlin/Brandenburg, 1997, S. 33 A 2/3) Herrenhaus der Familie von Kröcher aus dem 18. Jh., durch An- und Umbauten deformiert, wegen Höhe und Größe aber noch immer neben der Dorfkirche das Zentrum des Ortes bildend.

Bedeutende Kirchen in der Umgebung

Langen: (Stadt und Land Atlas Berlin/Brandenburg, 1997, S. 33 B 2; Kirchenschlüssel: ev. Pfarramt 16818 Langen, Dorfstr. 71, Tel. 03 39 32/ 7 05 45) der italienisierende Bau aus gelben Klinkerziegeln mit freistehendem Kampanile wurde 1855 erbaut. Zugrunde liegt ein Kirchbaukonzept, das Friedrich Wilhelm IV. außerordentlich gefördert hat. Möglichweise basiert der Bau auf Entwurfsskizzen des Königs.

Gastronomie

Landhotel »Märkische Höfe«
Dorfstr. 11, 16518 Netzeband
Tel. 03 39 24/8 98-0
Gasthof »Zur Kastanie«
Lange Straße, 16818 Karwe
Tel. 03 39 25/7 02 32

Information

Stadtinformation BürgerBahnhof
Karl-Marx-Str. 1, 16816 Neuruppin
Tel. 0 33 91/4 54 60; Fax /45 46 66

5. PROTZEN

Das unmittelbar an der Dorfstraße gelegene Herrenhaus.

Generallieutenant v. Kleist, so scheint es, begann damit, Park und Herrenhaus standesgemäß herzurichten. Letzteres zeigt über der Eingangstür noch das Doppelwappen der Kleist und Lepel, welcher letztern Familie die Gemahlin des Generallieutenants angehörte. Die Anwesenheit des Generals auf seinem Gute war aber immer nur eine kurze; der Dienst hielt ihn fern. Welche Truppen er kommandierte, ist aus den Aufzeichnungen, die ich benutzen konnte, nicht ersichtlich. 1756 rückte er mit in Sachsen und Böhmen ein und erlag am 13. Januar 1757 seinen in der Schlacht bei Lowositz erhaltenen Wunden. Das Protzener

Kirchenbuch schreibt Logoschütz. Aber selbstverständlich kann nur Lowositz gemeint sein.

Nun begann die Herrschaft der verwitweten Frau Generalin. In die Zeit ihrer Regentschaft, also bevor der minorenne Sohn eintrat, fällt das große Ereignis Protzens während des vorigen Jahrhunderts: der Tod eines preußischen Prinzen im dortigen Herrenhause.

Über diesen Tod berichtet der alte Pastor Schinkel im Protzener Kirchenbuche wie folgt: »den 16. Mai 1767 traf S. K. H. Prinz Friedrich Heinrich Karl von Preußen auf dem Marsche von Kyritz nach Berlin mit seinem Regimente hier ein. Er nahm bei unserer Frau Generallieutenant v. Kleist Quartier, in der Hoffnung, nach hier zugebrachter Nacht, am anderen Morgen weiterzurücken. Es zeigten sich jedoch die Pocken, so daß S. K. H. sich genötigt sahen hier zu bleiben. Geschickte Doctorens* wandten alle Mittel an, diesen teuren und liebenswürdigen Prinzen zu retten, Gott verhängte es aber anders, so daß, nachdem die weißen Frieseln dazu schlugen, dieser allerliebste Prinz den 26. Mai acht Uhr abends seinen Geist aufgeben mußte. Ein trauriges Andenken, so die späten Zeiten nicht vergessen werden. Den 28. Mai elf Uhr abends wurde die hohe Leiche durch Offiziere unter Leuchtung vieler Lichter in das hiesige Gewölbe gesetzt und am 7. Juni, als am ersten Pfingsttage, von hier aus nach Berlin gebracht. Dieser hochselige Prinz war am 30. November 1747 geboren, also kaum neunzehn Jahre fünf Monate alt geworden.«

Ich lasse dieser schlichten Kirchenbuchaufzeichnung noch einige Notizen folgen.

Prinz Heinrich, damals gemeinhin – zum Unterschiede von seinem berühmten Oheim in Rheinsberg – der junge Prinz, Heinrich genannt, war der Sohn des 1758 zu Oranienburg erstorbenen Prinzen August Wilhelm von Preußen. Er war also Neffe Friedrichs des Großen, wie zugleich jüngerer Bruder des späteren Königs Friedrich Wilhelms II. Friedrich der Große bezeigte ihm von dem Augenblick an, wo die Kriegsaffairen hinter ihm lagen, ein ganz besonderes Wohlwollen. Dies war ebensosehr in den allgemeinen Verhältnissen, wie in den Eigenschaften des jungen Prinzen begründet. Dieser erschien von ungewöhnlicher Beanlagung, war klug, voll noblen Denkens und hohen Strebens, dabei gütig und von reinem Wandel; was indessen den König in all' seinen Beziehungen zu diesem Prinzen eine ganz ungewöhnliche Herzlichkeit zeigen lies, war wohl der Umstand, daß er sich dem verstorbenen Vater des Prinzen gegenüber, dem er viel Herzeleid gemacht hatte, bis zu einem gewissen Grade verschuldet fühlte, eine Schuld, die er abtragen wollte, und an den *ältern* Bruder (den späteren König F[riedrich] W[ilhelm] II.) der ihm aus verschiedenen Gründen nicht recht zusagte, nicht abtragen *konnte*. Prinz Heinrich hatte 1762 den lebhaften Wunsch geäußert, dem Könige bei Wiederbeginn der Kriegsoperationen sich anschließen zu dürfen. Friedrich lehnte jedoch ab, da der junge Prinz erst 14 Jahr alt war. Erst nach erfolgtem Friedensschluß wurde er von Magdeburg, wo er garnisonierte, nach Potsdam gezogen und trat als Hauptmann in das Bataillon Garde. Er gehörte nunmehr einige Jahre lang zu den regelmäßigen Mittagsgästen des Königs und begleitete diesen auf seinen Inspektionsreisen durch die Provinzen. 1767 im April übersiedelte der Prinz nach Kyritz, um nunmehr die Führung des hier stehenden Kürassierregiments oder auch nur eines Teils desselben zu übernehmen. Dies Kürassierregiment waren die berühmten »gelben Reiter«, deren Chef der Prinz bereits seit 1758 war.

Der Übernahme des Kommandos folgte, wenige Wochen später, jene Katastrophe, die ich, nach den Aufzeichnungen des Protzener Kirchenbuches, vorstehend mitgeteilt habe.

Rittmeister v. Wödtke brachte die Trauerkunde dem Könige. Dieser war in seltenem Grade bewegt. Einer der höheren Offiziere sprach dem Könige Trost zu und bat ihn, sich zu beruhigen. »Er hat recht«, antwortete Friedrich, »aber Er fühlt nicht den Schmerz, der mir durch diesen Verlust verursacht wird.« »Ja, Ew. Majestät, ich fühle ihn; es war einer der hoffnungsvollsten Prinzen.« Der König schüttelte den Kopf und sagte »Er hat den Schmerz auf der Zunge, ich hab ihn hier.« Und dabei legte er die Hand aufs Herz. Eine ähnlich tiefe Teilnahme verraten seine Briefe. An seinen Bruder Heinrich in Rheinsberg schrieb er: »Ich liebte dieses Kind wie mein eigenes« und an Tauentzien meldete er in der Nachschrift zu einer dienstlichen Ordre »Mein lieber Hendrich ist todt«.

* Die »Doctors« die hier tätig waren, waren drei an der Zahl zunächst Dr. Peldmann aus Ruppin, dann Cothenius, der Leibarzt des Königs, schließlich Geh. Rat Dr. Mutzel aus Berlin.

(aus: Theodor Fontane, Wanderungen durch die Mark Brandenburg: Die Grafschaft Ruppin)

Protzen und die Nachfolge Friedrichs des Großen

Die Ehe Friedrichs des Großen, der seit 1733 mit Prinzessin Elisabeth Christine von Braunschweig-Bevern verheiratet war, blieb kinderlos. Die Heirat kam zustande aufgrund des Befehls seines Vaters. Glaubwürdig überliefert ist, daß der junge Ehemann seinem Kriegsminister von Grumbkow auf dessen Glückwünsche zur Hochzeit, verbunden mit dem Wunsch nach baldiger Geburt eines Thronfolgers replizierte: »Ich bin Ihnen sehr verbunden für die Wünsche, die Sie für meine Fortpflanzung aussprechen. Wenn ich dieselbe Bestimmung habe wie die Hirsche, die gegenwärtig in der Brunstzeit sind, so könnte jetzt in neun Monaten geschehen, was Sie wünschen. Ich weiß nicht, ob es ein Glück oder Unglück für unsere Neffen und Großneffen sein würde. Die Königreiche finden immer Nachfolger, und es gibt kein Beispiel, das ein Thron verwaist geblieben ist.«

Den 1748 geborenen Prinzen Heinrich hätte er gerne zu seinem Nachfolger aufgebaut, da er dessen älteren Bruder Friedrich Wilhelm wegen seiner ausschweifenden Neigung zu Völlerei und verantwortungslosem Lebenswandel überhaupt nicht schätzte. Insofern sind Friedrichs sehr emotionale Worte, die Fontane am Schluß der hier ausgewählten Episode wiedergibt, nur zu verständlich, denn der Plan des Königs hinsichtlich seines Nachfolgers war zerstört. Insofern kommt dem kleinen Dorf Protzen mit seinem schönen Herrenhaus tatsächlich eine wichtige Bedeutung in der Geschichte Preußens zu.

Die Anfahrt nach Protzen

(Stadt und Land Atlas Berlin/Brandenburg, 1997, S. 33 B 1) Protzen liegt an der L 165; Autobahnabfahrt A 12 »Neuruppin Süd«, zunächst Richtung Fehrbellin, dann nach wenigen hundert Metern der Ausschilderung »Garz« folgen; Protzen ist der zweite Ort nach der Autobahnabfahrt.

Denkmäler zur brandenburgischen Geschichte

Hakenberg: (Stadt und Land Atlas Berlin/Brandenburg, 1997, S. 33 D 3) Denkmäler für die Schlacht bei Fehrbellin (1675): auf der Fläche zwischen Hakenberg und Linum tobte zwischen dem 18. und 28. Mai 1675 die gewaltige Reiterschlacht, in der ein vom Großen Kurfürsten selbst und Generalfeldmarschall von Derfflinger geführtes Reiterheer ein zahlenmäßig weit stärkeres schwedisches Heer unter Befehl des Generals Wrangel besiegte. 1. Vasenpostament von 1800, errichtet von Eberhard von Rochow-Reckahn (mit Gitter von 1857), 2. von einer Kopie der Victoria von Rauch bekrönter Aussichtsturm von 1875, am Fuß des Turmes ins Monumentale gesteigerte Nachbildung der Büste des Großen Kurfürsten von Schlüter.

Sehenswerte Schlösser und Herrenhäuser in der Umgebung

Lentzke: (Stadt und Land Atlas Berlin/Brandenburg, 1997, S. 32 D 4/33 D 1) Das Gut war am Ende des 18. Jh. im Besitz der Familie de la Motte-Fouqué. Hier wurde Friedrich Heinrich Karl de la Motte-Fouqué geboren, der einer der bedeutendsten Dichter der deutschen und europäischen Romantik wurde, auf seinem Gut Nennhausen die berühmte, später von Karl Maria von Weber als Oper vertonte Dichtung »Undine« schuf. – **Dechtow:** (Stadt und Land Atlas Berlin/Brandenburg, 1997, S. 43 A 3) Herrenhaus des preußischen Generalfeldmarschalls Wiprecht Hans Karl Friedrich Ernst Heinrich von Zieten (1770 – 1848). Gut und Herrenhaus haben seit Kurzem eine private Eigentümergemein-schaft gefunden, die mit großem Enthusiasmus und Verständnis für das historisch Gewachsene die Sanierung und Restaurierung vornimmt. – **Fehrbellin:** (Stadt und Land Atlas Berlin/Brandenburg, 1997, S. 33 C 2) gegenüber dem Hotel »Stadt Fehrbellin« befindet sich das einstige »Amtshaus« der Domäne, ein stattlicher zwei-geschossiger barocker Bau mit Krüppelwalmdach.

Bedeutende Kirchen in der Umgebung

Brunne: (Stadt und Land Atlas Berlin/Brandenburg, 1997, S. 33 D 1/ 43 A 1) Dorfkirche (Kirchenschlüssel: Ev. Pfarramt 16833 Karwesee, Tel. 03 39 22/6 02 04) von 1756/57 mit Epitaph des Hans Christian von Ziethen († 1739). – **Dechtow:** (Stadt und Land Atlas Berlin/Bran-denburg, 1997, S. 43 A 3; Kirchenschlüssel: s. o.) die 1602 gefertigte Kanzel, an deren Seitenfelder die Stifterwappen zu sehen sind, in den vorzüglichen spätgotischen Altar eingefügt. – **Karwesee:** (Kirchen-schlüssel: s. o.) Fachwerkbau um 1750, hölzerne Taufe des frühen 17. Jh. aus der Dorfkirche in Dechtow. – **Fehrbellin:** (Stadt und Land Atlas Berlin/Brandenburg, 1997, S. 33 C 2) Stadtkirche (Kirchen-schlüssel: Ev. Pfarramt 16833 Fehrbellin, Feldbergstr. 43, Tel. 03 39 32/ 7 03 84), 1867 in neogotischen Formen nach Entwurf von August Stüler mit sehr schönem Grabstein für H. von Arnim († 1533).

Gastronomie

Hotel-Restaurant »Helenenhof«
Dorfstr. 66, 14641 Tietzow
Tel. 03 32 30/5 13 17; Fax /5 02 90
– Hingewiesen werden soll hier auch unbedingt auf die höchst vor-züglichen Käse aus der nahe der L 17 zwischen Tietzow und Kuhhorst gelegenen Ziegenkäserei Karolinenhof, 16766 Flatow
Tel. 03 39 22/6 01 90 (Verkauf Freitag, Sonnabend und Sonntag 10–18 Uhr; jeden 1. Sonntag im Monat um 10 Uhr Schaukäsen und Hofführung)

Information

Stadtinformation BürgerBahnhof
Karl-Marx-Str. 1, 16816 Neuruppin
Tel. 0 33 91/4 54 60: Fax /45 46 66

6. Garz

Das mit viel Mühe und Aufwand kenntnisreich wiederhergestellte Herrenhaus.

... schreiten dem Herrenhause zu. Der kühle, mit Marmorfliesen gedeckte Raum, heimelt uns bei der drückenden Hitze doppelt an, und
doch ist es nicht diese kühle, fliesengedeckte Halle was uns hierher-
führte, sondern umgekehrt der sonnenbeschienene Vorflur im ersten
Stock, wo wir einem seltsamen Erinnerungsstücke begegnen, das eine
sehr sehr andre Zeit als die Zeit unseres Albrecht Christoph vor uns
heraufbeschwört. Hier, an einem breiten Fensterpfeiler, an demselben
Platz etwa, wo sonst eine Flora oder Pomona oder irgendein andres
Stück griechischer Mythologie zu stehen pflegt, erhebt sich statuen-
haft und auf niedrigem Postament ein Riesenstiefel, mit einem neun

Zoll langen Sporn daran und einer anderthalb Zoll dicken Sohle. Das Ganze ein Kunstwerk in seiner Art, und trotz seines riesigen Umfanges von einer gewissen Eleganz der Erscheinung. Dieser Stiefel hat seine Geschichte.

Wer kennt nicht das Regiment Gensdarmes? Und wer hätte nicht gehört von der Verschwendungslust und Tollkühnheit seiner Offiziere, von ihrem Mut und Ubermut!

Unter den jungen Offizieren eben dieses Regimentes war denn auch Wolf Ludwig Friedrich v. Quast, wegen seiner tollkühnen Streiche kurzweg der »tolle Quast« genannt. Eines Tages (wahrscheinlich im Jahre 1794) ging er mit Lieutenant v. Jürgaß, dem spätern ausgezeichneten Kavalleriegeneral unter York, über die Weidendammer-Brükke, als ihnen, einige Häuser weiter, ein riesiger Sporn auffiel, der im Schaufenster eines Eisenladens hing. Es ward ausgemacht, daß derjenige, der zuerst in Arrest käme, das wunderliche Ding kaufen solle. Jürgaß war der erste der dieses Vorzugs genoß und kaufte den Sporn, aber freilich nicht ohne beim Kauf ein neues Abkommen getroffen zu haben: »der Nächste der in Arrest kommt, läßt einen Stiefel dazu machen«. Dieser nächste war nun selbstverständlich Quast und schon eine Woche danach wurde der etwa sechs Fuß hohe Riesenstiefel unter allen möglichen Formalitäten in die Kaserne getragen. Da stand er nun, der Koloß, und der Sporn ward ihm angeschnallt. Aber der Übermut, einmal wachgeworden, sehnte sich nach mehr und so beschloß man denn einstimmig, dem Stiefel zu Ehren ein Fest zu geben, bei dem der Stiefel selbst als Bowle fungieren sollte. Gesagt, getan. Das Fest verlief unter dem Jubel aller Beteiligten, aber doch andererseits auch so, daß folgenden Tages Ordre kam, auf den Stiefel zu fahnden. So leichten Kaufs indes gedachten die jungen Offiziere weder sich noch ihren Stiefel fangen zu lassen und als die diesem letzteren geltende Stubenrevision ihren Anfang nahm, war der große Stiefel schon mit Extrapost auf dem Wege nach Garz. Aber auch hier war seines Bleibens nicht lange. Das Versteck war verraten worden, und eine Reiterpatrouille hatte striktesten Befehl erhalten, den »Stiefel der Gensdarmes« es koste was es wolle, zur Stelle zu schaffen. Was tun in dieser Lage?

Das erste war, eben dieser Patrouille, die schon drei Meilen Vorsprung hatte, diesen Vorsprung wieder abzugewinnen. Es sattelten also befreundete Kameraden, überholten im Fluge das ziemlich ruhig seines Weges trottende Piquet und führten den gefährdeten Liebling von Garz nach Gantzer hinüber, wo derselbe nunmehr, in einem abgelegensten Scheunenwinkel, unter hochaufgeschichteten Strohmassen versteckt wurde.

Daselbst stand er über ein Menschenalter. Das Regiment Gensdarmes war längst tot und die Jürgasse längst ausgestorben, da erbat sich der jetzige Besitzer von Garz, Rittmeister v. Quast, den Stiefel von Gantzer her zurück »da dieser, wenn irgendwohin, am ehesten nach dem ehemaligen Gute des >tollen Quast< gehöre.« Gern wurd ihm gewillfahrt und blank aufgeputzt steht er seitdem auf dem Flur des Garzer Herrnhauses, ein charakteristisches Überbleibsel aus den Tagen des »Regiments Gensdarmes«. Wolf Quast, wie so viele Militairs jener mit Unrecht in Bausch und Bogen verurteilten Zeit, war übrigens keineswegs ein bloßer »Junker Übermut« der nur mit Sporn und Degen über die Straße zu rasseln und gelegentlich in einem Riesenstiefel eine Bowle zu brauen verstand, er war vielmehr umgekehrt ein Mann von hervorragenden Gaben, der die Pflege »nobler Passionen« mit Bildung, Belesenheit und künstlerischem Sinn sehr wohl zu vereinigen wußte. Soldat mit Leib und Seele, war er darauf aus, dem Dienst eine ideale, fast eine wissenschaftliche Seite abzugewinnen und legte seine Reitererfahrungen in einem Buche nieder, das, wie Fachleute versichern, in allen erheblichen Punkten auch bis heute noch unübertroffen geblieben ist. Seine künstlerischen Neigungen führten ihn nach dem Süden, wo er 1804 erst in Rom und dann in Paris mit Schinkel zusammentraf. Dieser schrieb im Dezember genannten Jahres an den Geh. Rat v. Prittwitz: »Herr v. Quast, mit dem ich schon in Rom schöne Genüsse teilte und den ich hier in Paris wiederfinde, verspricht mir die Ausrichtung meiner Empfehlungen etc.« Das alles deutet auf mehr, als auf bloße Tollheiten und Fähnrichstreiche.

(aus: Theodor Fontane, Wanderungen durch die Mark Brandenburg: Die Grafschaft Ruppin)

Das Regiment Gens d'armes

Den Riesenstiefel, über den Fontane schreibt, gibt es heute nicht mehr. Er war etwa 1,50 m hoch und stand bis 1945 in einer Nische auf dem Treppenabsatz. Nach der Eroberung des Dorfes durch die Rote Armee machten russische Soldaten Stiefelsohlen daraus, wie Herr Eberhard Alexander von Quast berichtet, dem der Stiefel in seinen Kindertagen als Spielzeug und Versteck diente.

Das Regiment Gens d'armes der preußischen Armee wurde auf Befehl des Kurfürsten Friedrich III. am 7. Dezember 1691 gegründet. Oberst von Natzmer erhielt den Befehl, es aus den beiden existierenden berittenen Kompanien Grands Mosquetairs zu bilden. Es war eine der ersten Verfügungen des Soldatenkönigs Friedrich Wilhelms I. nach seiner Thronbesteigung im Jahre 1713, das Regiment Gens d'armes zu verstärken, denn 1714 wurde das Garde du Corps integriert. Das Regiment Gens d'armes war die Eliteeinheit der preußischen Armee, und jede adlige Familie, die etwas auf sich hielt, suchte wenigstens einen ihrer Söhne hier Dienst tun zu lassen. Es bestand bis 1806, als in den vernichtenden Niederlagen von Jena und Auerstädt die preußische Armee durch die napoleonischen Truppen vernichtet wurde und nach der Reorganisation des Heeres 1815 nicht wieder aufgestellt werden sollte. Das Regiment stand in Berlin, und die Tollereien und Dreistigkeiten der Vertreter des Offizierscorps waren sprichwörtlich. Im Werk Fontanes spielen die Gens d'armes eine nicht unwesentliche Rolle, so etwa in dem Roman »Schach von Wuthenow«.

Die Angehörigen des Regimentes Gens d'armes waren vorzügliche Reiter; der im Zentrum der ausgewählten Episode stehende Wolf Friedrich von Quast trat als Autor zweier Bücher über das Reiten in Erscheinung: 1. Die Reitkunst. Theoretisch und praktisch dargestellt nach dem Manuskript von 1812, Crefeld 1827 und 2. Das Reitpferd, dargestellt und durch 23 Kupfertafeln erläutert, Berlin 1809.

Das Herrenhaus

Den Stiefel gibt es nicht mehr. (s. S. 102), wohl aber noch das Herrenhaus. Als Bauherr kommt Wolf Christoph von Quast (1681 – 1751) in Betracht, der das Rittergut im Alter von 24 Jahren von seinem Vater Albrecht Johannes (1653 – 1705) geerbt hatte. Es ist ein schönes, wohlproportioniertes Haus, in dessen Nähe noch der mittelalterliche Wohnturm steht, den wohl Kerstin von Quast (1419 –1441) erbauen ließ, der als erster »Herr auf Garz« in der Familienchronik erscheint.

Die Anfahrt nach Garz

(Stadt und Land Atlas Berlin/Brandenburg, 1997, S. 32 B 3) Garz liegt an der L 165; Autobahnabfahrt A 12 »Neuruppin Süd«, zunächst Richtung Fehrbellin, dann nach wenigen hundert Metern der Ausschilderung »Garz« folgen. – Schloß, Park und der Gutshof von Garz sind in privatem Besitz und können **nicht** besichtigt werden.

Bedeutende Denkmäler in der Umgebung

am nördlichen Dorfausgang von **Garz**: spätbarocke Postmeilensäule der einstigen Berlin – Hamburger Poststraße.

Sehenswerte Schlösser und Herrenhäuser in der Umgebung

Vichel: (Stadt und Land Atlas Berlin/Brandenburg, 1997, S. 32 B/C 3) das ursprünglich toskanisch-rot geputzte Haus ist ein schönes Beispiel für den italienisierenden Landhausbau in der 1. H. des 19. Jh. Neben der prachtvollen Eingangsterasse findet sich zur Rechten eine aus Gips gefertigte Reliefdarstellung der berühmten antiken römischen Reiterstatue des Marc Aurel; auf der gegenüberliegenden Seite das aus gleichem Material bestehende Relief eines reitenden Ritters (das Vorbild hierzu konnte bislang nicht namhaft gemacht werden); neben dem Herrenhaus eine höchst beeindruckende Scheune mit der Giebelinschrift: »Albrecht Wilhelm von Quast 1844«. Bis zur Enteignung nach dem 2. Weltkrieg war es im Besitz der Familie von Quast. – **Nackel:** (Stadt und Land Atlas Berlin/Brandenburg, 1997, S. 32 C 2) das Gut befand sich in der 2. H. des 18. Jh. im Besitz der Familie von der Hagen. In Heiratsangelegenheiten des Adels mußte die Erlaubnis beim König eingeholt werden, und Fontane berichtet: »Herr v. Hagen auf Nakel bat sogar zum fünftenmal um die Erlaubnis und erhielt als Antwort weder Zustimmung noch Ablehnung, sondern die echt fritzische Replik: 'Er braucht künftig nicht mehr einzukommen.«. – **Barsikow:** (Stadt und Land Atlas Berlin/Brandenburg, 1997, S. 32 B 1) im Dorf gibt es zwei Herrenhäuser; das kleinere der Familie von Kröcher sowie das *einst* prächtigere und größere der Familie von Kriegsheim. – **Segeletz:** (Stadt und Land Atlas Berlin/Brandenburg, 1997, S. 32 C 1) das von der Familie von Lüderitz Anfang des 19. Jh. erbaute Herrenhaus steht leer und verfällt. Schräg vis-à-vis ein vorzüglich gemauerter Speicher, ein schönes Beispiel brandenburgischer Landbaukunst der 2. H. des 19. Jh.

Sehenswerte Kirchen in der Umgebung
Nackel: (Stadt und Land Atlas Berlin/Brandenburg, 1997, S. 32 C 2) Kirchenschlüssel: ev. Pfarramt 16845 Segeletz, Lindenstr. 41, Tel. 03 39 78/5 02 02) in der Dorfkirche aus bestem Carrara-Marmor Gedenktafel für den Prinzen Georg Wilhelm zu Braunschweig-Lüneburg (1880 – 1912), der gemeinsam mit seinem Kammerdiener Karl Grebe »durch Automobilunfall am 20. Mai den Tod ...« fand. »Nach der Aufbahrung in dieser Kirche sang die Gemeinde vor der Überführung nach Gmunden am Traunsee 'Lasst mich gehen, daß ich Jesum möge sehn ...' Am Unglücksort, der heutigen B 5, zwischen Friesack und kurz vor dem Abzweig der Straße nach Nackel, befindet sich ein weiterer großer, aus Granit gehauener Gedenkstein für eines der ersten prominenten Opfer des Straßenverkehrs. Der Unfall war damals spektakulär – nicht nur wegen des prominenten Opfers, sondern weil das Autofahren damals ja erst am Anfang stand. Der Unfall ist typisch für Brandenburg, auch das heutige. Es gibt wohl kaum eine Bundes- oder Landstraße im Bundesland Brandenburg, an denen nicht Holzkreuze mit Totentafeln an hier verstorbene Verkehrsopfer erinnern. Prinz Georg war 32 Jahre alt, als der Unfall geschah. Er war ein sogenannter

»Herrenfahrer«, saß selbst am Steuer, während seinem Chauffeur während der Reise die Pflege und Wartung des Wagens zukam.

Ausführliche Berichte über den Unfall sind im »Berliner Lokalanzeiger« vom 21. Mai 1912 (Mittagsausgabe) sowie auch in der »Vossischen Zeitung« vom selben Tage (Abendausgabe) erschienen; ein dramatisches Photo vom Unfallwagen im »Berliner Lokalanzeiger« vom 23. Mai 1912 in der Sonderbeilage »Bilder vom Tage«. Im oben erwähnten »Berliner Lokalanzeiger« hieß es unter Berufung auf Augenzeugen und erste Helfer: »Der Prinz saß am Steuer seines 60pferdigen sechssitzigen Automobils von der Wiener Firma Gräf & Stift, mit dem er gestern morgen von Prag gekommen war. Im Forst an der Grenze der Ortschaften Nackel und Segeletz ... ist die hügelige, aber breite und gut gehaltene Chaussee an einer Stelle frisch aufgeschüttet. Hier geriet das Auto ins Schleudern und lief hart an den rechten Chausseegraben heran. Der Prinz verlor durch die sprunghaften Bewegungen des in einer schätzungsweisen Geschwindigkeit von 90 Kilometer dahinfahrenden Wagens das Steuer aus den Händen. In Spiralen sprang das Auto noch etwa 30 Meter weiter, dann sauste es in den Wald hinein.« Im Bericht der »Vossischen Zeitung« wurden sogar 100 km/h vermutet. Die herbeigerufenen Ärzte konstatierten beim Prinzen und seinem Kammerdiener »schwere Schädelbrüche«, während der neben dem Prinzen sitzende Chauffeur nur unbedeutende Verletzungen erlitt. Auch das gilt noch heute: Brandenburgs Landstraßen sind höchst gefährlich, sie sind hügelig, wellig und 90 oder 100 km/h sind hier eben zuviel. Überhöhte Geschwindigkeit war die Ursache der prinzlichen Todesfahrt; und noch heute ist es ebenso. Man muß bedenken, daß es damals im Allgemeinen üblich war, die Höchstgeschwindigkeit für Automobile innerhalb der Städte auf 15 km/h und auf Landstraßen auf 25 bis 30 km/h festzulegen. Der Wagen des österreichischen Herstellers Gräf & Stift war ein Cabrio, übrigens derselbe Typ, in dem zwei Jahre später der österreichische Thronfolger Erzherzog Ferdinand in Sarajewo erschossen wurde, was letztlich den 1. Weltkrieg auslöste. Diese Wagen waren aufgrund ihrer sehr einfachen Federung schwer steuerbar; sie hüpften auf unebenen Straßen hin und her, so daß sie den Namen »Cabriolet« bekamen, von lat. »capra« = Ziege, denn Ziegen springen in Gefahrensituationen auch ziemlich unvorherberechenbar hin und her. Zu Bedenken ist auch, daß damals in Österreich, wo der Prinz aufgewachsen war, Linksverkehr herrschte, während in Brandenburg bereits der noch heute übliche Rechtsverkehr vorgeschrieben war. (Freundliche Mitteilung von Hans Straßl, Deutsches Museum München, Abt. Landverkehr). – **Barsikow:** (Stadt und Land Atlas Berlin/Brandenburg, 1997, S. 32 B 1) gegenüber dem Westportal der Kirche kubische Basis einer barocken Postmeilensäule. – **Segeletz:** (Stadt und Land Atlas Berlin/Brandenburg, 1997, S. 32 C 1; Kirchenschlüssel: ev. Pfarramt 16845 Segeletz, Lindenstr. 41, Tel. 03 39 78/5 02 02) Dorfkirche, an den Emporen Wappen der das Patronat besitzenden Familie von Lüderitz und den angeheirateten Familienmitgliedern; Kindergrabstein von 1590.

Gastronomie
»Zum 1. Flieger«
Otto-Lilienthal-Str. 7, 14728 Stölln
Tel. 03 38 75/3 04 34

Information
Stadtinformation BürgerBahnhof
Karl-Marx-Str. 1, 16816 Neuruppin
Tel. 0 33 91/4 54 60; Fax /45 46 66

7. Tramnitz

*Das Herrenhaus wurde wohl Anfang der siebziger Jahre abgerissen. An dessen Stelle
steht jetzt ein recht komfortables Einfamilienhaus. Deutlich erkennbar ist die Weiter-
verwendung der mächtigen Feldsteinfundamente des alten Herrrenhauses. Der beim
Abriß des Herrenhauses anfallende Schutt wurde in dem links erkennbaren Hügel
zusammengeschoben.*

... Dorf Tramnitz wirkt wie ein Kind des Bodens, auf dem es gewachsen. Es weckt ein Herbstgefühl. Und auch die Stelle, wo das Herrenhaus gelegen ist, ändert nichts an diesem Eindruck. Vielleicht wäre es
anders, wenn nicht der weiße, ziemlich weitschichtige Bau, vor dem
ein paar mächtige Linden aufragen, eine wahre Mausoleumseinsamkeit
um sich her hätte. Hat sich doch, seit dem Tode des Vorbesitzers, aus

dem jetzt leerstehenden Herrenhause das Leben in ein abseits gelege-
nes einfaches Fachwerkhaus zurückgezogen, an dessen Schwelle wir
von einer freundlichen alten Dame begrüßt und an einen mit Meißner
Tassen besetzten Kaffeetisch geführt werden.

Die freundliche alte Dame ist »Tante Wilhelmine«. Sie verwaltet,
neben andrem, auch den Anekdotenschatz des Hauses, und der Kaffee von dem wir eben wohlgefällig nippen wohin könnt er den Gang
der Unterhaltung natürlicher hinüberleiten, als zur Geschichte von
»Tante Fiekchen«.

Eben diese, die zu Beginn des vorigen Jahrhunderts auf Tramnitz
lebte, war um 1733 als Kronprinz Friedrich in Ruppin stand, eine hoch-
betagte Dame, die des Vorrechtes genoß, allen derb die Wahrheit sagen zu dürfen, am meisten den jungen Offizieren des Regiments Prinz
Ferdinand, wenn diese zum Besuche herüberkamen. Einstmals kam
auch der Kronprinz mit. Er ward inkognito eingeführt und da ihm
»Tante Fiekchens« Kaffee, der wenig Aroma aber desto mehr Boden-
satz hatte, nicht wohl schmecken wollte, so goß er ihn heimlich aus
dem Fenster. Aber Tante Fiekchen wäre nicht sie selber gewesen, wenn
sie's nicht auf der Stelle hätte merken sollen. Sie schalt denn auch hef-
tig und als sie schließlich hörte, wer eigentlich der Gescholtene sei,
wurde sie nur noch empörter und rief: »Ah, so. Na, denn um so schlim-
mer. Wer Land und Leute regieren will, darf keinen Kaffee aus dem
Fenster gießen. Sein Herr Vater wird wohl recht gehabt haben!« Übrigens wurden sie später die besten Freunde, schrieben sich, und wenn
der König irgendeinen alten Bekannten aus dem Ruppinschen sah, un-
terließ er nie, sich nach Tante Fiekchen zu erkundigen.

(aus: Theodor Fontane, Wanderungen durch die Mark Brandenburg: Die Grafschaft Ruppin)

Das Herrenhaus

Das Herrenhaus in Tramnitz steht nicht mehr. Es war ein einfacher,
zweigeschossiger Fachwerkbau mit Krüppelwalmdach. Es wurde wohl
in den siebziger Jahren abgerissen, die Reste zu einem Schutthaufen
zusammengeschoben, und auf dem Platz steht jetzt ein nach vergan-

genen DDR-Maßstäben komfortables Einfamilienhaus. Das Tramnitzer Herrenhaus war ein schönes Beispiel, wie schlicht aber gleichzeitig wohl-proportioniert der preußische Landadel zu leben verstand.

Von der Seele des Kronprinzen

»Tante Fiekchen« spielt auf die wohl psychisch einschneidendste Epi-sode im Leben des Kronprinzen Friedrich an: die Katte-Geschichte. Hans Hermann von Katte, wohl der Vertraute des Kronprinzen, mit dem er während eines Staatsbesuches seines Vaters von Steinsfurt bei Heilbronn nach England fliehen wollte, um dem derben Regiment des Vaters zu entgehen. Doch die Flucht mißlingt, der Kronprinz wird als Staatsgefangener auf die Festung Küstrin an der Oder gebracht, und sein Freund Katte hier vor den Augen des Kronprinzen geköpft. Fried-rich unterwirft sich der väterlichen Autorität, muß 1733 Elisabeth Chri-stine von Braunschweig-Bevern heiraten und bekommt ein Regiment in Rheinsberg und das dortige Schloß vom Vater als Hochzeitsgeschenk.

Der Fluchtversuch des Kronprinzen war ein Staatsverbrechen, und mehr noch: eine Auflehnung gegen den väterlichen Willen.

Literatur zum Thema

Die beste und einfühlsamste Darstellung ist ein literarischer Essay al-lerhöchster Qualität: Horst Krüger, Friedrich. Eine Reise durch Preu-ßen, in: Tiefer deutscher Traum. Reisen in die Vergangenheit, Mün-chen 1987, S. 76ff. (= dtv 10558).

Die Anfahrt nach Tramnitz

(Stadt und Land Atlas Berlin/Brandenburg, 1997, S. 22 C 1) auf der A 24 bis Abfahrt Neuruppin, auf der B 167 in westlicher Richtung bis zur B 5, hier in nördlicher Richtung nach Wusterhausen, dann auf die L 142 in nordöstlicher Richtung bis Tramnitz.

Bedeutende Denkmäler in der (weiteren) Umgebung

Kyritz: (Stadt und Land Atlas Berlin/Brandenburg, 1997, S. 21 C 2) Rathaus von 1879 in den Formen normannischer Burgenarchitektur,

Hospital St. Spiritus (1828), Fachwerk-Bürgerhäuser des 17. Jh.: J.-S.-Bach-Str. 36, J.-S.-Bach-Str. 44/Ecke Bahnhofstr. (1669); auf dem Kirchplatz Denkmal für C. F. Schulze und C. F. Kersten († 1807) von 1846 in neogotischen Formen. – **Heiligengrabe:** (Stadt und Land Atlas Berlin/Brandenburg, 1997, S. 11 A 1/2) Kloster Stift zum Heiligen Grabe: 1287 durch den brandenburgischen Markgraf Otto V. gegründet, nach der Säkularisation ev. Fräuleinstift, 1847 – 1945 Lehranstalt; Klosterkirche 1. H. 15. Jh., im Vorraum sechs Tafelbilder von 1532 mit der Darstellung der Gründungsgeschichte des Klosters, Schnitzaltar um 1520, von den Grabsteinen besonders erwähnenswert: Epitaph für den Stiftshauptmann H. E. v. Bertikow; Kapelle des Hl. Grabes von 1512 mit außerordentlich qualitätvollen und reich gegliederten Giebeln, im Innern Wandmalereien (1903/04) von Otto Berg mit Szenen aus der Klostergeschichte; im Klausurgebäude Relieftondi (1847) König Friedrich Wilhelms IV. und seiner Gemahlin Elisabeth aus Carrara-Marmor.

Sehenswerte Schlösser und Herrenhäuser in der (weiteren) Umgebung

Tornow (OT von Sechzehneichen): (Stadt und Land Atlas Berlin/Brandenburg, 1997, S. 21 C 4) 1803 – 1805 durch die Majorin v. Heidebrand erbaut, später gelangte es in den Besitz der Familie von Dallwitz, die das Gut bis zur Enteignung im Rahmen der »Bodenreform« besaß. Derzeit sind Mitglieder dieser Familie damit beschäftigt, sowohl die heruntergekommene Landwirtschaft des Dorfes wie auch das gleichermaßen desolate Herrenhaus mit großem Engagement zu sanieren. – **Karnzow:** (Stadt und Land Atlas Berlin/Brandenburg, 1997, S. 21 B 3) großartige Dreiflügelanlage, im Kern barock, im Verlaufe des 19. und frühen 20. Jh. durch die Familie von Königsmarck umgebaut und mit Anbauten versehen, eindrucksvoller Park mit den verschiedensten fremden Gehölzen. – **Bantikow:** (Stadt und Land Atlas Berlin/Brandenburg, 1997, S. 21 B 3) das großartige Herrenhaus wurde 1906 in neoklassizistischen Formen nach dem Vorbild englischer Landsitze umgebaut. – **Demerthin:** (an der B 5 gelegen, ungefähr 10 km hinter

Kyritz) Herrenhaus (von 1604 von Catharina von Klitzing, deren Nach-fahren das Gut bis zur Enteignung im Rahmen der sog. »Bodenre-form« besaßen, schönes Beispiel eines »Festen Hauses« mit sechseckigem Treppenturm, der einst weitläufige Landschaftspark ist heute nur noch in Ansätzen erkennbar, denn die Flächen wurden für ein Fuß-ballfeld wie auch Ackerflächen geopfert. – **Königsberg:** (Stadt und Land Atlas Berlin/Brandenburg, 1997, S. 11 C 3) im Kern mittleres 18. Jh., erbaut durch Mitglieder der Familie von Warnstedt, um 1910 durch Angehörige der Familie von Rabenau überbaut; das Haus heute für den Ortsunkundigen durch den Vorbau einer Schwimmhalle mit Wand-malereien, die die »Wissenschaftlichkeit« der Ideologie des Sozialismus und denselben als höchste Entwicklungstufe der menschlichen Gesell-schaft darstellen, das Haus heute als Schule genutzt. – **Horst** bei Blumenthal: (Stadt und Land Atlas Berlin/Brandenburg, 1997, S. 11 C 1) sog. »Alte Burg«, erbaut durch Heinrich III. von Blumenthal († 1546), größtenteils zerstört während des 30jährigen Krieges; das »Neue Her-renhaus« dürfte wohl von August Graf von Blumenthal (1722 – 1788) erbaut sein, dem Gouverneur des Prinzen Heinrich von Preußen (1722 – 1788), des Bruders Friedrichs des Großen.

Sehenswerte Kirchen in der (weiteren) Umgebung

Kyritz: (Stadt und Land Atlas Berlin/Brandenburg, 1997, S. 21 C 2) Pfarrkirche St. Marien (Kirchenschlüssel: ev. Pfarramt Kyritz, J.-S.-Bach-Str. 51, Tel. 03 39 71/7 23 74): 2. H. 15. Jh., 1708 – 1714 barock über-formt, der Chor durch Triumphbogen vom Kirchenschiff getrennt; neogotischer Hochaltar (1868) von Eduard Daege; Ratsgestühl 1. H. 18. Jh., Sandsteinepitaph für J. Mas von 1604 sowie für J. Schartow († 1770) und Frau († 1780). – **Tornow** (OT von Sechzehneichen): (Stadt und Land Atlas Berlin/Brandenburg, 1997, S. 21 C 4; Kirchenschlüssel: ev. Pfarramt Kyritz, J.-S.-Bach-Str. 51, Tel. 03 39 71/7 23 74) 1827/28 in neogotischem Stil errichtet, außen zwei Grabsteine aus der 1. H. des 18. Jh.; in den Fenstern Wappenscheiben aus dem 17. Jh., Taufschale: Kopie des »Halberstädter Diskos« (byzantinische Abendmahlsschale aus Konstantinopel, um 1025, im Dom von Halberstadt), Guß aus der

Ilsenburger Eisenkunstgießerei; neben dem Altar Grabstein für A. C. von Brunn († 1725) und Gemahlin († 1731); auf dem Kirchhof Urne mit Todesgenius für A. v. Jena von 1790; Obelisk für E. v. Wahlen-Jürgass († 1795), Urnengrabmäler für E. v. Brunn († 1800) und S. von Haack († 1800). – **Demerthin:** (an der B 5 gelegen, ungefähr 10 km hinter Kyritz; Kirchenschlüssel: ev. Pfarramt 16866 Gumtow, Karl-Lieb-knecht-Str. 18, Tel. 03 39 77/8 02 82) spätgotischer Feldsteinbau, Ober-teil aus Backstein 1896/97 neogotisch erneuert; im Innern Wandmale-reien aus der 2. H. 15. Jh. (in der Hauptsache Passion Christi, Oster-geschehen und Heiligenmartyrien), Kanzelaltar aus der Wende vom 17. zum 18. Jh., Patronatsgestühl von 1604; Epitaph von 1669 für E. von Klitzing († 1659). – **Königsberg:** (Stadt und Land Atlas Berlin/Brandenburg, 1997, S. 11 C 3; Kirchenschlüssel: ev. Pfarramt 16909 Königsberg, Dorfstr. 86, Tel. 03 39 65/4 02 33) Altar von 1631 in üp-piger Formensprache der späten Renaissance, an der etwa zeitgleichen Kanzel gemaltes Patronatswappen. – **Horst:** (Stadt und Land Atlas Berlin/Brandenburg, 1997, S. 11 C 1) Gutskapelle von 1688, qualitätvoller Fachwerkbau mit Grabmal des Grafen H. C. M. A. v. Blumenthal († 1794) von Johann Gottfried Schadow.

Gastronomie
Hotel Landhaus Muth
Pritzwalker Str. 60, 16866 Kyritz
Tel. 03 39 71/7 15 12; Fax /7 15 13

Information
Fremdenverkehrsverein Ostprignitz e. V.
Bahnhofstr. 5, 16866 Kyritz
Tel./Fax 03 39 71/5 23 31

8. TRIEPLATZ

Das Herrenhaus, von dem nur eine Entwurfszeichnung erhalten ist, wurde abgerissen.

Georg Moritz v. Rohr war 1713 geboren. Selbstverständlich trat er in die Armee – in welches Regiment hab ich nicht erfahren können – war bei Ausbruch des Siebenjährigen Krieges Hauptmann, wurd in einer der ersten Schlachten schwer verwundet und zog sich, zu fernerm Kriegsdienste untauglich, auf sein väterliches Gut Trieplatz zurück.

Er war ein echter Rohr, einfach von Sitten, ein frommer Christ, dabei von jenem verqueren Zuge, der auch aus den schlichtesten Naturen Originale schafft. Georg Moritz von Rohr war ein solches Original. Er gab es schon dadurch zu verstehen, daß er sich selber den »Hauptmann von Capernaum« nannte. Die Worte, die, der Schrift nach, der wirkliche Hauptmann von Capernaum an Christum richtete: »Herr, ich bin nicht wert, daß du unter mein Dach gehest« entsprachen ganz seinem eignen demütigen Herzen, aber über all dies hinaus reizte ihn, seiner ganzen Natur nach, auch wohl das Scherzhafte, das in der selbstgewählten Bezeichnung eines »Hauptmanns von Capernaum« lag.

Kein Zweifel, seine Popularität zog Nahrung aus diesem Namen, was ihn indes in der ganzen Gegend am populärsten machte, das waren doch seine vielen Brautwerbungen, die nicht abrissen und ihn befähigten, es bis auf vier Frauen zu bringen.* Dies allein schon würde genügt haben, alle Zungen der Grafschaft über ihn in Bewegung zu setzen, unser Hauptmann von Capernaum aber wußte nebenher noch dem immer wiederkehrenden Begräbnis- und Freiwerbungszeremoniell so viel eigentümlichen Beisatz zu geben, daß auch die jedem Klatschbasentum abgeneigtesten Kreise notwendig Notiz davon nehmen mußten. An dem jedesmaligen Begräbnistage ließ er singen: »Lobe den Herrn meine Seele«, hielt in Promptheit und Treue das Trauerjahr und sprach dann mit einem gewissen humoristischen Trotze: »nimmt Gott, so nehm ich wieder.« War aber dies Wort erst mal gesprochen, so begannen auch, vom nächsten Tag an, seine Freiwerbungen aufs neue, bei denen er ebenso konsequent und systematisch verfuhr, wie bei dem vorgeschilderten Funeralzeremoniell.

Und auch bei diesen Freiwerbungen ist näher zu verweilen. Georg Moritz v. Rohr hatte nämlich drei nicht mehr junge Cousinen, die zu Tornow lebten und die Namen führten: Henriette, Jeannette und Babette v. Bruhn. Im Trieplatzer Herrenhause, wo sie bloß als eine dreigegliederte Einheit galten, lief ihr Unterschied auf einen einzigen Buchstaben hinaus: Jettchen, Nettchen und Bettchen. Namentlich die beiden letzteren von anheimelndem Klang.

Es war jedoch nicht dieser anheimelnde Klang, sondern lediglich eine donquixotisch-ritterliche Vorstellung von pflichtschuldiger Cousingalanterie, was unsern Hauptmann immer wieder veranlaßte, nach Absolvierung seines Trauerjahrs, erst um die Hand seiner drei Cousinen anzuhalten. Läufer voraus und gekleidet in den Uniformrock, den er bei Prag getragen, fuhr er dann in Gala nach Tornow hinüber, ließ sich bei den Fräuleins melden und begann seine Werbung bei »Jettchen« um sie bei »Bettchen« zu beschließen. Immer mit demselben Erfolge, denn die Fräuleins waren längst gewillt in dem stillen Hafen ihrer Jungfräulichkeit zu verharren und das sturmgepeitschte Meer der Ehe nicht zu befahren. So hatte denn diese regelmäßig wiederkehrende Szene nur noch eine symbolische Bedeutung und bezweckte nichts weiter, als den drei Fräuleins v. Bruhn eine exzeptionelle Stellung vor allen anderen Jungfrauen des Landes zu geben. Es war die Konservierung eines Muhmenkultus, zuletzt mehr als »Muhme«. Gleichviel, bei den Cousinen in Tornow, lag, in Rücksicht auf die Wandelbarkeit menschlicher Natur, immer wieder das entscheidende Wort und erst der dreimal wiederholte, verbindlich ablehnende Knix schuf unserm »Hauptmann von Capernaum« jene Freiheit der Aktion, von der bis diesen Tag nicht genau festzustellen gewesen ist, ob er sie segnete oder beklagte. Denn die Cousinen waren reich und die Zeiten waren arm.

Aber wenn ihm die Freiheit der Aktion kein überhohes Glück schaffen mochte, so schuf ihm andererseits der »Refus« keinen allzutiefen Schmerz, zu welcher Annahme die vorerwähnten vier Frauen wohl eine genügende Berechtigung geben dürften.** Alle vier waren Nachbarstöchter aus dem Adel der Grafschaft oder der angrenzenden Priegnitz. Die erste Frau eine Platen, die zweite eine Jürgaß, die dritte eine Hagen, die vierte eine Putlitz. Durch die Platen und Jürgaß ergab sich denn auch eine nahe Verwandtschaft mit den Zietens, so daß unser Hauptmann mit dem gesamten Adel der Nachbarschaft verschwägert war.

Georg Moritz v. R. kam zu hohen Jahren und wenn er bald nach seiner Geburt die Kanonen von Landau (1713) gehört hatte, so kurz vor seinem Tode die Kanonen von Valmy. Achtzig Jahre lagen dazwischen und drei Kriege, die er selbst bestand. Mit dem Älterwerden wuchsen auch seine Schrullenhaftigkeiten und er mußte den Tribut entrichten, den das Alter ohnehin so leicht zu zahlen hat. Dem Ehrwürdigen gesellte sich das Komische. Jeden Morgen stieg er mittelst einer Leiter in eine Pappelweide hinein, um in den Zweigen derselben seine Morgenandacht abzuhalten und sang, während sein weißes Haar im Winde flatterte, mit klarer Stimme: »Wie schön leucht't mir der Morgenstern«. Grotesk und rührend zugleich. Für die Dorfjugend aber herrschte das erstere vor und ein paar übermütige sägten den Ast an, mit dem der Alte denn auch zusammenbrach, als er andern Tags seinen Platz in dem Gezweige wieder einnehmen wollte.

Daß er gezürnt habe, wird nicht berichtet. Er stand bereits da, wo Leid und Lust nur noch traumhaft wirken und selbst Unbill nichts weiter als ein Lächeln weckt. Seine Zeit war um, und seine Seele flog dem Morgensterne zu, zu dem er so oft emporgesungen hatte. Den 14. Juni 1793 ward er in Trieplatz begraben. Die Dorfjungen aber waren ernsthaft geworden, folgten seinem Sarge und sangen diesmal ihm: Lobe den Herrn, meine Seele!

(aus: Theodor Fontane, Wanderungen durch die Mark Brandenburg: Die Grafschaft Ruppin)

Heiraten in Preußen

Die preußische Gesellschaft war ständisch gegliedert, und zwar zweifach: durch Geburt wurde unterschieden zwischen Adligen und Nichtadligen; letztere Gruppe unterschied sich durch ihre Berufstätigkeit in Bürger und Bauern. »Von Stand« war, wer adelig war. Und wollte eine solche »Standesperson« heiraten, so mußte beim König die Erlaubnis hierzu eingeholt werden. Eine Voraussetzung für die Zustimmung des Monarchen war die »Ebenbürtigkeit«. Der Adel selbst war ja keine homogene Schicht, sondern höchst subtil gegliedert. Da gibt es die »Nichttitulierten«, die Freiherren, Grafen und Fürsten – man war »von Familie« oder »von Stand«. Da der Adel (es geht hierbei nur um Preußen!) bis zum Jahre 1815 als die natürliche Führungsschicht des Staates angesehen wurde, sollte diese Schicht erhalten bleiben, indem Verbindungen nur innerhalb der Schicht erlaubt waren. Dieses Modell hatte keinen endgültigen Bestand. In seinem berühmten Edikt vom 9. Oktober 1807 erklärte Friedrich Wilhelm III. alle Personen vor dem Gesetz als gleich, und die staatlichen Eheschranken fielen. Jedoch waren es nun die Familienverbände, die durch Aufstellung von Statuten und Familiengesetzen diese Tradition weiterführen.

Heute, wo im Land Brandenburg etwa mehrere hundert Schlösser zum Verkauf ausgeschrieben sind, und eine Vielzahl auch schon verkauft ist, sind unter den Erwerbern einige Träger von Namen nicht brandenburgischen Adels zu erkennen. Bei näherem Hinsehen handelt es sich häufig jedoch um Adoptionen. In den einschlägigen Fachlexika aber werden diese dann im Appendix der betreffenden Familie angeführt, versehen mit dem Hinweis: »Namensträger, die nicht dem historischen Adel angehören«.

Das Herrenhaus

ist abgerissen und der Park vollständig abgeholzt und aufgesiedelt. Durch den Gutsbezirk führt eine in den fünfziger Jahren angelegte Straße, mit der die historisch gewachsene Struktur bis zur Unkenntlichkeit zerstört werden sollte.

Die Anfahrt nach Trieplatz

(Stadt und Land Atlas Berlin/Brandenburg, 1997, S. 22 D 1) auf der B 167 bis Ganzer, dann nördlich über Dessow nach Trieplatz.

Bedeutende Denkmäler in der (weiteren) Umgebung

Wusterhausen: (Stadt und Land Atlas Berlin/Brandenburg, 1997, S. 21 D 4) den wohlproportionierten Marktplatz beherrscht das Rathaus, M. 19. Jh.; am Marktplatz Haus Nr. 1 (jetzt Filiale der Sparkasse), im Vorraum wie auch im Kassenraum sehr schöne Wandgemälde aus der Jahrhundertwende; in unmittelbarer Nähe des Marktplatzes die Stadtkirche St. Peter und Paul mit Resten spätgotischer Wandmalerei, das Altarbild Darstellung des ungläubigen Thomas von 1776 von Christian Bernhard Rode, die Kanzel von 1610 mit Darstellung des Schnitzers Jürgen Fischer. Außerordentliches Epitaph für O. A. von Rohr († 1736), möglicherweise aus der Werkstatt des Potsdamer Bildhauers Johann Georg Glumes d. Ä.

Sehenswerte Schlösser und Herrenhäuser in der Umgebung

Dessow: (Stadt und Land Atlas Berlin/Brandenburg, 1997, S. 22 D 1) das Anfang des 19. Jh. erbaute Herrenhaus wurde im Mai 1989 abgerissen, wie Einwohner erzählen – »Erichs letzte Rache«, spotten sie heute sarkastisch. Bauherr war Ludwig von Chasot, 1798 durch König Friedrich Wilhelm II. in den Grafenstand erhoben. Sein Vater hatte in der Schlacht bei Hohenfriedberg militärische Ehren erworben, fiel dann aber bei Friedrich dem Großen in Ungnade. – **Lögow:** (Stadt und Land Atlas Berlin/Brandenburg, 1997, S. 22 D 2) Herrenhaus, 1811 entsprechend einer Tradierung in der Geschichte der Familie von Zieten durch Schinkel erbaut, heute als Schule genutzt, der Park ist nicht erhalten. – **Kantow:** (Stadt und Land Atlas Berlin/Brandenburg, 1997, S. 22 D 2/3) das Herrenhaus ist zwar erhalten, auch gut abgeputzt, aber bis zur Unkenntlichkeit umgebaut. Erbaut wurde es wahrscheinlich am Ende des 18. Jh., als die Familie von Drieberg das Gut besaß. Reste des Parkes in Ansätzen erkennbar, in unmittelbarer Nähe des Gutes beeindruckende Allee mächtiger alter Kopfweiden.

Sehenswerte Kirchen in der Umgebung

Dessow: (Stadt und Land Atlas Berlin/Brandenburg, 1997, S. 22 D 1; Kirchenschlüssel: ev. Pfarramt 16845 Lögow Tel. 03 39 74/5 07 53), neogotischer Putzbau aus dem Jahre 1830, im Inneren reich gestaltete Kanzel der Spätrenaissance, Taufe von 1652. – **Lögow:** (Stadt und Land Atlas Berlin/Brandenburg, 1997, S. 22 D 2; Kirchenschlüssel: ev. Pfarramt 16845 Lögow Tel. 03 39 74/5 07 53) spätgotischer Feldsteinbau, im Inneren sehr schöner Altaraufsatz von Georg Schwarz aus dem Jahre 1711; die Kanzel 1636 von Johann Protzen mit Malereien von Lucia von Zieten. – **Brunn:** (Stadt und Land Atlas Berlin/Brandenburg, 1997, S. 22 D 1) auf dem Kirchhof Granitstele mit Marmorrelief für C. und A. v. Romberg († 1835 bzw. 1836) von Friedrich Drake aus dem Jahre 1843.

Gastronomie

Hotel »Deutsches Haus«
Am Markt 35, 16868 Wusterhausen
Tel. 03 39 79/1 43 75

Information

Fremdenverkehrsverein Ostprignitz e. V.
Bahnhofstr. 5, 16866 Kyritz
Tel./Fax 03 39 71/5 23 31

9. Gantzer

Das Herrenhaus der Familie von Rohr.

Gantzer selbst ist ein noch übriggebliebenes Musterstück aus jener Zeit her, wo die Dörfer im Ruppinschen, oder doch viele von ihnen, nicht aus einem Rittergute, sondern aus zwei, vier und selbst sechs Edelhöfen bestanden, die dann freilich sehr viel mehr einem Bauernhof als einem Rittergute glichen. Auch Gantzer gehörte seinerzeit vier Familien und zwar den v. Jürgaß, v. Rohr, v. Kröcher und v. Wuthenow, aus welcher Vierteilung später eine Zweiteilung ward, indem der ganze Grundbesitz, durch Kauf oder Tausch oder Erbschaft, an die Rohr und die Jürgaß überging. Das war ohngefähr zu Anfang des vorigen Jahrhunderts, und diesen Charakter eines zweigeteilten Besitzes hat sich das Dorf in einer so markanten und zugleich so malerischen Weise gewahrt, wie mir kein zweites Beispiel in der Grafschaft bekannt geworden ist.

Wir halten vor dem Dorfeingang und schwanken, ob wir unser Fuhrwerk nach links oder rechts hin lenken sollen, denn scharf einander gegenüber erblicken wir zwei Krugwirtschaften, jede mit dem üblichen Vorbau, jede mit einer Anzahl Stehkrippen und jede mit einem Wirt in der Tür. Wir entscheiden uns endlich für links und sind infolge dieser Wahl, ohne Wissen und Wollen, auf der Rohrschen Seite gelandet.

Der Damm oder Fahrweg macht die Grenze: was links liegt, ist alt-Rohrscher- was rechts liegt, alt-Jürgaßscher Besitz. Jede Seite hat ihr Herrenhaus und ihren Park, und nur die Dorfgasse samt Kirchhof und Kirche bildet das beiden Hälften Gemeinschaftliche.

Wir haben im Krug ein Gespräch angeknüpft und über die beiden alten Herren von Jürgaß, zwei Brüder, die nun seit dreißig Jahren und länger das Zeitliche gesegnet haben, ein wenig zu plaudern gesucht, aber sei's nun, daß unser Wirt als »Rohrscher«, sich um die Jürgasse drüben nie recht gekümmert hat, oder sei's andererseits, daß all die zwischenliegenden Aussaaten und Ernten ihre Bilder in seiner Erinnerung etwas abgeblaßt haben, gleichviel, seine Mitteilungen beschränken sich darauf, »dat de een en beten streng wör« und »dat de anner et ümmer wedder good moaken un'n Daler gewen deih.« »Awers – so schloß er – he gäw' en ümmer so, dat de Broder nix merken künn.«

Wir verabschieden uns nun und treten auf die malerische Dorfgasse hinaus. Links vom Wege, von hohen Ulmen und Linden umstellt, schimmern die weißen Wände des alten Rohrschen Herrenhauses (eines weitschichtigen Fachwerkbaus mit schwerfälligen Flügeln und Doppeldach) das halb gemütlich, halb spukhaft dreinblickt, je nach der Stimmung, in der man sich ihm nähert, oder nach der Beleuchtung, die zufällig um die Kronen der alten Ulmen spielt. Dem Rohr'schen Herrenhause folgt dann die Kirche samt Schulhaus und Predigerhaus, zwischen denen ein Garten in leiser Schrägung ansteigt. Es summen

Bienen drüber hin und träumerisch die Steige verfolgend, stehen wir plötzlich statt zwischen Beeten zwischen Gräbern. Unwissentlich haben wir den Schritt aus Leben in Tod getan.

(aus: Theodor Fontane, Wanderungen durch die Mark Brandenburg: Die Grafschaft Ruppin)

Das Herrenhaus

Das Jürgaß'sche Herrenhaus wurde Ende der sechziger Jahre abgerissen, das Rohr'sche steht noch. Es ist ein ein wohlproportionierter zweigeschossiger Fachwerkbau mit großem Walmdach. Es dürfte wohl kurz nach der Mitte des 17. Jahrhunderts entstanden sein. Später erhielt es einen Anbau, der von einem Mansarddach gedeckt ist, und daher wohl am Anfang des 18. Jahrhunderts errichtet wurde.

Zur Anzahl der Adelssitze in einem märkischen Dorf

Dörfer mit zwei oder gar mehr Herrenhäusern gibt es nur noch wenige. Betrachtet man die schriftlich überlieferten frühen Quellen, deren wichtigste das 1375 geschriebene »Landbuch Kaiser Karls IV.« ist, wie auch die im »Codex diplomaticus Brandenburgensis« veröffentlichten Akten und Schoßregister (= Steuerlisten), so ist unschwer zu erkennen, daß die Anzahl adeliger Höfe in der Frühzeit noch viel größer war. Das ist auch nicht verwunderlich, denn vermittels der Adelssitze sollte das Land fest beherrschbar gemacht werden. Der Prozeß dieser Landnahme ist an sich ein ziemlich komplizierter, soll hier aber doch auf seine Grundlinien reduziert dargestellt werden. Die erste Phase der deutschen Landnahme begann im ersten Viertel des 10. Jahrhunderts und hatte seinen Höhepunkt in der Gründung der Bistümer Brandenburg und Havelberg in den Jahren 946/948. Doch die östlich der Elbe wohnenden Slaven wollten partout weder Christen werden noch die deutsche Oberherrschaft anerkennen. So kam es 983 zum berühmten »Slavenaufstand«, in dessen Verlauf die Deutschen bis jenseits der Elbe zurückgedrängt wurden. Dennoch verlieh der König weiterhin den Titel eines »Markgrafen«, und die Päpste verliehen auch die beiden Bistümer weiter, deren Inhaber ihre Dokumente mit dem Zusatz «episcopi in partibus infidelibus« unterzeichneten. Eine grundlegende Änderung gab es erst, als Albrecht der Bär 1134 zum »Markgrafen der Nordmark« erhoben wurde. Sukzessive wurde das Land wieder rückerobert, und Landstellen an deutsche Ritter zum Lehen gegeben. Diese Lehen wurden später erblich, und erst danach wurde die Konzentration verschiedener adliger Höfe in einer Hand möglich.

Die Anfahrt nach Gantzer

(Stadt und Land Atlas Berlin/Brandenburg, 1997, S. 32 A 2) Gantzer liegt an der B 158 mit der B 167 etwa 20 km westlich der Autobahnabfahrt Neuruppin (A 24 Berlin – Hamburg).

Bedeutende Denkmäler in der Umgebung

Neustadt/Dosse: (Stadt und Land Atlas Berlin/Brandenburg, 1997, S. 31 B 3/4) Friedrich-Wilhelms-Gestüt, 1787 – 1790 im Auftrage König Friedrich Wilhelms II. von Preußen durch den Architekten Glasewald angelegt. – Bahnhofsgebäude: 1846 errichtet. – **Hengstdepot Lindenau:** (Stadt und Land Atlas Berlin/Brandenburg, 1997, S. 31 B 2/3) · 1788 – 1791 errichtet.

Sehenswerte Herrenhäuser in der Umgebung

Spiegelberg: (Stadt und Land Atlas Berlin/Brandenburg, 1997, S. 31 B 3) Dienstsitz des Chefs der Spiegelmanufaktur, die um 1700 vom Prinzen Friedrich von Hessen-Homburg (1633 – 1708), der als General in den Diensten des brandenburgischen Kurfürsten Friedrichs III. stand, errichtet wurde; an den Balkonen jetzt zwei bemerkenswerte Ofenplatten angebracht; das Teehaus mit einst prachtvoller Verkleidung der Wände mit Delfter Kacheln nicht erhalten (über den Verbleib der jetzt teuren und schon um 1700 kostbaren Kacheln ließ sich nichts in Erfahrung bringen). Prinz Friedrich von Hessen-Homburg ist derjenige Offizier gewesen, der durch sein beherztes Eingreifen nicht unwesentlich zum für Brandenburg positiven Ausgang der Schlacht von Fehrbellin beitrug. Der Dichter Heinrich von Kleist hat ihm in seinem 1809/11 geschriebenen Schauspiel »Der Prinz von Hom-

burg« ein literarisches Denkmal gesetzt. Hieraus stammt die sprichwörtlich gewordene Sentenz: »In Staub mit allen Feinden Brandenburgs!«, was von Kleist gegen Napoleon gemünzt war. – **Kampehl:**
(Stadt und Land Atlas Berlin/Brandenburg, 1997, S. 31 A 4) das schöne, wohlproportionierte frühklassizistische Herrenhaus samt dazuge-
hörigem Park wird derzeit vom Verein Lebenshilfe e. V. instandgesetzt.
– **Plänitz:** (Stadt und Land Atlas Berlin/Brandenburg, 1997, S. 31 A
2/3) eindrucksvoller Fachwerkbau der 2. H. des 17. Jh., der Park mit
höchst beeindruckenden sehr alten Eichen und Linden völlig verwildert, der Familienfriedhof derer v. Rathenau ist anhand der liegenden
Grabkreuze gut erkennbar.

Sehenswerte Kirchen in der Umgebung
Neustadt/Dosse: Stadtkirche: (Stadt und Land Atlas Berlin/Bran-
denburg, 1997, S. 31 B 3/4; Kirchenschlüssel: ev. Pfarramt 16845 Neustadt <Dosse>, Schulstr. 3, Tel. 03 39 70/1 32 65) 1673 – 1696 von Anton Reinhardt als Zentralbau mit achteckigem Grundriß errichtet; im
Inneren neogotischer Taufstein, ca. 1860. – **Kampehl:** (Stadt und Land
Atlas Berlin/Brandenburg, 1997, S. 31 A 4; Öffnungszeiten: Sommer:
Di – So 10 – 12, 13 – 17 Uhr; Winter: Di – So 10 – 12, 13 – 16 Uhr.
M. 13. Jh.; im Inneren barocke Patronatsloge, Gruft mit der Mumie
des Ritters Kahlbutz. – **Plänitz:** (Stadt und Land Atlas Berlin/Bran-
denburg, 1997, S. 31 A 2/3; Kirchenschlüssel: ev. Pfarramt 16845 Neustadt <Dosse>, s. o.) Fachwerkbau von 1709, im Inneren Kanzelaltar
von 1709, Taufstein von 1598, auf dem Kirchhof zwei Grabmäler der
Familie von Rathenow v. 1785 bzw. 1794.

Gastronomie
Restaurant »Zum Ritter Kahlbutz«
Dorfstr. 20, 16845 Kampehl
Tel. 03 39 70/1 38 90
Parkhotel »St. Georg«
Prinz-von-Homburg-Str. 35, 16849 Neustadt (Dosse)
Tel. 03 39 70/97-0; Fax /97-40

Information
Information am Markt
Markt 2, 16869 Wusterhausen
Tel./Fax 03 39 79/1 38 17

Schloß Liebenberg, Parkseite.

Unter allen Umständen aber zeigen Denkschriften wie diese, mit welchem Ernst und welch historischer Sachkenntnis er an die großen Tagesfragen herantrat. Und namentlich dies letztere verdient hervorgehoben zu werden. Er war von einer außerordentlichen Informiertheit, und so wenig glänzend sein erster Schulgang unter Magister Greifs Leitung gewesen sein mochte, so hervorragend war nichtsdestoweniger sein Wissen, ganz besonders die Menge seines Wissens. Er gehörte zu jenen Glücklichen, denen alles, was sie sehen und hören, auf immer im Gedächtnis bleibt. Außerdem aber war er von einer wahren Leseleidenschaft ergriffen, und nichts erschien, und wenn es das scheinbar

Weitabliegendste gewesen wäre, von dem er nicht Notiz genommen hätte. So kam es, daß er, mit den verschiedensten Künstlern und Gelehrten bekannt und befreundet, mit jedem in seiner Sprache zu reden vermochte. Selbst mit Philologen. Er war »in allen Sätteln gerecht«, und doch weder rechthaberisch, noch streitsüchtig, noch prätentiös. Es lag vielmehr umgekehrt in seiner Natur, immer die liebenswürdigsten Formen zu wahren, und zwar einerseits weil er humoristisch, andrerseits weil er ohne Wissensüberschätzung war. Es galt ihm viel, aber es bedeutete ihm nie die Hauptsache.

Seine glänzendste Seite war seine Wohltätigkeit. Er besaß einen wahren Helfe-Drang und half im Großen und Kleinen. Unter andrem rührt die Bestimmung von ihm her, daß alle Tagelöhner auf seinen Besitzungen Anspruch auf freien Doktor und freie Medizin haben, infolgedessen ein unglaublicher Medizinkonsum in Liebenberg und Umgegend eingerissen ist.

Als er starb, fanden sich neben vielen andern Legaten auch 30 000 Taler vor, aus denen, unter allmähliger Heranziehung »ausstehender Gelder«, ein Stiftungsfond, einerseits zu Dotierung alter Liebenberger Beamten, andrerseits zur Unterstützung augenblicklich in Bedrängnis geratener Familienmitglieder gebildet werden sollte. Diese »Heranziehung ausstehender Gelder« geschah, und wenige Jahre später war, mit Hilfe derselben, der ursprüngliche 30 000-Taler-Fond auf 100 000 Taler angewachsen, was, bei dem natürlichen Hange der Menschen, sich ihrer eingegangenen Verpflichtungen nicht zu erinnern, einen Maßstab dafür abgeben mag, welche Höhe der Stiftungsfond eigentlich hätte gewinnen müssen. Der alte Hertefeld half nämlich immer »auf Wort« und nahm es nie genau mit der Ausstellung von Schuldscheinen.

(aus: Theodor Fontane, Wanderungen durch die Mark Brandenburg: Fünf Schlösser)

»Eigentum verpflichtet« – der Gutsherr und seine Bauern

Am 22. Juni 1889 wurde vom Reichstag ein von Bismarck vorgelegter Gesetzentwurf verabschiedet, mit dem für die Arbeiter das Anrecht auf Invaliditäts- und Altersrente gesetzliche Grundlage wurde. Damit wurde etwas zur Normalität, was für die Gutsbauern auf vielen Gütern schon fast selbstverständlich war. Karl von Hertefeld hat – wohl um 1850 – seinen Beschäftigten »Anspruch auf freien Doktor und freie Medizin« verbrieft. Ein derartiges soziales Engagement der Gutsbesitzer war kein Einzelfall. Einige weitere Beispiele sollen – pars pro toto – folgen: 1878 gründeten Albert Julius Graf von Zieten-Schwerin (1835 – 1922) und seine Gattin Constanze (1838 – 1914) in Wustrau die »Spielschule«, einen Kindergarten für die Sprößlinge der Bauern und Tagelöhner des Dorfes. Otto von Rundtstedt und seine Frau Elisabeth bauten um 1870 für ihre Bauern, Tagelöhner und Schnitter in Schönfeld (Altmark) neue, solide Wohnungen – als letztes Beispiel sei auf Frauendorf in der Niederlausitz verwiesen, wo der Eigentümer des Rittergutes, der Sektfabrikant Franz Hitze, im Jahre 1902 seinen Bauern auf eigene Kosten neue Häuser bauen ließ, die hygienischen Bedingungen verbesserte, somit die Lebensqualität hob – was sich letztendlich auf die Steigerung der Arbeitsproduktivität positiv auswirkte. In nahezu jedem märkischen Gutsdorf waren im fortgeschrittenen 19. Jahrhundert derartige Aktivitäten zu beobachten. Daß der Gutsbesitzer mit den ihm verpflichteten Bauern pfleglich umging, erscheint logisch, war es doch ihre Produktionsleistung, die es ihm ermöglichte, Gutshof, Herrenhaus, Dorf, Kirche und soziale Einrichtungen zu unterhalten. Schon Friedrich der Große hatte 1748 als fürsorglicher Landesvater angemahnt: »Ich weiß, daß eins von den zu harten Dingen im Lande die Dienste sind, welche die Bauern tun müssen, wobei nichts als ihr Verderben herauskommt; unerträglich ist, daß sie fünf oder gar sechs Tage in der Woche dienen sollen. Soviel Geschrei es geben wird, so soll man doch darauf sehen, und zwar sowohl bei den königlichen Ämtern als bei den Edelleuten, daß den Bauern ein paar Tage in der Woche abgenommen werden.«

1809 hob Friedrich Wilhelm III. die Leibeigenschaft auf, d. h. der Bauer wurde selbständig und für sich selbst, seine Familie und seine Wirtschaft verantwortlich. Doch die größte Zahl der Gutsbesitzer entließ seine Bauern schon lange vorher in die wirtschaftliche Unabhängigkeit. Pars pro toto sei auf den Geheimen Kabinettsrat Karl Friedrich von Beyme in Steglitz (heute Berlin-Steglitz) hingewiesen, der bereits 1805 seine Bauern selbständig werden ließ. Der diesbezügliche Kontrakt ist erhalten (Landesarchiv Berlin, Rep. 212, Nr. 1702, fol. 2 – 10; zitiert nach: Hella Reelfs, Das Herrenhaus Beyme in Berlin-Steglitz, in: Mitt. d. Freunde d. preuss. Schlösser und Gärten e.V., 2/1987, S. 167f.) und enthält folgende bemerkenswerte Passagen: »Herr Geheimer Cabinetsrath Beyme, als Gutsherr zu Steglitz, haben beschlossen, den daselbst befindlichen 7 Bauern und 3 Kossäthen ihre innehabenden Loshöfe nebst der dazu gehörenden Hofwehr ... zum Eigenthum zu übergeben ... Die Grundstücke ... der 7 Wirthe ... sollen von neuem vermessen und 7 ganz gleiche Teile daraus gemacht und unter die 7 Hofbesitzer verlost werden. Jeder wird ... 154 Morgen bekommen ... Die völlig gleichen Höfe mit den dazu gehörenden Wiesen, Gärten, Gebäuden usw., mit allen dazugehörenden Rechten will der Kabinettsrat Beyme den 7 Wirten als Eigentum überlassen. Dadurch erhalten die Bauern das Recht, den Hof zu veräußern, zu verschulden, zu vererben oder zur Disposition zu stellen ... Ein Grundstück darf nur im Zusammenhang mit dem gesamten Zubehör veräußert werden. Jeder Käufer muß bei Erwerbung eines Bauernhofes seine Eignung nachweisen (d. h. eine bäuerliche Wirtschaft führen zu können - Z.) ... Die Eigentümer müssen ihre Gebäude aus eigenen Mitteln erhalten, ohne Mithilfe der Gutsherrschaft. Nur die bisherigen Kossätenhöfe erhalten das Bauholz zur Erhaltung ihrer Gebäude vom Gutsherrn für 1/3 des Preises. Die Höfe müssen gegen Brand versichert sein ... Die Kosten der Gleichmachung und der Ausfertigung des Rezesses übernimmt der Geheime Kabinettsrat Beyme. Jeder Wirt hat jedoch die für ihn auszufertigende Erbverschreibung selbst einzulösen und muß auch den Besitztitel des Hofes auf eigene Kosten im Hypothekenbuch eintragen lassen.«

Das Herrenhaus

ist im Kern ein »Festes Haus«, das nach 1652, als Jobst Gerhard von Hertefeld das Gut erworben hatte, errichtet wurde. Der charakteristische Treppenturm entstammt einem Umbau des Schlosses, den Philipp Conrad Graf zu Eulenburg (1820 – 1889) in den Jahren 1876/76 veranlaßt hatte. An- und Umbauten folgten während des 18. und 19. Jh. Der Park wurde von Lenné im Sinne eines englischen Landschaftsparks gestaltet. Eine hochbedeutende Bibliothek wie auch eine erlesene Sammlung Ostasiatika war hier untergebracht. Erst waren es plündernde russische Soldaten, dann die Zustände nach der »Bodenreform«, die das Gut in die Bedeutungslosigkeit stürzten.

Literatur

Über das Schicksal Liebenbergs berichtet eindringlich Wend Graf zu Eulenburg-Hertefeld. Ein Schloß in der Mark Brandenburg. Erinnerungen an Liebenberg, Stuttgart 1990.

Die Anfahrt nach Liebenberg

(Stadt und Land Atlas Berlin/Brandenburg, 1997, S. 25 D 3/4) Liebenberg liegt an der B 167, östlich von Löwenberg.

Bedeutende Denkmäler in der Umgebung

Zehdenick: (Stadt und Land Atlas Berlin/Brandenburg, 1997, S. 26 B 1/2) Zisterzienserinnen-Kloster, um 1250 durch die brandenburgischen Markgrafen Johann I. und Otto III. gegründet; Klosterkirche 2. H. 13. Jh., seit 1801 Ruine, daneben die ebenfalls eindrucksvolle Ruine des Wohnhauses der Oberin; im Kreuzgang Grabplatte für L. C. v. Stoekheim († 1731) mit Wappenschmuck und Putten, für H. G. F. Luft († 1796) und für A. E. Luft († 1804). – **Oranienburg:** (Stadt und Land Atlas Berlin/Brandenburg, 1997, S. 45 A 2/3) Schloß, errichtet im Kern 1651 – 1655 für die Kurfürstin Luise Henriette aus dem holländischen Hause Oranien durch Johann Gregor Memhardt; 1688 – 1691 für den Kurfürsten Friedrich III., den späteren König Friedrich Wilhelm I., zu einer Dreiflügelanlage umgebaut; der Park in relativ gutem Zustand erhalten; ehem. Haus des königlichen Forstmeisters, mit Jagdrelief über dem Portal, 1771 – 1772 von Baumeister Dornstein errichtet.

Sehenswerte Herrenhäuser in der Umgebung

Badingen: (Stadt und Land Atlas Berlin/Brandenburg, 1997, S. 25 A 3) Herrenhaus vom Typ des »Festen Hauses«, errichtet im 2. Drittel des 16. Jh. für den »kaiserlichen Feldmarschall, kurbrandenburgischen Oberhofmarschall und Geheimen Rat« Adam von Trott; in den bis zu drei Meter dicken Mauern Treppenstiegen; im Erdgeschoß mehrere Räume mit eindrucksvollen Stern- und Netzgewölben versehen; die Gutsummauerung aus der Erbauungszeit des Hauses vollständig erhalten. – **Häsen:** (Stadt und Land Atlas Berlin/Brandenburg, 1997, S. 25 C 3) auf das schöne, wohlproportionierte, aus den zwanziger Jahren des 18. Jh. stammende Fachwerkhaus mit Mansardkrüppelwalmdach führt eine schöne Kastanienallee; der Park ist nur noch in Ansätzen erkennbar. – **Löwenberg:** (Stadt und Land Atlas Berlin/Brandenburg, 1997, S. 25 D 1/2) auf dem Plateau einer frühdeutschen Turmhügelburg steht das 1724 von Johann Heinrich I. von Bredow errichtete Schloß, ein zweigeschossiges Haus auf querrechteckigem Grundriß mit großem Walmdach. Das Haus wird als Kindertagesstätte genutzt und kann nur ausnahmsweise besichtigt werden.

Sehenswerte Kirchen in der Umgebung

Badingen: (Stadt und Land Atlas Berlin/Brandenburg, 1997, S. 25 A 3; Kirchenschlüssel: ev. Pfarramt 16775 Mildenberg, Dorfstr. 22, Tel. 0 33 07/24 94) massiger Feldsteinbau des 13. Jh., Totenschild für G. F. von Trott († 1660). – **Löwenberg:** (Stadt und Land Atlas Berlin/Brandenburg, 1997, S. 25 D 1/2; Kirchenschlüssel: ev. Pfarramt 16775 Löwenberg, Friedrich-Eberst-Str. 4, Tel. 03 30 94/5 04 30) eindrucksvoller, großer Feldsteinbau aus der M. des 13. Jh., Kanzelwand und Orgel von 1832. – **Grüneberg:** (Stadt und Land Atlas Berlin/Brandenburg, 1997, S. 35 A 3; Kirchenschlüssel: ev. Pfarramt 16775 Grüneberg, Dorfstr. 57, Tel. 03 30 94/8 07 66) frühgotische Feldsteinkirche; Kanzelaltar und Orgelprospekt M. 18. Jh.

Gastronomie

Atrium-Hotel »Deutsches Haus«
Seestraße 13, 16831 Rheinsberg
Tel. 03 39 31/3 90 59; Fax /3 90 63

Information

Fremdenverkehrsbüro Zehdenick
Schleusenstr. 15, 16792 Zehdenick
Tel. 0 33 07/28 77
VSQ (Verein für Strukturerneuerung und
Qualifizierung im ländlichen Raum e.V.)
Parkweg 11, 16775 Liebenberg
Tel. 03 30 94/9 90 18

Schloß Freienwalde, Parkseite.

... uns nunmehr jenen Besuchs- und Familientagen von Schloß Freienwalde zuzuwenden, wo die »Kinder« von Berlin herüberkamen: der König, die Königin und mit ihnen die drei ältesten Enkel: Fritz, Charlotte und Wilhelm. Vieles im Schloß erinnert noch an jene Tage stillen Glücks, und besonders ist es »Kronprinz Fritz«, dessen Spuren sich verfolgen lassen. Es scheint fast, daß er oft längere Zeit bei der Großmutter zum Besuche war; er drechselte, spielte und kletterte im Park umher, und allerhand Anekdoten kursieren noch von alten viel verfolgten Hofdamen, die, besonders an Winterabenden, auf dem Heimweg vom Schloß durch schattenhaftes Hin- und Herhuschen, durch

Geraschel in den Zweigen und später am Abend durch Kratzen an der Haustür oder durch leises gespenstisches Klingeln in ihrer Einsamkeit erschreckt wurden ...

1805 starb die Königinwitwe und das Schloß zu Freienwalde stand auf lange hin leer. Erst in den dreißiger Jahren hören wir wieder von bestimmten Besuchern. Prinzeß Luise Radziwill brachte hier die Sommermonate von 1836 zu; sie sehnte sich nach Stille, nach Ruhe, und sie fand sie hier.

Seit jener Zeit vergingen wohl nur wenige Sommer, wo das Schloß am Schloßgartenberg nicht auf längere oder kürzere Wochen seine Besucher gehabt hätte; aber eine Residenz, der Sitz eines Hofhalts, ist es seit den Tagen der Königinwitwe nicht wieder gewesen ...

In den Zimmern zerstreut stehen alte Erinnerungsstücke, oft mehr absonderlich als schon und mehr bemerkenswert um der Personen willen denen sie zugehörten, als um ihrer selbst willen. An solchen eigentümlichen Wertstücken sind die Schlösser der Hohenzollern reich, und wie in manchem andern, so gibt sich auch hierin eine Eigentümlichkeit ihres Hauses zu erkennen. Sie haben nämlich nicht das Bedürfnis, sich ausschließlich mit hoher, besternter Kunst zu umgeben, sondern gestatten mit Bereitwilligkeit, ja mit Vorliebe fast, auch dem Niedriggeborenen in der Kunst dem mit schüchterner Hand geschehenen Versuche den Zutritt in ihr Haus. Wer die Zimmer kennt, die Friedrich Wilhelm III. zu bewohnen pflegte, wird diese Bemerkung am ehesten verstehn. Es spricht sich beides in dieser Erscheinung aus, – ein Mangel und ein Vorzug. Die Hohenzollern waren nicht immer ästhetisch-feinfühlig, aber sie waren jederzeit human.

(aus: Theodor Fontane, Wanderungen durch die Mark Brandenburg: Das Oderland)

Freienwalde – eine Liebe stirbt

Freienwalde ist ein tragischer Ort in der Geschichte Preußens des 19. Jahrhunderts. Hier im Schloß starb Elisabeth von Radziwill am 27. September 1834. Sie war die große Liebe des Prinzen Wilhelm, des zweiten Sohnes König Friedrich Wilhelms III. und seiner Gemahlin Luise, nachmaliger Prinz von Preußen, seit 1857 Regent, seit 1861 König Wilhelm I. von Preußen und seit 1871 Kaiser des Deutschen Reiches.

Er traf Elisabeth von Radziwill (1803 – 1834) den veröffentlichten Quellen zufolge erstmals am 29. Juni 1821, dem 20. Geburtstag seines jüngeren Bruders Karl.

Sie war die Enkelin des Prinzen Ferdinand von Preußen (1730 – 1813), dessen Tochter Luise Friederike (1770 – 1836) 1796 Anton Fürst Radziwill (1775 – 1833) geheiratet hatte. Letzterer war preußischer Statthalter im Großherzogtum Posen. Aber er war Pole, Sproß eines alten, seit der Mitte des 14. Jahrhunderts in Litauen und Polen ansässigen Geschlechts.

Nach der dritten Teilung Polens zwischen Rußland, Österreich und Preußen im Jahre 1796 gehörte Litauen zu Rußland, und schon seit der zweiten Teilung von 1793 die östlichen Provinzen des ehemaligen Königreiches Polen.

1827 hatte Prinz Karl von Preußen Prinzessin Marie von Sachsen-Anhalt geheiratet, deren Großmutter die russische Zarin Maria Feodorowna (1759 – 1828) war.

Der ganz oben genannte Prinz Wilhelm von Preußen, der designierte preußische Thronfolger, wollte ausschließlich aus Zuneigung Elisabeth von Radziwill heiraten. Dagegen erhob die russische Zarin Einspruch, denn diese Eheschließung hätte bedeutet, daß ihre Enkeltochter Marie dem gesellschaftlichem Rang einer Frau aus von Rußland besetztem Gebiet untergeordnet wäre. Friedrich Wilhelm III., durch die Eheschließung seiner Tochter Charlotte mit dem nachmaligen Zaren Nikolaus I. mit der Zarin verwandt, unterband die oben genannte Heirat. Daß Polen vor Rußland kam, ging schon damals nicht.

Das Schloß
wurde in den Jahren 1798/99 von David Gilly als Witwensitz für Friederike von Preußen gebaut, Gemahlin des 1797 verstorbenen König Friedrich Wilhelms II. Anlaß für die Wahl des Ortes dürfte der hiesige »Gesundbrunnen« gewesen sein, eine eisenhaltige Quelle, die schon der Große Kurfürst bevorzugt besuchte und die sich seit der zweiten

Hälfte des 18. Jahrhunderts steigender Beliebtheit erfreute. 1909 gelangte das Schloß in den Besitz des späteren Außenministers Walter Rathenau, der es gründlich umbauen ließ.

Literatur zum Schloß
Reinhard Schmook, Freienwalde, Berlin 1996 (= Schlösser und Gärten der Mark. Veröffentlicht durch »Freundeskreis Schlösser und Gärten der Mark e. V.« in der Deutschen Gesellschaft e. V.)

Die Anfahrt nach Bad Freienwalde
(Stadt und Land Atlas Berlin/Brandenburg, 1997, S. 39 C 3/4) Freienwalde liegt an der Kreuzung der B 158 mit der B 167.

Bedeutende Denkmäler in der Umgebung
Bad Freienwalde: (Stadt und Land Atlas Berlin/Brandenburg, 1997, S. 39 C 3/4) Stadtkirche S. Nikolai (Kirchenschlüssel: ev. Pfarramt, 16259 Bad Freienwalde, Uchtenhagenstr. 6, Tel. 0 33 44/33 03 36): M. 15. – 16. Jh., im Inneren sehr schöner Altaraufsatz von 1623, geschnitzt von Antonius Engelhammer (Wriezen) und bemalt von Daniel Ribbecke (Freienwalde), spätromanischer Taufstein, M. 13. Jh.; Epitaph für S. C. v. Schröder († 1728), für L. F. v. Borck († 1751) mit Kriegstrophäen, für J. N. Holtorff und Frau (beide † 1799); Landhaus, 1789/90 als Logier- und Badehaus nach Entwurf von Carl Gotthard Langhans; Freihaus der Familie v. Uchtenhagen, 18. Jh.; zahlreiche spätbarocke und frühklassizistische Wohnhausbauten. – **Chorin:** (Stadt und Land Atlas Berlin/Brandenburg, 1997, S. 28 D 4) 1270 – 1272 als Zisterzienserkloster auf Wunsch von Markgraf Otto IV. (1266 – 1309) angelegt, die Westfassade der Klosterkirche ist eine kostbare Hinterlassenschaft mittelalterlicher Architektur. – **Neutornow:** (Stadt und Land Atlas Berlin/Brandenburg, 1997, S. 39 C 4) Chausseehaus, 1834 nach Plänen von Schinkel erbaut; Sterbehaus des Vaters von Theodor Fontane, auf dem erhöht liegenden Kirchhof dessen Grab. – an der Kreuzung der B158 und der L 28 vor **Altglietzen:** (Stadt und Land Atlas Berlin/Brandenburg, 1997, S. 39 B 4) der »Frühstücksstein« Kö-

nig Friedrich Wilhelms IV. aus dem Jahre 1841 – entlang der B 158 ab Ahrensfelde einige interessante **Chausseehäuser: Blumberg** (Stadt und Land Atlas Berlin/Brandenburg, 1997, S. 57 B 2; unmittelbar an der Autobahnauffahrt auf die A 10) Ende 18. Jh.; an der B 158: **Werftpfuhl, Steinbeck,** vor **Bad Freienwalde:** alle um 1830; **Meilensteine** an der B 158): **Ahrensfelde** (1 km nach Ortsausgangsschild), **Seefeld** (150 m vor Ortseingangsschild), **Leuenberg,** Dorfstr. 17, **Bad Freienwalde,** Bahnhofstr. 19 (100 m vor der Straße nach Wendtshof).

Sehenswerte Herrenhäuser in der Umgebung
Altranft: (Stadt und Land Atlas Berlin/Brandenburg, 1997, S. 39 D 4) Herrenhaus in Form eines »Festen Hauses« durch Jakob II. von Pfuel erbaut Umbau 1678, 1876 Anbau eines dreiflügeligen Hauses, gut erhaltener Park. – **Sonnenburg:** Herrenhaus, im Kern barock, im 3. Drittel des 19. Jh. gründerzeitlich überbaut, beeindruckende Stall- und Scheunengebäude. – **Köthen:** (Stadt und Land Atlas Berlin/Brandenburg, 1997, S. 39 B 3) von 1721 bis zur Enteignung im Zuge der »Bodenreform« im Besitz der Familie v. Jena, die auch das Herrenhaus erbauen ließ. Ende des 19. Jh. erfolgte ein grundlegender Umbau; als das Haus in den frühen 50er Jahren als Schulinternat für Diplomatenkinder benutzt wurde, deren Eltern die DDR im westlichen Ausland vertraten, erfolgte ein so entstellender Umbau, nach dem das Herrenhaus als solches nicht mehr zu erkennen ist. – **Trampe:** (Stadt und Land Atlas Berlin/Brandenburg, 1997, S. 57 B 4) die architektonische »Hinrichtung« des Herrenhauses fand statt, als der einst prachtvolle barocke Bau anläßlich des 30. Jahrestages der DDR umgebaut wurde. – **Lichterfelde:** (Stadt und Land Atlas Berlin/Brandenburg, 1997, S. 38 A 1) Fontane bezeichnet das Haus »als eine durch Eigenart und Munifizienz ausgezeichnete bauliche Schöpfung«, nennt es einen »überaus solid aufgeführten Schloßbau«, und zitiert eine heute nicht mehr erhaltene Inschrift, die als Bauzeit die Jahre 1565 – 1567 angibt. Es wäre dann ein »Festes Haus«; der entstellende Umbau erfolgte um 1970/71. – **Stolpe:** (Stadt und Land Atlas Berlin/Brandenburg, 1997, S. 29 A 4) von der alten Burg der einstige Bergfried, »Grützpott« genannt,

erhalten, 13. Jh., der unterirdische Gang, der heute den Zugang in das Innere ermöglicht, 1840 von L. Chr. v. Buch angelegt, der ursprüngliche Zugang sehr hoch gelegen, die den Turm umgebenden Wälle noch deutlich erkennbar, Schloß: 1545 – 1553, 1. H. 18. Jh. Einbeziehung eines ehemaligen Stallgebäudes zum Seitenflügel, am Hauptbau Zwerchgiebel mit Maßwerkblenden, der Park 1845 von Lenné in einen Landschaftspark umgewandelt, darin Erbbegräbnis der Familie v. Buch, 1835 angelegt: Obelisk aus schwarzem Marmor für A. v. Buch († 1804), Figurengrabsteine zweier Ritter v. Buch, Anf. 17. Jh.

Sehenswerte Kirchen in der Umgebung

Lichterfelde (Stadt und Land Atlas Berlin/Brandenburg, 1997, S. 38 A 1; Kirchenschlüssel: ev. Pfarramt, 16244 Finowfurt, Zum Jugendheim 12, Tel. 0 33 35/6 84) M. 13. Jh., im Inneren prachtvoller Doppelepitaph für F. O. v. d. Gröben († 1697) und Frau († 1705) mit darüber angebrachtem großen Wappenschild der Familie v. d. Gröben, 2. H. 17. Jh. sowie drei Kindergrabsteine von 1595, 1600 und 1604. – **Trampe:** (Stadt und Land Atlas Berlin/Brandenburg, 1997, S. 57 B 4) außen an der Kirche klassizistischer Grabstein von 1837. – **Altranft:** (Stadt und Land Atlas Berlin/Brandenburg, 1997, S. 39 D 4; Kirchenschlüssel: ev. Pfarramt, 16259 Bad Freienwalde, Uchtenhagenstr. 6, Tel. 0 33 44/33 03 36) 1752, im Inneren Ausstattung aus der Bauzeit, Patronatsloge auf toskanischen Säulen.

Gastronomie

Restaurant »Alte Klosterschänke«
Am Amt 9, 16230 Chorin
Tel. 03 33 66/5 09-0

Information

Touristen-Information der Stadt Bad Freienwalde
Karl-Marx-Str. 25, 16259 Bad Freienwalde
Tel./Fax 0 33 44/34 02

12. KUNERSDORF

Schloß Kunersdorf wurde am Ende des 2. Weltkrieges schwer beschädigt; die Ruinen im Rahmen der sog. »Bodenreform« abgerissen.

Seit 1815 lebte Graf Itzenplitz auf seinen Gütern, namentlich auf Cunersdorf. Das Beispiel, das seine und seiner Gemahlin Art der Güterbewirtschaftung sowohl in der Mark wie in Pommern gab, hat in beiden Provinzen höchst segensreich gewirkt und die Agrikultur weiterer Distrikte auf eine höhere Stufe gehoben. Aber der im besten Sinne reformatorische Eifer des gräflichen Paares beschränkte sich nicht auf Ackerbestellung und Bodenkultur, auch die schwierigen Verhälnisse der Gutsherrschaft zu den Bauern wurden auf den Itzenplitzschen Gütern durch freies Übereinkommen geregelt und die Hofedienste in mäßige Geld- und Kornabgaben umgewandelt, lange bevor an eine Gesetzgebung von 1811 gedacht war. Ebenso sind bei allen Gemeinheitsteilungen und Servitutsablösungen die Itzenplitzschen Güter immer Muster und Vorbild gewesen ...

Vielleicht die größte Sehenswürdigkeit von Schloß Cunersdorf ist die Begräbnisstätte für die Familie Lestwitz-Itzenplitz. Dieselbe liegt an der anderen Seite der Dorfstraße, und die verschlungenen Pfade eines Obstgartens – an Blumenbeeten und dem hohen Schilf eines kleinen Teiches vorbei – führen zu dieser Stätte hin. Eine hohe Schwarztanne, deren Zweige weit in den Friedhof hineinragen, bezeichnet den Eingang. Dieser Friedhof, den eine ziemlich niedrige Feldsteinmauer umfaßt, erinnert zumeist an die Begräbnisstätten der Familie Marwitz in Friedersdorf und der Familie Humboldt in Tegel. Mit beiden hat er eine gewisse Eigentümlichkeit der Anlage gemein, und wenn er vielleicht einerseits hinter der christlich-poetischen Schlichtheit des einen, wie anderseits hinter der klassisch-ästhetischen Feinheit des andern zurückbleibt, so übertrifft er doch beide sowohl durch Mannigfaltigkeit wie durch den Reichtum des künstlerisch Gebotenen. Die Anlage, wenn ich nicht irre von Frau von Friedland herrührend, die auch hierin die Selbständigkeit ihres Wesens zeigte, ist folgende.

An der Einfassung entlang, aber diese bedeutend überragend, zieht sich, wie ein solider Wandschirm, ein Stück Mauerwerk entlang, dessen Rückseite glatt ist, während die Front (der Begräbnisstätte zugekehrt) eine Anzahl von Nischen zeigt. Einfache Säulen fassen nach links und rechts diese Nischen ein und tragen einen wenig vorspringenden Sims. Zu Füßen jeder Nische liegt ein Grabstein, während in der Nische selbst die Aschenkrüge mit den Reliefbildnissen der Verstorbenen oder sonstige Mementos stehen.

Um die Grabsteine rankt sich Efeu; Geißblatt und Immergrün steigen zu den Säulen empor. Die ganze Anlage hat den Vorteil, daß sie sich ohne Mühe durch Anbau einer neuen Nische erweitern läßt. Der Bau, wie er jetzt ist, besteht aus neun Nischen, und die Mitglieder der Lestwitz-ltzenplitzschen Familie, die hier ihre Ruhestätte gefunden haben, sind, unter wörtlicher Zitierung der Inschriften, die folgenden:

1. »Gruft des irdischen Ueberrestes von Hans Sigismund von Lestwitz, Königl. Preußischen General-Majors der Infanterie. Geboren zu Kontop in Schlesien am 19. Junius 1718; gestorben zu Berlin am 16. Februar 1788.« Denkmal: eine über zwei Fuß hohe Urne von grauem schlesischem Marmor; in Front der Urne der Reliefkopf des Generals; oben auf der Urne Helm, Schwert, Handschuh. Von Schadow zwischen 1790 und 1803 ausgeführt.

2. »Dies Denkmal bedeckt den sterblichen Theil von Catharina Charlotte von Lestwitz, geb. von Treskow. Geboren zu Schlagentin im Magdeburgischen am 3. Januar 1734, gestorben zu Berlin am 14. Januar 1789. Denkmal: Urne von grauschwarzem Marmor mit Reliefbild. Ebenfalls von Schadow.

3. »Dem thätigen Geiste, der diese Fluren belebte, ordnete und nun schützt, Helenen Charlotten von Friedland, gebornen von Lestwitz. Geb. zu Breslau am 18. November 1754, gestorben zu Cunersdorf den 23. Februar 1803«, Denkmal: Ein Säulenabschnitt, an dem sich das Reliefbild der Heimgegangenen befindet, trägt eine Marmorurne. Diese Urne zeigt am oberen Rande, auch reliefartig, die Attribute der Landwirtschaft: Pflug, Egge, Sense, Sichel, Harke. Darunter ein Genius, mit dem Schmetterling in der Hand; im Hintergrunde zwei weibliche Figuren, von denen die eine einen Blütenzweig, vielleicht eine Lotosblume, oder doch eine Blume von ähnlicher allegorischer Bedeutung, in der Hand hält, während die andere sich, durch eine Schere in ihrer Rechten, als eine der Parzen kennzeichnet. Dies Denkmal, von Enrigo Keller in Rom herrührend, gilt für ein ausgezeichnetes Kunstwerk. Die Basreliefs an der Urne sind nach antiken Vorbildern ausgeführt. *Ich bekenne indes, daß ich die hohe Schönheit speziell dieses antiken Reliefbildes (der Genius mit dem Schmetterlinge gleicht einem Amor, den eine Biene gestochen hat) nicht habe empfinden können. Der unten in der Anmerkung abgedruckte Brief Wilhelm von Humboldts widerlegt mich, – ohne mich zu überzeugen.

4. »Peter Alexander Graf von Itzenplitz. Zu Groß-Bähnitz geboren den 24. August 1769, gestorben den 18. September 1834. Sein Herz, reich an umfassender Liebe, sein Geist voll Durst nach Wissen, wirkte

mit lebendiger Einsicht und beharrlicher Kraft, was in dauernder Frucht uns trostvoll umgiebt.« Denkmal: Ein zugeschrägter griechischer Altar trägt zuoberst das Reliefporträt des Grafen. Darunter ein anderes Relief-bild, das alte und das neue Oderbruch d. h. den Zustand wie es war und den Zustand wie es ist, allegorisch darstellend. Wasser entströmt der Urne der Najade, und Eiche, Storch und Reiher, die im Sumpf ihre Heimat haben, bezeichnen das alte Oderbruch. Aber das abgewandt entströmende Wasser legt den Vordergrund trocken und ein pflügen-des Stiergespann, Apfelbaum und Garbe, versinnbildlichen das Oder-bruch, wie es jetzt ist. – Von Rauch herrührend.

5. »Henriette Charlotte Gräfin von Itzenplitz, Geborne von Borcke, genannt von Friedland, geboren zu Potsdam 18. Juli 1772, ver-mählt zu Cunersdorf 23. September 1792, gestorben zu Berlin 13. April 1848«. Denkmal: Eine zugeschrägte Marmortafel trägt die entsprechen-den Reliefs. Gräfin Itzenplitz sitzt, mit dem Ausdruck heiterer Ruhe, auf einer Bank. Neben ihr ein Fruchtkorb, auf dem die Linke ruht; in der Rechten hält sie ein aufgeschlagenes Pflanzenbuch, zum Hinweis auf ihre Vorliebe für Garten- und Pflanzenkunde. – Ebenfalls von Rauch.

6. »Gräfin von Itzenplitz, geb. Gräfin von Bernstorff«. Denkmal: Der Engel des Todes entführt die Mutter ihren Kindern; aber noch im Scheiden sucht sie schützend ihren Schleier um alle die zu breiten, die sie zurückläßt. – Eine vortreffliche Arbeit von Friedrich Tieck.

7. »Gräfin von Itzenplitz, geb. von Sierstorpff.« Denkmal: ein einfaches Marmorkreuz.

8. »Gräfin von Itzenplitz, geb. von Kroecher«. Denkmal: die Ster-bende preßt das Kreuz an ihre Brust, während ihr der Engel des Todes den Kranz reicht. – Von Hugo Hagen.

Der Platz der neunten Nische ist noch frei. Graf Heinrich von Itzenplitz, der gegenwärtige Besitzer der Herrschaft, hat ihn für sich reserviert, um hier an der Seite der Seinen zu ruhen. Der Friedhof selbst aber, von dem wir jetzt Abschied nehmen, und von dem wenige wissen, bildet eine Sehenswürdigkeit unserer Mark auch nach der Seite des Künstlerischen hin. Die besten bildnerischen Kräfte, die unser Land hervorgebracht, hier waren sie tätig: Schadow, Rauch, Tieck. Und keiner von ihnen ist an dieser Stelle hinter sich selbst zurückgeblieben.

*Wilhelm von Humboldt wurde durch die befreundete Itzenplitzsche Familie aufgefordert, die Anfertigung eines Grabdenkmals, am besten durch einen italienischen Künstler, zu vermitteln. Humboldt unterzog sich gern dieser Aufgabe und schrieb an Enrigo Keller: »Auf der Urne wünscht man ein allegorisches Basrelief, wozu das bekannte Basrelief von dem Genius und dem Schmetterlinge und zwei andern allegorischen Figuren, das sich auf der Vase im Palast Chigi befindet, das beste und schicklichste wäre«.

(aus: Theodor Fontane, Wanderungen durch die Mark Brandenburg: Das Oderland)

Das Herrenhaus
wurde nach dem 2. Weltkriege abgerissen. Heute läßt sich nur noch anhand eines Hügels erraten, wo das Herrenhaus einst gestanden haben wird.

Die Trockenlegung des Oderbruches
Zu den interessantesten Gräbern auf dem Kunersdorfer Kirchhof zählt das des Peter Alexander Grafen von Itzenplitz. Ganz in der Tradition antiker Grabreliefs ist die Lebensleistung des Verstorbenen dargestellt: Er war Deichhauptmann und damit für die Sicherheit der Deiche verantwortlich.

Das Oderbruch war eine flache, feuchte Landschaft, die von der Oder zweimal im Jahr überschwemmt wurde. Kurfürst Joachim I. (1484 – 1535) hat den ersten Versuch gemacht, dem Hochwasser zu trotzen und das Land landwirtschaftlich zu nutzen. Doch das Unternehmen mißlang, denn die Deiche waren technisch unzulänglich konstruiert. 1591 setzte Kurfürst Johann Georg (1525 – 1598) eine Deichkommission ein, die den Zustand der Dämme zu beobachten und ggf. geeignete Maßnahmen für deren Unterhaltung zu ergreifen hatte. 1717 erließ König Friedrich Wilhelm I. eine Deichordnung, die aber auch keinen Erfolg brachte, denn 1736 wurde das Oderbruch von dem schlimmsten bis dahin bekannten Hochwasser heimgesucht. Erst Friedrich dem Großen sollte es gelingen, das Oderbruch trockenlegen zu lassen. 1746 wurde das Projekt initiiert und bereits 1753 mit der Anlage der ersten Kolonistendörfer begonnen.

Graf Itzenplitz hat seine Aufgabe als Deichhauptmann mit Umsicht und Erfolg gelöst.

Das Buch zum Thema
Reinhard Schmook (Hrsg), Ich habe eine Provinz gewonnen. 250 Jahre Trockenlegung des Oderbruchs, Frankfurt (Oder) 1997. – Erdmute Rudolf, Zwischen Strohm und Weydenbusch. Geschichten aus dem Amte Friedland, Möglin 1995 – die beste und gründlichste Untersuchung zum Thema stammt von Bernd Herrmann, »Nun blüht es von End' zu End' all überall«. Die Eindeichung des Nieder-Oderbruches 1747 – 1753, Münster, New York, München, Berlin 1997 (= Cottbuser Studien zur Geschichte von Technik, Arbeit und Umwelt, hrsg. von Günter Bayerl, Bd. 4).

Die Anfahrt nach Kunersdorf
(Stadt und Land Atlas Berlin/Brandenburg, 1997, S. 50 C 1) Kunersdorf liegt an der B 167, südlich von Wriezen.

Bedeutende Denkmäler in der Umgebung
Wriezen: (Stadt und Land Atlas Berlin/Brandenburg, 1997, S. 50 C 1) Die Stadt wurde im Verlaufe am Ende der Kämpfe des 2. Weltkrieges sehr stark zerstört. Die Stadtkirche St. Marien, ein stattlicher spätgotischer Backsteinbau, wird gerade restauriert; aus den Jahren 1791/ 92 stammt ein Speichergebäude (Magazinstr.) – ein charakteristisches Beispiel für den Stil der »preußischen Landbauschule«, einen Stil, den David Gilly am Ende des 18. Jh. maßgeblich mitentwickelt hat.

Sehenswerte Herrenhäuser in der Umgebung

Möglin: (Stadt und Land Atlas Berlin/Brandenburg, 1997, S. 49 C 4) Gut und Gutshaus waren die Wirkungsstätte von Daniel Albrecht Thaer, der die preußische Landwirtschaft reformierte und hier 1806 sein »Landwirtschaftliches Institut« gründete, das 1824 von König Friedrich Wilhelm III. in den Rang einer »Landwirthschaftlichen Akademie« erhoben wurde. Das Herrenhaus ist erhalten, ebenso der Park; im einstigen »Professorenwohnhaus« gibt es eine kleine, aber höchst sehenswerte Ausstellung über das Wirken Thaers zu sehen. – **Reichenow:** (Stadt und Land Atlas Berlin/Brandenburg, 1997, S. 49 D 3/4) Das Herrenhaus wird im Kern am Ende des 18. Jh., als der Graf von Kamecke das Gut erworben hatte (1787) errichtet worden sein. 1801 erwarb es der Kammerherr Jacob Freiherr von Eckardstein, dessen Nachkommen es bis zur Enteignung durch die Bodenreform besaßen. – **Ihlow:** (Stadt und Land Atlas Berlin/Brandenburg, 1997, S. 116 A 2) Das Rittergut war seit 1740 im Besitz der Familie von Bredow, die es bis zur Enteignung durch die Bodenreform besaßen. – **Reichenberg:** (Stadt und Land Atlas Berlin/Brandenburg, 1997, S. 60 A 1) Das Herrenhaus wurde in der 2. H. 18. Jh. errichtet und Anf. des 20. Jh., als das Gut in bürgerlichen Besitz überging, modernisiert und umgebaut. – **Ringenwalde:** (Stadt und Land Atlas Berlin/Brandenburg, 1997, S. 60 A 1) ursprünglich war das Dorf Besitz des Klosters Friedland und gelangte nach der Säkularisation Jahre 1540 in den Besitz des Kurfürsten, der es 1568 dem ihm ergebenen Joachim v. Röbel verkaufte. 1780 wurde es an Caroline v. Wulffen verkauft und gelangte 1806 in den Besitz der Familie v. Bredow, die es bis zur Enteignung durch die Bodenreform besaß. Die trotz ihres ruinösen Zustandes noch immer beeindrucken Wirtschaftsgebäude, wie die Stallungen oder insbesondere die Brennerei, wurden während dieser Zeit angelegt. – **Prötzel:** (Stadt und Land Atlas Berlin/Brandenburg, 1997, S. 49 D 2) Das Schloß wurde, tradierten Überlieferungen zufolge, 1712 nach einem Entwurf von Schlüter erbaut; ein Umbau erfolgte 1859. Der Park ist verwildert; von höchst bemerkenswerter Qualität sind einige Wirtschaftsgebäude des neben dem Herrenhaus sich erstreckenden Wirtschaftshofes.

Sehenswerte Kirchen in der Umgebung
Reichenow: (Stadt und Land Atlas Berlin/Brandenburg, 1997, S. 49 D 3/4; Kirchenschlüssel: ev. Pfarramt 15345 Reichenow, Dorfstr. 6, Tel. 03 34 37/8 99 11) 3. Viertel 13. Jh., Altaraufsatz aus dem Jahre 1622. – **Ringenwalde:** (Stadt und Land Atlas Berlin/Brandenburg, 1997, S. 60 A 1) Kirchenschlüssel: ev. Pfarramt 15377 Reichenberg, Hauptstr. 20, Tel. 0 33 43 72/2 60) Feldsteinbau M. 13. Jh., Altaraufsatz aus dem 1. Viertel 17. Jh., Kanzel 2. H. 17. Jh.

Gastronomie
»Zum alten Fritz«
Dorfstr. 18, 16259 Altlewin
Tel. 03 34 52/4 18
»Zur goldenen Kartoffel«
Wriezener Str. 11, 15345 Prötzel
Tel. 03 34 36/4 92
Seminar- und Gesundheitshotel Schloß Reichenow
Dorfstr. 1, 15345 Reichenow
Tel. 03 34 37/3 08-0; Fax /3 08-88
Restaurant Mi – So 11 – 20.00 Uhr, Mo/Di geschlossen

Information
Tourist-Information des Fremdenverkehrs- und Informationsvereins
»Oderbruch« e.V.
Puschkinplatz 13, 15306 Seelow
Tel. 0 33 46/85 02 63; Fax /4 20, 5 46

13. FRIEDERSDORF

Auch Schloß Friedersdorf wurde nach dem 2. Weltkrieg abgerissen.

Das Friedersdorfer Herrenhaus ist so recht das, was unsere Phantasie sich auszumalen liebt, wenn wir von »alten Schlössern« hören. Die Frage nach dem Maß der Schönheit wird gar nicht laut; alles ist charaktervoll und pittoresk, und das genügt. Auch hier. Die Front- und Seitengiebel sind staffelförmig mit Türmchen besetzt, und die hohen und deshalb schmal erscheinenden Fenster mit ihren desto breiteren Pfeilern dazwischen, steigern nur den Eindruck des Eigentümlichen und geben ein Ansehen von Halt und Festigkeit. Rosenbäume wachsen über die Glastür hinaus, die von der Halle her in Park und Garten führt, vor der Front des Hauses aber, inmitten eines von Kieswegen umzirkten und von mächtigen alten Kastanien überschatteten Grasplatzes, stehen ein paar gußeiserne Böller und mahnen an den kriegerischen Geist, der hier durch viele Generationen lebendig war ... August Gebhardt lebte noch völlig als Patriarch. Die Bauern furchteten sein grimmiges Ansehen und vermieden ihn lieber, als daß sie ihn suchten. Er war etwa der »Soldatenkönig im kleinen« und das bekannte »lieben sollt ihr mich« ward auch hier mit dem spanischen Rohr auf die Rücken geschrieben. Von besonderer Wichtigkeit war der sonntägliche Kirchgang. In vollem Staat, gefolgt von Frau und Kindern, erschien dann der alte Gardecapitän auf seinem Chor und teilte seine Aufmerksamkeit zwischen dem Prediger und der Gemeine. Sein kontrollierender Blick war über dem Ganzen. Ein eigens bestallter Kirchenvogt mußte aufmerken, wer von den Bauern ausgeblieben war, von denen jeder, der ohne triftige Ursache fehlte, an seinem Beutel oder seinem Leibe bestraft wurde. Dabei war August Gebhardt ein Lebemann. Sein Haus stand gastlich offen und in heiterer Gesellschaft vergingen die Tage. Man aß von silbernem Geschirr und eine zahlreiche Dienerschaft wartete auf. Der Sommer gehörte dem Leben auf dem Lande, aber der Winter rief alles nach Berlin ...

Der Hubertusburg-Marwitz (Johann Friedrich Adolf) war 1723 geboren. Er trat in das Regiment Gensdarmes und avancierte von Stufe zu Stufe. Er war ein sehr braver und in großer Achtung stehender Soldat, ein feiner und gebildeter Weltmann, ein Freund der Literatur und der Kunst. Der Große König schätzte ihn hoch, besonders auch, weil er das Regiment Gensdarmes fast den ganzen Siebenjährigen Krieg hindurch, statt des eigentlichen Kommandeurs, Grafen von Schwerin mit dem größten Sukzeß geführt hatte. Bei Zorndorf war er mit unter den Besten gewesen.

So kam das Jahr 1760. Der König hatte nicht vergessen, daß es sächsische Truppen gewesen, die das Jahr vorher Schloß Charlottenburg geplündert hatten, und voll Begier nach Revanche gab er beim Einrücken in Sachsen sofort Befehl, Schloß Hubertsburg – dasselbe, das später durch den Friedensschluß berühmt wurde – zu zerstören. Das Mobiliar des Schlosses sollte dem plündernden Offiziere zufallen.

Der Befehl zur Ausführung traf unsern Marwitz, der damals Oberst war. Dieser schüttelte den Kopf. Nach einigen Tagen fragte ihn der König bei Tisch, ob Schloß Hubertsburg ausgeplündert sei »Nein«, erwiderte der Oberst. Eine andere halbe Woche verging und der König wiederholte seine Frage, worauf dieselbe lakonische Antwort erfolgte. »Warum nicht? Da fuhr der König auf. »Weil sich dies allenfalls für Offiziere eines Freibataillons schicken würde, nicht aber für den Kommandeur von Seiner Majestät Gensdarmes.« Der entrüstete König stand von der Tafel auf und schenkte das Mobiliar des Schlosses dem Obersten Quintus Icilius,* der bald darauf alles rein ausplünderte.

Bei allen Revuen nach dem Frieden war nun der König immer höchst unzufrieden, andere Offiziere wurden dem tapferen Gensdarmen-Obersten vorgezogen und Marwitz forderte seinen Abschied. Der König verweigerte ihn. Neue Kränkungen blieben indes nicht aus und Marwitz kam abermals um seine Entlassung ein. Keine Antwort. Da tat Johann Friedrich Adolf keinen Dienst mehr und blieb ein ganzes Jahr lang zu Hause. Nun lenkte der König ein und versprach ihm das nächste vakante Regiment. Aber vergeblich. Er ließ antworten: er habe so gedient, daß er sich kein passe droit brauche gefallen zu lassen; was geschehen sei, sei geschehen, und könne kein König mehr ungeschehen machen. Zugleich forderte er zum drittenmal seinen Abschied und erhielt ihn nun (1769).

Er war damals erst 46 Jahre alt. Das Ende seines Lebens entsprach nicht dem ruhmreichen Anfang. Aller regelnden Tätigkeit und jener wohltätigen Disziplin, die der »Dienst« auf die Kräfte und Leidenschaften starker Naturen ausübt, überhoben, verfiel er einem glänzenden Müßiggange, den er nunmehr mit derselben Konsequenz und Energie wie früher seine soldatischen Tugenden durchführte. Den größten Teil des Tages verbrachte er beim Spiel. Kam er nach Friedersdorf, so war er sicher von seiner »Partie« begleitet. Unter der großen Linde, welche hinter dem Hause im Garten steht, hatte er sich eine Laube einrichten lassen. Dort saß er schon am Morgen und spielte. Dann wurde mit großem Aufwande getafelt, viel und gut und lange getrunken, bis der Abend die Beschäftigung des Morgens wieder aufnahm.

Er besaß eine höchst wertvolle Bibliothek, die sich noch jetzt im Friedersdorfer Schloß befindet. Alle diese Bücher hatte er, partienweise, dem Quintus Icilius im Spiel abgewonnen und sich dadurch nachträglich und auf dem Wege Rechtens in Besitz derselben Bibliothek gesetzt, deren Fortführung aus Schloß Hubertsburg er, als unwürdig eines Marwitz und Obersten der Gensdarmes, verweigert hatte. Dieser Johann Friedrich Adolf, oder der Hubertsburg-Marwitz, wie wir ihn genannt haben, starb 1781. Die Friedersdorfer Kirche bewahrt sein Andenken durch einen Grabstein, auf dem wir die Worte lesen: »Johann Friedrich Adolf. Er sah Friedrichs Heldenzeit und kämpfte mit ihm in allen seinen Kriegen. Wählte Ungnade, wo Gehorsam nicht Ehre brachte.

*Nach dem Kriege wurde Quintus Icilius (eigentlich Guichard, aus einer Refugiesfamilie oft zur königlichen Tafel gezogen. Der König fragte einst über Tisch hin: »was hat Er denn eigentlich mitgenommen, als Er das Schloß des Grafen Brühl plünderte?« worauf Quintus Icilius replizierte: »Das müssen Ew. Majestät am besten wissen, wir haben ja geteilt«.

(aus: Theodor Fontane, Wanderungen durch die Mark Brandenburg: Das Oderland)

Das Herrenhaus
Das Herrenhaus wurde während des Vordringens der russischen Armee nach deren Oderüberquerung in den letzten Kriegswochen 1945 erheblich zerstört und später im Rahmen der »Bodenreform« zum Abbruch freigegeben. Heute erinnert nur eine neben der Einfahrt stehende Stele daran, daß der Dichter Adalbert von Chamisso in Friedersdorf häufig zu Gast war und hier u. a. seinen »Peter Schlemihl« schrieb.

Integres Preußentum

Mit Johann Friedrich Adolf von der Marwitz (1723 – 1781) beginnt die Tradition des »mündigen Soldaten«, die in gerader Linie bis zu Graf Stauffenberg und den Verschwörern des 20. Juli 1944 führt. Es geht in erster Linie um die Frage, inwieweit einem Befehl bedingungslos zu gehorchen ist oder der betroffene Verantwortungsträger das Recht - oder sogar die Pflicht – hat, gegen seinen obersten Kriegsherrn vorzugehen.

Marwitzens Befehlsverweigerung bedeutet ebensoviel wie etwa das »Toleranzedikt« des Großen Kurfürsten, die Trockenlegung des Oderbruchs durch Friedrich den Großen oder die Einrichtung öffentlicher Museen durch Friedrich Wilhelm III. Er verkörpert den Soldaten, der »sittlich«, der »anständig« handelt« und für den auch der Krieg kein gesetzloser Zustand ist, sondern in dem man sich an Regeln und Normen zu halten hat, deren oberste Richtschnur das eigene Gewissen sein sollte. Solche Entscheidungen werden immer eine Gratwanderung sein.

Zum Nachlesen über die Geschichte von Gut Friedersdorf und seiner Besitzer:

Karl Feldmeyer, Schwierige Heimkehr. Neusiedler auf altem Boden, Berlin 1997, S. 54ff.: Friedersdorf und die Marwitze.

Die Anfahrt nach Friedersdorf

(Stadt und Land Atlas Berlin/Brandenburg, 1997, S. 60s D 2/3) Friedersdorf liegt an der B 167 und ist der erste Ort nach Seelow in Richtung Lebus.

Bedeutende Denkmäler in der Umgebung

Frankfurt (Oder): (Stadt und Land Atlas Berlin/Brandenburg, 1997, S. 80b B 1) St. Marien, Backsteinbau M. 13. Jh. mit schönen Reliefs der Parler-Schule von 1376 an der Eingangskapelle des nördlichen Querschnittes; Rathaus mit prachtvollem Giebel der märkischen Backsteingotik; sog. »Junkerhaus«, 1675 unter Leitung von Corneliusz Ryckwaert als Wohnhaus für adelige Studenten der Frankfurter Universität errichtet, mit prächtigen Stuckdecken in den Räumen, ehem. Garnisonsschule, 1777 von Friedrich Knoblauch errichtet, heute Kleist-Museum; Hauptpost, 1899 – 1902 nach Entwurf von Anton Freiherr von Rechenberg in den Formen märkischer Backsteingotik errichtet; Lenné-Park, 1833 – 1845 nach Entwürfen von Peter Josef Lenné auf dem Gelände der ehem. Stadtbefestigung errichtet; Park am Zehme-Platz, errichtet an der Stelle des ehem. Friedhofs der St. Gertraudenkirche, mit barocken und frühklassizistischen Grabdenkmälern für Ewald Christian von Kleist († 1759) von Johann Melchior Kambly, J. G. Daries († 1791) von Johann Gottfried Schadow, Kleist-Denkmal von 1910 nach Entwurf von Gottlieb Elster für den 1777 hier geborenen Dichter.

Sehenswerte Herrenhäuser in der Umgebung
Booßen: (Stadt und Land Atlas Berlin/Brandenburg, 1997, S. 70a D 4) M. 19. Jh., als Seniorenheim genutzt. – **Wulkow** bei Booßen: (Stadt und Land Atlas Berlin/Brandenburg, 1997, S. 70a C/D 4) im Kern 1697, in neobarocken Formen um 1900 umgebaut, heute Ruine, einige Wirtschaftsgebäude des Wirtschaftshofes erhalten, darunter beeindruckendes Speichergebäude (heute sog. »Öko-Speicher«, in dem im »ökologischen Landbau« angebaute landwirtschaftliche Produkte sowie Töpferwaren verkauft werden), der einst großartige Park heute nur noch in Ansätzen erkennbar. – **Komturei Lietzen** (= Lietzen Nord): (Stadt und Land Atlas Berlin/Brandenburg, 1997, S. 70a A 1) Herrenhaus, seit 1318 Sitz des Komturs des Johanniter-Ordens, aus Feldsteinen im 16. Jh. erbaut, den Typ des »Festen Hauses« repräsentierend, auf dem Gutsgelände Speicher des 14. Jh., Reste der mittelalterlichen Gutsmauer erhalten. – **Heinersdorf:** (Stadt und Land Atlas Berlin/Brandenburg, 1997, S. 70 B 3) Ende 17. Jh., 1866 zur Dreiflügelanlage erweitert, um 1910 nochmals durch die Familie Schulz von Heinersdorf verändert, der Gutshof in seiner ursprünglichen Geschlossenheit gut erhalten, die Achse Cour d'honneur des Herrenhauses – zum See durch im Rahmen der »Bodenreform« errichtetes Neubauern-haus erheblich gestört, der Park in Resten erhalten. –

Behlendorf: (Stadt und Land Atlas Berlin/Brandenburg, 1997, S. 70 B 3/4) Wirtschaftsgebäude und Herrenhaus des Gutshofes 1802 von Karl Friedrich Schinkel in Form eines Rundlings erbaut, nachdem der Amtmann Carl Friedrich Baath das Gut erworben hatte, später wurde es von der Familie Schulz von Heinersdorf erworben; der Park gut erhalten, desgleichen eine Reihe von Stall- und Nutzgebäuden außerhalb des Gutes. – **Diedersdorf:** (Stadt und Land Atlas Berlin/Brandenburg, 1997, S. 60a D 1) im Kern M. 18. Jh., Umbau um 1800, Mittelrisalit und Freitreppe von 1876, in der ersten H. des 20. Jh. der Familie v. Seidel gehörig; der große Park in Resten erhalten.

Sehenswerte Kirchen in der Umgebung
Booßen: (Stadt und Land Atlas Berlin/Brandenburg, 1997, S. 70a D 4; Kirchenschlüssel: ev. Pfarramt 15234 Frankfurt (Oder)-Booßen, Berliner Str. 23, Tel. 03 36 05/3 01) 2. H. 13. Jh., im Inneren lebensgroßes Kruzifix aus der Zeit um 1500, Tafelbilder aus der Zeit um 1700, Kreuzigung und Grablegung darstellend. – **Wulkow** b. Booßen: (Stadt und Land Atlas Berlin/Brandenburg, 1997, S. 70a C/4) Kirchenschlüssel: ev. Pfarramt 15234 Frankfurt (Oder)-Booßen, Berliner Str. 23, Tel. 03 36 05/3 01): Backsteinbau von 1687, im Inneren prachtvoller Epitaph für C. v. Burgsdorff († 1713), auf dem Kirchhof sehr schön restaurierte Gruftkapelle von 1695 für J. E. von Burgsdorff mit stuckgeschmückten Supraportenreliefs oberitalienischer Meister. – **Komturei Lietzen** (= Lietzen Nord): (Stadt und Land Atlas Berlin/Brandenburg, 1997, S. 70a A 1; Kirchenschlüssel: im Gutshaus) M. 13. Jh., im Inneren höchst prachtvoller Epitaph für den Generalfeldmarschall Derfflinger (s. S. 160: Gusow), zwei schöne Grabmäler für J. E. von Görtzke († 1682) und seine Gemahlin L.v. Görtzke († 1659), Ritzgrabstein für J. v. Neindorf, († 1276), Kindergrabstein für A. v. Thümen († 1585). – **Heinersdorf:** (Stadt und Land Atlas Berlin/Brandenburg, 1997, S. 70 B 3; Kirchenschlüssel: ev. Pfarramt 15518 Heinersdorf, Hauptstr. 32, Tel. 03 34 32/88 43) 2. Viertel 13. Jh., im Inneren vom Tischler Schulze aus Arnswalde geschnitzer Altar, 1. Viertel 18. Jh., Patronatsloge 3. Viertel 18. Jh., am Kirchenäußeren Grabsteine von 1719 und 1727.

– **Diedersdorf:** (Stadt und Land Atlas Berlin/Brandenburg, 1997, S. 60a D 1; Kirchenschlüssel: ev. Pfarramt 15306 Neuentempel, Poststr. 9, Tel. 0 33 46/89 35) neoromanischer Bau aus den Jahren nach 1870, im Inneren Grabplatte für C. F. v. († 1713) und dessen Gemahlin († 1722). – **Hohenjesar** (OT von Altzeschdorf): (Stadt und Land Atlas Berlin/Brandenburg, 1997, S. 70a C 3/4) auf dem Kirchhof außerordentlich eindrucksvolle Begräbnisstätte der Familie v. Burgsdorff.

Gastronomie
Seehotel Luisenhof
Am Gabelsee, 15306 Falkenhagen
Tel. 03 36 03/40-0; Fax /40-4 00

Information
Tourist-Information des Fremdenverkehrs- und Informationsvereins »Oderbruch« e.V.
Puschkinplatz 13, 15306 Seelow
Tel. 0 33 46/85 02 63; Fax /4 20, 5 46

14. Neuhardenberg

*Schloß, Hofseite. Schloß Neuhardenberg gilt nach dem Umbau
durch Schinkel als ein klassischer brandenburgischer Herrensitz aus dem frühen
19. Jahrhundert.*

Der Krieg war zu Ende und Prittwitz Herr auf Quilitz. Es war ein
schönes Gut, aber unwohnlich geworden, wie die meisten Güter, die
lang' in Pächterhänden sind, und da der nunmehrige Oberstleutnant
v. P., der kurz zuvor (1762) eine Freiin Seherr-Thoß geheiratet hatte,
standesgemäß zu leben gedachte, so mußt' er vor allem darauf aus
sein, ein Haus aufzuführen, das den Ansprüchen seiner übrigens auch
in Schlesien begüterten Gemahlin entsprach. Der Bau ward unverzüg-
lich begonnen und war schon bis zu den ersten Steinen des ersten

Stocks gediehn, als König Friedrich des Weges kam, sei es auf einer seiner Revuereisen in die östlichen Provinzen, oder eigens zu dem Zwecke, das Oderbruch und die Melioration desselben zu inspizieren. »Prittwitz, Er baut ja ein Schloß; Er will ja hoch hinaus«, waren die nicht allzu gnädigen Worte, mit denen der König sich an den zur Seite stehenden Oberstlieutenant wandte, der nunmehr seinerseits nichts Eiligeres zu tun hatte, als dem Wunsch und Winke des Königs nachzukommen und unter Fortlassung einer Bel-Etage sofort das Dach auf das Erdgeschoß setzen zu lassen. Erst in den zwanziger Jahren dieses Jahrhunderts wurde durch Schinkel ein Umbau des Schlosses vorgenommen ... Der Fürst-Staatskanzler war acht Jahre lang im Besitz von Neu-Hardenberg; es scheint jedoch, wenn wir diese seine letzten Lebensjahre von Monat zu Monat verfolgen, daß er nicht allzuviele Mußetage für eine Villeggiatur auf seinen Gütern fand. Nur von wenigen Fällen haben wir eine bestimmte Kunde, z. B. von seinem Einzug in Quilitz, wahrscheinlich im Sommer 1816, und von der Feier seines siebzigjährigen Geburtstages am 31. Mai 1820 ...

Auch ein anekdotenhafter Vorfall mit seinem Schwiegersohn, dem Fürsten Pückler, zeigt uns den Staatskanzler in seinem Hardenberger Schloß. Der Park hinter dem Hause war bei jedem Besuch ein Punkt freundschaftlichen Disputs zwischen Schwiegervater und Schwiegersohn. Das feine Auge des letztern hatte seit lange gegen die altfränkisch-steife Anlage, die damals noch vorhanden war, protestiert, und das in andrem Sinne feine Gefühl des Schwiegervaters hatte mit gleicher Beharrlichkeit die Neuerungen abgelehnt, weil diese Neuerungen gleichbedeutend waren mit Entfernung eines Dutzend der allerschönsten Bäume. Davon wollte der Staatskanzler nichts wissen; man sieht, er hatte auch seine Pietät. Der Schwiegersohn aber, als er alle Überredungskünste scheitern sah, schritt endlich auf jede Gefahr hin zu Tat und Abhülfe. Ein Kreis nächster Freunde war bei Tisch versammelt, und in dem schon erwähnten Gartensalon aus der Prittwitz-Zeit herrschte jene Tafelheiterkeit, an der das Herz des Fürsten hing und auf deren Pflege und Hervorrufung er sich so wohl verstand. Nun war das Mahl beendet und Wirt und Gäste traten auf die Veranda hinaus, die den Blick hat auf Wiese und Park und Monument. Der alte Fürst stand wie getroffen, – das war der Park nicht mehr, dessen großen Mittelgang er noch vor Tisch in lebhaftem Geplauder durchschritten hatte. In der Tat, der Park war während der Stunden des Diners ein andrer geworden, ein solcher wie er jetzt ist, wie er nach des Schwiegersohnes Ansicht werden mußte. Eine Allee war verschwunden und wo ein Elsbruch war, war eine Parkwiese entstanden, an deren Ausgang das Wasser des Kanals blitzte. Der Fürst, im ersten Augenblicke sichtlich unangenehm berührt, war doch artiger Wirt und guter Schwiegervater genug, um gute Miene zum bösen Spiele zu machen und die jetzigen Besucher mögen sich des Einfalls freuen. Wir aber entnehmen diesem kleinen Hergang abermals das Faktum einer längeren oder kürzeren Anwesenheit des Staatskanzlers auf seinem Neu-Hardenberger Schlosse.

Gleichviel indes, wie selten oder wie häufig seine Besuche stattfanden, jedenfalls war von Anfang an seine Sorgfalt diesem neuen Besitze zugewandt und Schloß, Park, Kirche sind in ihrer jetzigen Gestalt seine Schöpfung.

(aus: Theodor Fontane, Wanderungen durch die Mark Brandenburg: Das Oderland)

Gärtnerei in Preußen (I)

Die erste Hälfte des 19. Jahrhunderts ist Preußens große Gartenzeit. Bestimmt wird sie von zwei Antipoden: dem Königlich-preußischen Gartendirektor Peter Joseph Lenné (1789 – 1866) und Hermann Fürst Pückler-Muskau (1785 – 1871). Lenné entstammte einer Dynastie von Gärtnern; er erlernte die Kunst des Gärtnerns von der Pike auf. 1816 wurde er, mithin Kaiserlich-österreichischer Garten-Ingenieur, an den Hof nach Potsdam berufen, wo er zunächst den unter König Friedrich Wilhelm II. angelegten »Neuen Garten« modernisierte und auf Wunsch des Staatskanzlers Fürst Hardenberg in Glienicke tätig wurde. Hier traf er auch erstmals mit Pückler zusammen, der seit 1817 der Schwiegersohn des Staatskanzlers war. Pückler war Autodidakt, aber geradezu genial in der Planung seiner Gärten. Ob die Episode, die Fontane für Neuhardenberg beschreibt, tatsächlich so stattgefunden hat, oder eine Legende ist, soll hier unerörtet bleiben. 1845 jedoch hat er so gehandelt: Als der Sachsen-weimarische Erbgroßherzog Carl Alexander ihn wegen der Gestaltung des Ettersberges bei Weimar konsultiert, läßt Pückler kurzerhand 3 000 mächtige alte Bäume eines Waldstückes fällen, um ein poetisches Landschaftsbild, verbunden mit einer malerischen Fernsicht zu schaffen. Diese als »Pücklerschlag« in die Gartengeschichte eingegangene Tat zeigt, daß die Axt, mit Geschmack und und Kenntnis geführt, gebildete Natur – also »Kultur« und Ästhetik im besten Sinne des Wortes – schafft. Die brandenburgischen Naturschützer, die jeden wegen der sozialistischen Mißwirtschaft verwilderten Park zu einem »Biotop« erklären wollen, das nicht mehr angetastet werden dürfte, sollten sich mit Pückler und dem »Pücklerschlag« beschäftigen.

Das Herrenhaus

1763, als das Herrenhaus als barocker Bau errichte wurde, hieß der Ort Quilitz. Für seine außerordentlichen Verdienste um die Wiederherstellung des Königreiches Preußen nach der napoleonischen Besetzung schenkte König Friedrich Wilhelm III. den Ort seinem Kanzler, verbunden mit dem Wunsche, er möge ihn künftig »Neu-Hardenberg« nennen. Der Staatskanzler beauftragte 1820 den aufstrebenden, damals noch jungen »Stararchitekten« Preußens, Karl Friedrich Schinkel, mit dem Umbau des Schlosses und der Neugestaltung des Dorfes.

Literatur

Heinz Ohff, Der grüne Fürst. Das abenteuerliche Leben des Hermann Pückler-Muskau, München Zürich 1993. – zum »Pücklerschlag«: Günther Timm, Pückler in Thüringen, in: Fürst Hermann von Pückler-Muskau. Festansprache und Vorträge anläßlich der Pücklerehrung, Cottbus 1986, S. 56ff., bes. S. 59f (= Geschichte und Gegenwart des Bezirkes Cottbus [Niederlausitzer Studien], Sonderheft).

Die Anfahrt nach Neuhardenberg

(Stadt und Land Atlas Berlin/Brandenburg, 1997, S. 60 A 3/Ä4)
Neuhardenberg liegt an der Einmündung der L 36 in die B 167, fast
genau in der Mitte zwischen Seelow und Wriezen.

Bedeutende Denkmäler in der Umgebung

Müncheberg: (Stadt und Land Atlas Berlin/Brandenburg, 1997, S. 60
D 1/2) Stadtkirche St. Marien (Kirchenschlüssel: ev. Pfarramt 15354
Müncheberg, Eberswalder Str. 16, Tel. 03 34 32/2 23), im Kern go-
tisch, der Turm 1829 von Karl Friedrich Schinkel, im Kriege zerstört,
die Ruine in DDR-Zeiten völlig verwahrlost, nach der Wiedervereinigung aufgrund der Initiative des hierher versetzten Standort-
kommandeurs der Bundeswehr restauriert; von der Stadtbefestigung
im Osten der »Küstriner Torturm, Backstein mit Zierfriesen, 15. Jh.;
im Westen »Berliner Torturm«, 2. H. 13. Jh., die oberen Geschosse
Backstein mit Blendgiebeln, frühes 14. Jh., im Mittelgeschoß Wach-
raum sowie Aborterker. – **Buckow:** (Stadt und Land Atlas Berlin/
Brandenburg, 1997, S. 59 C 4; Kirchenschlüssel: ev. Pfarramt 15377
Buckow, Königstr. 57, Tel. 03 34 33/4 27) Pfarrkirche, im Kern mittel-
alterlich, in 17. Jh. nach Bänden umgebaut, im Innern Taufschale aus
Eisenkunstguß, 1. H. 19. Jh., Nachguß der byzantinischen Weihebrot-
schale (1.Viertel 11. Jh.) aus Konstantinopel im Halberstädter Dom-
schatz.

Sehenswerte Herrenhäuser in der Umgebung

Jahnsfelde: (Stadt und Land Atlas Berlin/Brandenburg, 1997, S. 60 C
3) Stammsitz der Familie von Pfuel, der Mittelbau wohl um 1680, um
1800 umgebaut, die beiden Kopfbauten an den Stirnseiten nach 1871
im Stil der märkischen Backsteingotik angefügt. – **Trebnitz:** (Stadt und
Land Atlas Berlin/Brandenburg, 1997, S. 60 CD 3) neobarocke Dreiflügelanlage aus der Zeit zwischen 1900 und 1910 der Familie v.
Brünneck, der Park in Resten erhalten. – **Wulkow** bei Trebnitz: (Stadt
und Land Atlas Berlin/Brandenburg, 1997, S. 60 B 3) das musterhaft
wiederhergestellte, zu DDR-Zeiten dem Verfall preisgegebene Herrenhaus dient heute als Hotel und Restaurant. Das Herrenhaus wurde
1868 errichtet und 1912 umgebaut. Ursprünglich gehörte es mit zu

den Besitzungen des Freiherrn von Derfflinger, hatte später verschiedene Besitzer und war bis zur Enteignung durch die Bodenreform im Besitz der Familie von Brünneck. – **Garzau:** (Stadt und Land Atlas Berlin/Brandenburg, 1997, S. 59 C 1) bedeutendster Besitzer war Friedrich Wilhelm Reichsgraf von Schmettau, der die karthographische Landesaufnahme des Königreiches Preußen veranlaßte. Er legte auch den – heute sehr verwilderten – Park an, dem sich sein Grab in Form einer Pyramide befindet. Das Herrenhaus selbst wurde 1880, nachdem es die Familie von Rohrscheid übernommen hatte, neugebaut und nach einem verheerenden Brand 1910 in den alten Formen wieder aufgebaut.

Sehenswerte Kirchen in der Umgebung

Jahnsfelde: (Stadt und Land Atlas Berlin/Brandenburg, 1997, S. 60 C 3; Kirchenschlüssel: ev. Kirchenbüro, 15374 Obersdorf, Bahnhofstr. 22, Tel. 03 34 32/87 42) mittelalterlicher Feldsteinbau, im späten 17. Jh. überbaut, nach 1871 grundlegend verändert, die Ausstattung aus dieser Zeit, Wandepitaph für Ch. v. Pfuel († 1793). – **Trebnitz:** (Stadt und Land Atlas Berlin/Brandenburg, 1997, S. 60 CD 3; Kirchenschlüssel: ev. Kirchenbüro, 15374 Obersdorf, Bahnhofstr. 22, Tel. 03 34 32/87 42) neogotischer Putzbau aus der M. des 19. Jh., in Form und Stil ganz an Wulkow orientiert. – **Wulkow** bei Trebnitz: (Stadt und Land Atlas Berlin/Brandenburg, 1997, S. 60 B 3; Kirchenschlüssel: ev. Kirchenbüro, 15320 Neuhardenberg, Karl-Marx-Allee 26, Tel. 03 34 76/5 01 25) 2. H. 13. Jh., 1874 umgebaut.

Gastronomie

Parkhotel »Schloß Wulkow«
Hauptstr. 24, 15320 Wulkow b. Trebnitz
Tel. 03 34 76/5 80; Fax /5 84 44

Information

Tourist-Information des Fremdenverkehrs- und Informationsvereins »Oderbruch« e.V.
Puschkinplatz 13, 15306 Seelow
Tel. 0 33 46/85 02 63; Fax /4 20, 5 46

15. Gusow

Schloß Gusow, Hofseite. Fontane mochte die Architektur des historistischen Schlosses nicht.

Alles in Gusow, oder doch alles Beste was es hat, erinnert an den alten Derfflinger: Schloß, Park, Kirche.

Das Schloß, architektonisch weder schön noch eigentümlich, besteht aus einem Corps de Logis und zwei langen, rechtwinkelig vorspringenden Flügeln, die nun einen Schloßhof bilden. Ein breiter Graben umgibt den Bau nach allen vier Seiten hin, der, mit Hülfe dieser Wassereinfassung, wie auf einer künstlichen Insel liegt. Zwei Brücken führen hinüber. Die Hinterfront gewährt einen Blick in die weiten Anlagen des Parks.

Das Innere, soviel ich in Erfahrung bringen konnte, bietet nichts, was in die Derfflingerzeit zurückreichte, vielleicht mit Ausnahme zweier in der Vorhalle postierten Falkonetts. Ein Portrait des Feldmarschalls ist neueren Datums und aus der kunstgeübten Hand eines Mitgliedes der Schönburgschen Familie hervorgegangen. Es ist ein Derfflinger zu Pferde, als Pendant zu einem Friedrich-von-Derfflingerschen Reiterbilde, das sich noch aus alter Zeit her im Schlosse vorfand.*

Der Park ist ungewöhnlich groß und neben den schönsten Baumpartieen auch reich an jenen gepflegten Rasenplätzen, die die Engländer »Lawn« nennen. Der alte Derfflinger, dem Gusow, wie so vieles andere, auch diesen Park verdankt, war besonders darauf aus südliche Bäume, Zedern und Zypressen, großzuziehen. Die Zedern, wohl zwanzig an der Zahl, bilden eine Parkpartie für sich, die den Namen »Libanon« führt. Die Hauptzierde aber ist eine mehr denn sechzig Fuß hohe Zypresse, von der es heißt, daß sie der schönste derartige Baum in den Marken sei, ein Prachtstück, das König Friedrich Wilhelm IV. vergeblich bemüht war, für Sanssouci zu erwerben. Nach meiner botanischen Kenntnis, ist es übrigens keine Zypresse, sondern ein Taxodium.

*Derfflinger-Portraits befinden sich im Potsdamer Stadtschloß, im Feldmarschallssaal des Kadettenhauses und im Besitz Sr. K. K Hoheit des Kronprinzen ...

(aus: Theodor Fontane, Wanderungen durch die Mark Brandenburg: Das Oderland)

Zum »Festen Haus«

Typologisch gesehen ist Gusow ein Wasserschloß, d. h. das Herrenhaus wird von einem mehr oder minder breiten Wassergraben vor feindlichen Angriffen geschützt. Auf diese Weise durfte aber nicht jeder Adlige, dem ein Rittersitz zum Lehen gegeben war, sichern. In der Mark Brandenburg gab es den Unterschied zwischen »beschlossenem« und »unbeschlossenem« Adel. Es gibt drei Verzeichnisse, in denen die Familien beider Gruppen genannt sind: 1. die Beschreibung der Mark

Brandenburg aus dem Jahre 1373 für Kaiser Karl IV., 2. die der Kanzlei-
ordnung des Kurfürsten Johann Georg vom Montag nach Bartholomäi
1577 Aufstellung und 3. das Register des Lehnssecretairs von Kölleritz
aus dem Jahre 1612. Der »beschlossene« Adel hieß in alten Urkunden
auch »bezingelt und bezugbrückt«, weshalb sich für ihn auch der Be-
griff »burg-« bzw. »schlossgesessen« eingebürgert hat. Die »Beschlossenen« durften ihr Anwesen mit Gräben, Mauern, Brücken und Türmen bewehren. Der »unbeschlossene« Adel hingegen durfte sein Anwesen lediglich mit dichtem Heckenwerk oder Zäunen sichern, weshalb für diese Gruppe auch die Bezeichnung »Zaunjunker« gebräuch-
lich war. Seit der Mitte des 19. Jahrhunderts entstand hieraus als Ver-
ballhornung der Terminus »Krautjunker«, der allerdings undifferen-
ziert auf die gesamte Adelsschicht angewendet wurde. In den Verzeich-
nissen von 1577 und 1612 werden Angehörige der Familie von Schape-
low als Besitzer von Gusow genannt. Daraus darf geschlossen werden, daß hier einst ein »Festes Haus« stand, welches in späteren Um-
und Neubauten aufging. Wie dieses einmal ausgesehen haben kann, ist
nur durch bauarchäologische Untersuchungen zu rekonstruieren.

Das Herrenhaus

Die eindrucksvolle Dreiflügelanlage schuf Otto Christoph Graf von
Podewils (1719 – 1781), der auch den Park grundsätzlich erneuerte und
der von Reisenden viel gerühmt wurde. Ein grundsätzlicher Umbau in
der Formensprache französischer Renaissance-Architektur des Anwesens erfolgte dann 1870 im Auftrage von Richard Klemens Graf von
Schönburg-Glauchau (1829 – 1900), dessen Wappen über dem Portal
zu sehen ist. Das Schloß ist heute in Privatbesitz und beherbergt ein
Museum sowie ein Restaurant.

Literatur

über Derfflinger erschien jüngst eine außerordentlich lesenswerte Bio-
graphie von Gerd-Hermann Peters, Georg Friedrich von Derfflinger,
Berlin 1997 (Preußische Köpfe, 29).

Die Anfahrt nach Gusow

(Stadt und Land Atlas Berlin/Brandenburg, 1997, S. 60a B 2) Gusow liegt an der B 167, der erste Ort nördlich Lebus.

Sehenswerte Kirchen in der Umgebung

Alttrebbin: (Stadt und Land Atlas Berlin/Brandenburg, 1997, S. 50 C 3) Schul- und Bethaus, Fachwerk, verputzt, mit seprariertem Glokkenturm, 1820. – **Altwriezen-Beauregard:** (Stadt und Land Atlas Berlin/Brandenburg, 1997, S. 50 A 2/3) eingeschossige Mittelflurhäuser und quergegliederte Doppelstubenhäuser, mit reich verzierten Giebeln. – **Werbig** OT von Langsow: (Stadt und Land Atlas Berlin/Brandenburg, 1997, S. 60a C 2) 1764/65 als Spinnerdorf angelegt, Schul- und Bethaus von 1832 nach Entwurf von Schinkel, im Beetsaal durch zwei Reihen hölzerner dorischer Säulen eine Dreischiffigkeit vorgetäuscht.

Gastronomie

Parkhotel Schloß Wulkow
Hauptstr. 24, 15320 Wulkow bei Trebnitz
Tel. 03 34 76/58-0

Information

Tourist-Information des Fremdenverkehrs- und Informationsvereins »Oderbruch« e.V.
Puschkinplatz 13, 15306 Seelow
Tel. 0 33 46/85 02 63; Fax /4 20, 5 46

Schloß Steinhöfel, Hofseite.

Steinhöfel blieb Wulffenscher Besitz bis 1774. Dann, nach einem kurzen Graf Blumenthalschen Interregnum, ging es durch Kauf an den Obermarschall von Massow, den jüngsten und einzig überlebenden Sohn des Staatsministers von Massow über. Die vier ältren Brüder des Obermarschalls waren sämtlich in den Schlachten des Siebenjährigen Krieges geblieben.

Der Obermarschall besaß Steinhöfel von 1790 – 1817 und in diese Zeit – trotzdem es die Kriegsjahre waren – fallen zum guten Teil die Neuerungen und Anlagen, die das Gut auch in seiner Erscheinung zu einem so ansprechenden Besitze gemacht haben. Das Schloß freilich blieb zunächst noch dasselbe, der Park aber ward in allem Wesentlichen zu dem gemacht, was er jetzt ist. Er zählt zu den schönsten, die wir in der Provinz besitzen. Was ihm indessen über die Schönheit seiner Linien und Details hinaus ein besonderes Interesse leiht, ist der Umstand daß er der erste Park hierlandes war, dessen Anlage nach Prinzipien erfolgte, die seitdem in der Park- und Gartenkunde die herrschenden geworden sind. Es ist dies bekanntlich der Sieg des Natürlichen über das Künstliche, des Gebüsches über den »Poetensteig«, des englischen oder wie einige wollen des altchinesischen Geschmacks über den französischen. Der Obermarschall, ohne jemals über diese Dinge theoretisiert zu haben, durchbrach das bis dahin Gültige nach einem ihm innewohnenden künstlerischen Instinkt und operierte dabei mit so glücklicher Hand, daß einzelne seiner Anlagen später als Muster gedient und in den Königlichen Gärten z. B. in Paretz eine teilweise Nachahmung erfahren haben.

(aus: Theodor Fontane, Wanderungen durch die Mark Brandenburg: Das Oderland)

Das Herrenhaus

wurde zwischen 1790 und 1795 von David Gilly als zweigeschossiges Haus mit querrechteckigem Grundriß errichtet. 1845 kamen die Türme und die beiden Flügel dazu, und 1880 erfolgte die Gestaltung des Mittelrisaliten. Die Zufahrt zum Schloßhof flankieren zwei steinerne Sphinx-Figuren. Es sind 1792 entstandene Kopien der Figuren von Conrad Boy auf der ehemaligen Herkules-Brücke in Berlin.

Gärtnerei in Preußen (II)

1774 wurde Steinhöfel Eigentum des Staatsministers v. Blumenthal. Die erste große Zeit Steinhöfels begann, als Valentin von Massow (1752 – 1817), der Königlich Preußische Oberhofmeister und Intendant der Königlichen Schlösser und Gärten, im Jahre 1788 Charlotte Gräfin von Blumenthal (1766 – 1835) heiratet. Der Kernbau des Herrenhauses, noch heute gut erkennbar, entsteht. Sein Sohn Ludwig Friedrich Joachim Valentin (1794 – 1859), Chef des Ministeriums des Königlichen Hauses unter König Friedrich Wilhelm IV., ließ in einem der Lieblingsstile des Monarchen, der öfters in Steinhöfel zu Gast war, dem »normannischen Burgenstil« dem Herrenhaus zwei Turmaufbauten anfügen. 1880 erfolgte durch Anton Wilhelm Valentin von Massow (1831 – 1921) eine erneute Veränderung des Hauses.

Besonders bemerkenswert ist der Park. Obwohl in Gehölzbestand und Fläche erheblich dezimiert, erscheint er noch immer von bemerkenswerter Eindrücklichkeit. Fontane schrieb: »In dieser Zeit (1790 – 1817) ward aber der Park in allem Wesentlichen zu dem gemacht, was er jetzt ist. Er zählt zu den schönsten, die wir in der Provinz besitzen. Was ihm indessen über die Schönheit seiner Linien und Details hinaus besonderes Interesse leiht, ist der Umstand, daß er der erste Park hierzuland war, dessen Anlage nach Prinzipien erfolgte, die seitdem in der Park- und Gartenkunst die herrschenden geworden sind. Es ist dies bekanntlich der Sieg des Natürlichen über das Künstliche, des Gebüsches über den Poetensteig, usw ...« Am Eingang des Parkes steht eine Bibliothek in Form eines griechischen Tempels, und im Park selbst finden sich als Merkwürdigkeiten zwei Pferdegräber.

Die Anfahrt nach Steinhöfel
(Stadt und Land Atlas Berlin/Brandenburg, 1997, S. 70 D2) A12 bis Abfahrt Fürstenwalde, dann auf der L 35 nach Fürstenwalde; in der Stadt nach Überqueren der Gleise der Bahnlinie Berlin–Frankfurt (Oder) auf der L 26 nach Steinhöfel.

Sehenswertes am Ort
Dorfkrug: Vorlaubenbau mit Holzsäulen von 1795, nach Entwürfen von Gilly. – **Verwalterhaus:** gleichfalls nach Entwurf von Gilly 1795 erbaut.

Bedeutende Denkmäler in der Umgebung
Fürstenwalde: (Stadt und Land Atlas Berlin/Brandenburg, 1997, S. 79 A 3/4) Jagdschloß, Schloßstr. 13, sehr stark verändert, 1699/1700 durch Martin Grünberg für den Kurfürsten Friedrich III. (ab 1701

König Friedrich I. in Preußen) errichtet; Dom St. Marien: bedeutende Grabdenkmäler der Bischöfe J. v. Dreher († 1455) und Christian v. Rotenhan († 1436) sowie Epitaph des Bischofs D. v. Bülow († 1523).

Sehenswerte Herrenhäuser in der Umgebung

Alt Madlitz: (Stadt und Land Atlas Berlin/Brandenburg, 1997, S. 70 D 4) das Herrenhaus von fast quadratischem Grundriß um 1550 in Form eines »Festen Hauses« von der Familie von Wulfen angelegt; barocker Um- und Anbau um 1750 durch Friedrich Ludwig Karl Graf Finck von Finckenstein veranlaßt, ebenso wie der barocke Park, der in der 1. H. des 19. Jh. im Sinne eines englischen Landschaftsgartens umgestaltet wird. Das Schloß ist bereits, und der Landschaftspark wird derzeit durch Karl Graf Finck von Finckenstein beispielhaft wieder-hergestellt. – **Molkenberg:** (Stadt und Land Atlas Berlin/Branden-burg, 1997, S. 69 D 4) im Kern barockes Herrenhaus mit im 2. Drittel des 19. Jh. angebautem Turm im normannischen Burgenstil.

Sehenswerte Kirchen in der Umgebung

Alt Madlitz: (Stadt und Land Atlas Berlin/Brandenburg, 1997, S. 70 D 4; Kirchenschlüssel: ev. Pfarramt 15518 Wilmersdorf, Briesener Str. 4, Tel. 03 36 35/2 38) spätes 13. Jh., die südl. Vorhalle von 1821; im Inneren Altarwand mit Pilastergliederung, um 1900 von Franz Schwechten mit von der Kreuzabnahme von Peter Paul Rubens inspi-riertem Altargemälde aus der 2. H. des 17. Jh., in der Turmhalle Ofen-platte von 1598; Vaniatsallegorie und Szenen aus dem Gleichnis vom ungerechten Knecht; bemerkenswerte große Wappenkartusche derer von Finckenstein (1734), Epitaph für J. R. von Wulffen († 1721); zwei Grabsteine mit Ritterdarstellung derer von Wulffen aus dem Jahre 1612, Grabstein für Curt v. Wulffen († 1620). – **Hasenfelde:** (Stadt und Land Atlas Berlin/Brandenburg, 1997, S. 70 B 3; Kirchenschlüssel: ev. Pfarr-amt, 15518 Heinersdorf, Hauptstr. 34, Tel. 03 34 32/88 43) spät-gotischer Feldsteinbau, 1901 umgebaut und erneuert; im Innern Altar-aufsatz 1. Viertel 17. Jh., in der Predella Darstellung des Abendmahls (Kopie nach Leonardo da Vinci, um 1900); **Tempelberg:** (Stadt und

Land Atlas Berlin/Brandenburg, 1997, S. 70 B 2; Kirchenschlüssel: s. o. Heinersdorf) Granitquaderbau aus dem 2. Viertel d. 13. Jh., um 1745 das Äußere und Innere umgestaltet; Altaraufsatz und Kanzel aus der Zeit des Umbaus, Patronatsloge wohl erst 2. H. 18. Jh.; sieben Grabsteine des 17. und 18. Jh. – **Jänickendorf:** (Stadt und Land Atlas Berlin/Brandenburg, 1997, S. 69 C 3; Kirchenschlüssel: ev. Pfarramt 15347 Müncheberg, Eberswalder Str. 16, Tel. 03 34 32/2 23) Granitquaderbau 3. Viertel 13. Jh., im Inneren Kanzel 1. H. 17. Jh., Taufe aus Eisenkunstguß 1. H. 19. Jh. – **Wilmersdorf:** (Stadt und Land Atlas Berlin/Brandenburg, 1997, S. 7o D 4; Kirchenschlüssel: s. o. Alt Madlitz) neogotischer Bau von 1881 – 1883, im Inneren interessanter Altaraufsatz von 1703 mit wappengeschmückten Akanthuswangen, Kanzel 2. H. 17. Jh.; an der Südwand der Kirche Grabstein für A. Thuem († 1584) und G. A. Schindler († 1728).

Gastronomie
Hotel »Kempinski Sporting Club Berlin«
Parkallee 11, 15526 Bad Saarow
Tel. 03 36 31/60; Fax /62 00
»Zur goldenen Kartoffel«
Wriezener Str. 11, 15345 Prötzel
Tel. 03 34 36/4 92; Fax /3 47 33

Information
Tourismus-Information Fürstenwalde
Am Markt 4–6, 15517 Fürstenwalde
Tel. 0 33 61/55 75 56

17. MARQUARDT

Schloß Marquardt

Und er ließ die Welt. Sein Dorf, sein Haus, sein Park füllten von nun an seine Seele. Mit seinen Bauern stand er gut; die Auseinanderlegung der Äcker, die sogenannte »Separation«, die gesetzlich erst zehn Jahre später ins Leben trat, führte er durch freie Vereinbarung aus; er erweiterte und schmückte das Schloß, den Park; dem letztern gab er durch Ankauf von Bauernhöfen, deren Brunnenstellen sich noch heute erkennen lassen, wie durch Anpflanzung wertvoller Bäume, seine gegenwärtige Gestalt. Alle Wege, die durch die Gutsäcker führten, ließ er mit Obstbäumen, die er für bedeutende Summen aus dem Dessauischen bezog, bepflanzen und schuf dadurch eine Kultur, die noch jetzt eine nicht unerhebliche jährliche Rente abwirft. Er hatte ganz die Ackerbau-passion, den tiefen Zug für Natur, Abgeschiedenheit und Stille, den man bei allen Personen beobachten kann, die sich aus der Hofsphäre oder aus hohen Berufsstellungen in einfache Verhältnisse, aus dem glän-zenden Schein in die Wirklichkeit des Lebens zurückziehen ...

Herr v. Damnitz blieb nur bis 1860. Herr Tholuck, ein Neffe des berühmten Hallenser Theologen, folgte. In ihm war dem devastierten Gute endlich wieder ein Wirt gegeben, eine feste und eine geschickte Hand. Die erste seit dem Tode des älteren Bischofswerder (1803). Ein Geist der Ordnung zog wieder ein. Der Park klärte sich auf, das alte Schloß gewann wieder wohnlichere Gestalt und an der Stelle verfallen-der oder wirklich schon zerbröckelter Wirtschaftsgebäude, erhoben sich wieder Ställe und Scheunen, alles sauber, glau, fest. Marquardt war wie-der ein schöner Besitz geworden.

Wir treten jetzt in ihn ein.

Der prächtige, zwanzig Morgen große Park nimmt uns auf. Er ist, in seiner gegenwärtigen Gestalt, im wesentlichen eine Schöpfung des Günstling-Generals. Seine Lage ist prächtig; in mehreren Terras-sen, wie schon zu Eingang dieses Kapitels angedeutet, steigt er zu dem breiten, sonnenbeschienenen Schlänitzsee nieder, an dessen Ufern, nach Süden und Südwesten hin, die Kirchtürme benachbarter Dörfer sicht-bar werden. Mit der Schönheit seiner Lage wetteifert die Schönheit der alten Bäume: Akazien und Linden, Platanen und Ahorn, zwischen die sich grüne Rasenflächen und Gruppen von Tannen und Weymouths-kiefern einschieben.

In der Nähe des Herrenhauses steht eine mächtige Kastanie in vollem Blütenflor. Sie ist wie ein Riesenbouquet; die weitausgestreckten Zweige neigen sich bis zur Erde. Es ist dies der Baum, der am Tauftage des Sohnes und Erben, in Gegenwart des Königs, gepflanzt wurde. Die Familie erlosch, der Baum gedieh.* An ihm vorbei treten wir in das Herrenhaus.

Es ist ein relativ neuer Bau. 1791 legte ein rasch um sich greifen-des Feuer das halbe Dorf in Asche; auch das »Schloß« brannte aus; nur die Umfassungsmauern blieben stehen. Das Herrenhaus, wie es sich jetzt präsentiert, ist also nur achtzig Jahre alt. Es macht indessen einen viel älteren Eindruck, zum Teil wohl weil ganze Wandflächen mit Efeu überwachsen sind. Aber das ist es nicht allein. Auch da, wo der moderne Mörtel unverkennbar sichtbar wird, ist es, als blickten die alten Mauern, die 1791 ihre Feuerprobe bestanden, durch das neue Kleid hindurch.

Die innere Einrichtung bietet nichts Besonderes; hier und dort begegnet man noch einem zurückgebliebenen Stück aus der »historischen Zeit«: Möbel aus den Tagen des ersten Empire, Büsten, Bilder, englische und französische Stiche. Das baulich Interessanteste ist die doppelte Kelleranlage, die dem französischen Chasseur so verderblich wurde; man blickt die Stufen hinunter wie in einen Schacht. In den oberen Geschossen schieben sich Treppen und Verschläge, Schrägbalken und Rauchfänge bunt durcheinander und schaffen eine Lokalität, wie sie nicht besser gedacht werden kann für ein Herrenhaus, »drin es umgeht«.

Die Sonne geht nieder; zwischen den Platanen des Parkes schimmert es wie Gold; das ist die beste Zeit zu einem Gange am »Schlänitz« hin. Unser Weg, in Schlängellinien, führt uns zunächst an der Gruft, dann an der Geistergrotte, an den beiden historischen Punkten des Parkes vorbei. Die Gruft ist wie ein großes Gartenbeet, ein mit Efeu und Verbenen überwachsenes Rondell; nur das griechische Kreuz in der Mitte, das die ursprüngliche Urne ablöste, deutet auf die Bestimmung des Platzes.

Weiterhin liegt die Grotte. Der Aufgang zu ihr ist mit den blauen Schlacken eingefaßt, die einst mosaikartig das ganze Innere des Baues ausfüllten. Jetzt ist dieser, weil er den Einsturz drohte, offengelegt. Durch ein Versehen (der Besitzer war abwesend) wurde bei dieser Gelegenheit die Innenmauer niedergerissen und dadurch der sichtbare Beweis zerstört, daß diese Grotte eine doppelte Wand und zwischen den Wänden einen mannsbreiten Gang hatte. Nur die äußeren Mauern, mit Ausnahme der Frontwand, sind stehen geblieben und schieben sich in den Akazienhügel ein. Strauchwerk zieht sich jetzt darüber hin.

Nun stehen wir am Schlänitzsee, über der Kirche von Phöben hängt der Sonnenball; ein roter Streifen schießt über die leis gekräuselte Fläche. Der Abendwind wird wach; ein leises Frösteln überläuft uns; an Grotte und Gruft vorbei, kehren wir in das alte Herrenhaus zurück.

Hier ist Dämmerung schon. Es ist die Minute, wo das Licht des Tages erloschen und das Licht des Hauses noch nicht gezündet ist. Wir stehen allein, dort sind die Stufen, die in Souterrain und Keller führen; wie Dunkel steigt es draus herauf. Im Hause alles still. In der Ferne klappt eine Tür, eine zweite, eine dritte; jetzt ist es, als würd' es dunkler; es rauscht vorbei, es schlurrt vorüber. Die alte »Gräfin« geht um.

*In der Nähe dieses Baumes, auf einem Grasrondell, steht ein leichtes österreichisches Feldgeschütz, wie jedes Bataillon in alten Tagen eins aufzuweisen hatte. Es wurde in einer der Schlachten des Siebenjährigen Krieges von den Preußen genommen. Friedrich II. schenkte es dem Grafen Pinto auf Mettkau; durch dessen Witwe, »die Gräfin«, kam es nach Marquardt. An gewissen Tagen wird ein Schuß daraus abgefeuert. Jedesmal vorm Laden schüttet der Gärtner Pulver ins Zündloch und zündet es an, um das Geschütz auszubrennen. Als es das letzte Mal geschah, flogen, zu heiterer Überraschung aller Umstehenden. nicht nur Eierschalen aus der Mündung heraus, sondern mit den Eierschalen zugleich ein halbverbrannter Wiesel, der in dem Kanonenrohr Quartier genommen und von hier aus den Hühnerstall geplündert hatte.

(aus: Theodor Fontane, Wanderungen durch die Mark Brandenburg: Havelland)

Das Herrenhaus

Schloß und Park sind am Ende des 18. Jahrhunderts entstanden, nachdem der General von Bischofswerder das Anwesen erworben hatte. Weitere Umbauten erfolgtem im historistischen Stil am Ende des 19. Jahrhundert durch den Berliner Industriellen, Kunstsammler und Mäzen Louis Ravené.

Die Vorlage für Fontanes Roman »L 'Adultera«

Fontane beschrieb die Geschichte Marquards in den Jahren 1869/70. Der Aufsatz erschien dann 1873 im Band »Ost-Havelland«. Fontanes Darstellung endet im Jahre 1803 mit dem Tode des Generals von Bischofswerder. Doch noch einmal sollte Fontane – mittelbar – mit Marquardt befaßt sein.

1874 ereignete sich in der Berliner Gesellschaft ein unerhörter Skandal: Therese Ravené, die Gattin des oben genannten Louis Ravené, verließ ihren Mann und brannte mit ihrem Liebhaber, einem Assessor, also einem jungen Beamten, durch. Ravené besaß in Berlin ein glänzendes Haus mit einer ausgesuchten Kunstsammlung, seine Diners und Bälle waren Höhepunkte gesellschaftlichen Lebens. Auch Fontane hörte von dieser Geschichte und verarbeitete sie in seiner Novelle »L'Adultera«, die dann 1882 erschien. Diese Novelle ist die erste Arbeit Fontanes, mit der er ein Lebens- und Gesellschaftsbild des Berlins seiner Zeit zeichnet.

Zehn Jahre erwarb der so schmählich verlassene Louis Ravené das Gut Marquardt und baute es zu einem prachtvollen Anwesen aus.

Das Buch zum Schloß

Bernd Eberhard Fischer, Marquardt. Ein Schloß im Norden von Potsdam. Eine Spurensuche, Berlin 1992.

Die Anfahrt nach Marquardt

(Stadt und Land Atlas Berlin/Brandenburg, 1997, S. 64 B/C 1/2) Marquardt liegt an der Einmündung der L 92 in die B 273, unmittelbar an der Autobahnabfahrt Potsdam-Nord.

Bedeutende Denkmäler in der Umgebung

Berlin-Wannsee, Pfaueninsel: Schloß, für König Friedrich Wilhelm II. 1794 – 1797 errichtet, Meierei, 1795 als gotische Ruine erbaut, Kavalierhaus: 1804/04 von Carl Ludwig Krüger erbaut, 1823 mit der Fassade eines gotischen Patrizierhauses des 15. Jh. aus Danzig mit Wappen der Familie von Schlieffen verkleidet, Gedächtnistempel für die Königin Luise von 1815. – **Babelsberg:** 1834/35 nach Entwürfen des nachmaligen Königs Friedrich Wilhelms IV. als Sommersitz seines jüngeren Bruders Wilhelm, dem späteren Kaiser Wilhelm I. errichtet, 1844 – 1849 umfangreiche Erweiterungsbauten unter direkter Einflußnahme der Gemahlin Wilhelms, Prinzessin Augusta von Sachsen-Weimar; am Schloß »Michaelsdenkmal«, 1852 als Geschenk des Königs an seinen Bruder für dessen Sieg über die Aufständischen in Baden und der Pfalz errichtet; Flatow-Turm: 1853 – 1856 an der Stelle einer abgebrannten Mühle nach Vorbild des spätgotischen Eschenheimer Tores in Frankfurt am Main errichtet; Gerichtslaube: 1871/72 nach Abriß des alten Berliner Rathauses hier aufgestellt. – **Lindstedt:** das kleine Schlößchen wurde nach Entwurfsskizzen Friedrich Wilhelms IV. von den Architekten Ludwig Persius, Ludwig Ferdinand Hesse, Friedrich August Stüler und Ferdinand von Arnim errichtet. Es sollte der Alterssitz des Königs werden, der hier aber nie gewohnt hat.

Sehenswerte Herrenhäuser in der Umgebung

Buchow-Karpzow: (Stadt und Land Atlas Berlin/Brandenburg, 1997, S. 64 A 1/2) Herrenhaus der Familie von Bredow. – **Neu Fahrland:** (Stadt und Land Atlas Berlin/Brandenburg, 1997, S. 64 C 3) »Heinenhof«, prachtvolle neobarocke Dreiflügelanlage, 1909/10 für Carl Friedrich v. Siemens nach Plänen von Otto March nach englischen Vorbildern erbaut; »Haus Lehnitzsee«, 1912/13 für den Generalleutnant Max von Diringshofen erbaut, um 1920 von Prinz Sigismund von Preußen erworben. – **Bornstedt:** (Stadt und Land Atlas Berlin/Brandenburg, 1997, S. 64 D 3) Gut, 1847 durch Johann Heinrich Haeberlin in italianisierendem Stil nach Skizzen Friedrich Wilhelms IV. errichtet. – **Sacrow:** (Stadt und Land Atlas Berlin/Brandenburg, 1997, S. 64 C 4) Herrenhaus, im Kern Barock, ebenfalls nach Ideenskizzen Friedrich Wilhelms IV. umgebaut.

Sehenswerte Kirchen in der Umgebung

Buchow-Karpzow: (Stadt und Land Atlas Berlin/Brandenburg, 1997, S. 64 A 1/2; Kirchenschlüssel: ev. Pfarramt 14641 Falkenrehde, Potsdamer Str. 37, Tel. 03 32 33/8 04 09) Ende 18. Jh., im Inneren Patronats-stuhl mit Wappenmalerei. – **Sacrow:** (Stadt und Land Atlas Berlin/Brandenburg, 1997, S. 64 C 4; Öffnungszeiten: März – April Di–So 11–17; Mai – Aug. Mo–So 11–18.30; Sept. Di–So 11–18; Okt. Di–So 11–17; Nov. – Feb. Sa, So 11–16.30; Anm. von Führungen: Norbert Gregor, Große Weinmeisterstr. 433, 14469 Potsdam, Tel. 03 31/2 70 58 50) Heilandskirche, 1841 – 1844 von Ludwig Persius nach Ent-würfen König Friedrich Wilhelms IV., inspiriert durch norditalienische Kirchenbauten wie etwa S. Appolinare in Classe bei Ravenna, erbaut. – **Bornstedt:** (Stadt und Land Atlas Berlin/Brandenburg, 1997, S. 64 D 3; Kirchenschlüssel: ev. Pfarramt 14469 Potsdam-Bornstedt, Ribbeckstr. 17, Tel. 03 31/50 08 02/03) Kirche 1842 nach Entwurfsskizzen Fried-rich Wilhelms IV. mit freistehendem Campanile errichtet. Im Inneren an der Westwand Epitaphien für den Akademiepräsidenten J. P. von Gundling († 1731), v. Hofwende († 1731), M. Thümicke († 1734) – auf dem Kirchhof zahlreiche Gräber von bedeutenden Preußen so etwa Peter Josef Lenné († 1866), Ferdinand von Arnim († 1866), Ludwig Persius († 1845) sowie zahlreicher Militärs und Mitglieder des Hof-staates.

Gastronomie
Schloßhotel und Restaurant »Cecilienhof«
Neuer Garten, 14469 Potsdam
Tel. 03 31/37 05-0

Information
Fremdenverkehrsverband Havelland
Goethestr. 59/60, 14641 Nauen
Tel. 0 33 21/403-109

18. Paretz

Schloß Paretz, Hofseite. Durch die Mißhandlungen während der Zeit des »real existierenden Sozialismus« ist der einstige Landsitz König Friedrich Wilhelms III. und seiner Gemahlin, der Königin Luise, kaum noch zu erkennen.

Paretz ist alt-wendisch. Die Nachrichten sind sehr lückenhaft. Es gehörte ursprünglich zur Kirche von Ketzin, kam dann in den Besitz der Arnims und Dirikes, welch' letztere es 1658 an die Familie Blumenthal veräußerten. Die Blumenthals, später freiherrlich und gräflich, saßen hier in drei Generationen, bis Obristlieutenant Hans August v. Blumenthal es 1795 an den damaligen Kronprinzen, späteren König Friedrich Wilhelm lll. verkaufte. Es entsprach ganz den gestellten Bedingungen und Wünschen.

Diese Wünsche gingen vor allem auf Stille, Abgeschiedenheit. Sehr bald nach seiner Vermählung hatte sich der Kronprinz Schloß Oranienburg zum Aufenthalt ausersehen, dessen landwirtschaftlicher Charakter, beiläufig bemerkt, eine große Verwandtschaft mit dem von Paretz zeigt. Aber das Schloß daselbst – damals noch viel von der Pracht aufweisend, die ihm Kurfürst Friedrich III. gegeben hatte – war ihm viel zu groß und glänzend, und so kam ihm die Nachricht überaus erwünscht, daß das stille Paretz, das er zufällig aus seinen Kindertagen her kannte (Obristlieutenant v. Blumenthal war damals Prinzengouverneur gewesen), zu verkaufen sei. General v. Bischofswerder, von dem benachbarten Marquardt aus, machte den Vermittler, das Geschäftliche wurde schnell erledigt, und unter des Hofmarschalls v. Massow Aufsicht begann der Abbruch des alten Wohnhauses und der Aufbau des neuen Schlosses. Dieser erfolgte, nach einem Plane des Oberbaurates Gilly, in »ländlichem Stile«. »Nur immer denken, daß Sie für einen armen Gutsherrn bauen«, sagte der Kronprinz, dem im übrigen die Vollendung des Baues sehr am Herzen lag. Alles wurde denn auch dergestalt beschleunigt, daß der neue Gutsherr mit seiner Gemahlin schon im Jahre 1796 einige Tage in Paretz zubringen konnte. Um dieselbe Zeit waren Parkanlagen in Angriff genommen worden, und zwar durch den neu angestellten Hofgärtner David Garmatter, einen Erbpächtersohn der nahen Schweizerkolonie Neu-Töplitz, der seine Aufgabe mit ziemlichem Geschick löste, und Natur und Kunst vereinend, in den drei durch Landstraßen umschlossenen Parkanlagen eine bescheidene Nachahmung der Gärten von Klein-Trianon versuchte.

Wohlangebrachte Durchblicke ließen die landschaftliche Fernsicht über die üppigen Havelwiesen und Seen nach den bewaldeten Höhen von Phöben und Töplitz hin frei. An einer anderen Stelle schweifte der Blick nach dem romantisch gelegenen Utz, bis weiter hinaus zu den Höhen von Potsdam. Von anderen Standpunkten aus blickte man über die sich schlängelnde Havel nach der Stadt Werder und dem Wildpark, und zur Rechten, tief in die flache Zauche hinein, bis an die Wälder des Klosters Lehnin. Dazu überraschten an geeigneten Punkten kleine bauliche Anlagen: Tempel und Pavillons, Moos-

und Muschelgrotten. Auch die Dorfschmiede, an einer Durchsicht erbaut, täuschte durch eine gotische Facade mit Spitzbogenfenstern. Außerdem wurde ein Fasaneriewäldchen angelegt, und vor und hinter dem Landhause ein bowling-green mit Blumenbouquets.

So war ein Sommerschloß gewonnen, anmutig, hell, geräumig aber in allem übrigen von einer Ausschmückung, die heutzutage kaum noch den Ansprüchen eines Torflords genügen würde. 1797 erfolgte die Renovierung der Kirche, drei Jahre später der Neubau des Dorfes, wobei zugleich festgesetzt wurde, daß die im Giebel jedes Hauses befindliche Stube jederzeit für die königliche Dienerschaft, ebenso ein auf jedem Gehöft erbauter Pferdestall für die herrschaftlichen Pferde reserviert bleiben müsse. Seit 1797 war der Kronprinz König.

In diesem also umgeschaffenen Paretz, das bei Freunden und Eingeweihten alsbald den schönen Namen »Schloß Still-im-Land« empfing, erblühten dem Königspaare Tage glücklichsten Familienlebens. Die Familie und die Stille waren der Zauber von Paretz.

Diesen Zauber empfand die Königin, die wir gewohnt sind uns neben dem einsilbigen Gemahl als das gesprächigere, den Zerstreuungen zugeneigtere Element zu denken, fast noch lebhafter als dieser. Sie selbst äußerte sich darüber: »Ich muß den Saiten meines Gemüts jeden Tag einige Stunden Ruhe gönnen, um sie gleichsam wieder aufzuziehen, damit sie den rechten Ton und Anklang behalten. Am besten gelingt mir dies in der Einsamkeit; aber nicht im Zimmer, sondern in den stillen Schatten der Natur. Unterlaß ich das, so fühl' ich mich verstimmt. O welch ein Segen liegt doch im abgeschlossenen Umgange mit uns selbst!« Zu diesem »Umgange mit sich selbst« war nun »Schloß Still-im-Land« der geeignetste Platz, keine Straße führte vorüber, die Ruhe, wenn man sie haben wollte, war beinahe unbedingt; aber man ließ sie gern durch die Heiterkeit des Dorfes unterbrechen.

So wurde das Erntefest von seiten des Hofes alljährlich mitgefeiert. Wir finden darüber folgende Aufzeichnungen. »Das Fest begann am frühen Nachmittag. Sobald die Herrschaften sich von der Tafel erhoben hatten, setzten sich die festlich angetanen Schnitter und Schnitterinnen vom Amte aus in Bewegung. Geschart um ihr Feldbanner, den reichbebänderten Kranz von Ähren und Blumen, marschierten sie nach dem Takte der Dorfmusik aufs Schloß. Dort auf dem freien Platze hielt der Zug und stellte sich im Halbkreis auf. Der königliche Gutsherr trat heraus, hörte die an ihn gerichtete Rede der Großmagd an und schickte die Sprecherin sodann mit der Erntekrone hinein ins Schloß. Nun zeigte sich auch die Königin, und mit dem Erscheinen der »gnädigen Frau von Paretz« begann der Tanz. Das königliche Paar mischte sich in die Reihen der Landleute, die Herren und Damen folgten und sogar die Frau Oberhofmeisterin (Frau v. Voß) konnte nicht umhin, auf diesem bal champêtre mitzuwirken.

Den ersten Tanz spielten die Dorfmusikanten, den zweiten die Garde-Hautboisten aus Potsdam; Bursche und Mädchen tanzten sich außer Atem; dann gliederte sich der Zug von neuem und bewegte sich dahin zurück, von wo er gekommen war – nach dem Amte. Im Dorfe mittlerweile wimmelte es von Käufern und Verkäufern; innerhalb der eigentlichen Straße zog sich noch eine Budenstraße, und inmitten dieses Gedränges, Einkäufe und Geschenke machend, gewahrte man die hohen Gestalten des königlichen Paares. «

Diese Erntefeste, die bald einen Ruf gewannen, machten das stille Paretz zu einem Wallfahrtsort für Nah und Fern. Jeder Besucher hatte Zutritt, König und Königin ließen sich die Fremden vorstellen, äußerten ihre Freude über zahlreichen Zuspruch und baten: »übers Jahr wieder unter den Gästen zu sein«. Es waren wirkliche Volksfeste, und wohl mochte der General v. Köckritz damals schreiben: »Ich habe in Paretz wieder allerfroheste Tage verlebt. Wir haben uns ungemein divertiert und alles Angenehme des Landlebens in ganzer Fülle genossen, wobei die Jagd und Wasserfahrt die Hauptbelustigung waren. Ein besonderer Festtag aber war das Erntefest. Die Königin mischte sich in die lustigen Tänze. Hier war Freiheit und Gleichheit; ich selbst, trotz meiner 55 Jahre, tanzte mit.

(aus: Theodor Fontane, Wanderungen durch die Mark Brandenburg: Havelland)

Friedrich Wilhelm III. als Förderer der Künste

Paretz ist gewissermaßen ein »Wallfahrtsort«. Wer hierher kommt, sucht in der Regel einen Ort, den S I E gewissermaßen geheiligt hat: Königin Luise. Sie hat mit Napoleon über das Schicksal Preußens verhandelt, hat die preußisch-russische Koalition mit vorbereitet und war schon zu Lebzeiten eine Legende.

Und der Mann neben ihr, der eigentlich die Geschicke Preußens leiten sollte? In der konventionellen Geschichtsschreibung wird er als »tumber Tor« dargestellt, der nur in Infinitiven redete und von recht beschränktem Geist war. Doch stimmt das?

Friedrich Wilhelm III. war in Wirklichkeit – ein Revolutionär. Anfang Mai 1806 schnitt er sich den Zopf ab als Zeichen, mit dem Alten zu brechen und Neues einzuführen. Seine Gemahlin Luise beglückwünschte ihn dazu und schrieb in einem Brief vom 6. Mai 1806 aus Königsberg: »... vor zwei Jahren hätte man in Preußen nicht gewagt, an diese Änderung zu denken, wegen der Macht und der Wertes, die man dem alten Kostüm der preußischen Armee beimaß ... wer sie hätte ändern wollen, hätte ein Majestätsverbrechen begangen.« In dem berühmten Edikt vom 9. Oktober 1807 erklärte er: »Jeder Einwohner unserer Staaten ist, ohne alle Einschränkung in Bezug auf den Staat, zum eigenthüm-lichen und Pfandbesitz unbeweglicher Grundstücke aller Art berechtigt ...« Er ging damit weit über das von seinem Onkel Friedrich dem Großen initiierte Allgemeine Preußische Landrecht heraus. Er schuf also die Gleichberechtigung der Bürger vor dem Gesetz. Aber er schuf noch mehr: 1829 wird in Rom das »Istituto di Correspondenza di Archeologia« gegründet, der Vorläufer des heutigen »Deutschen Archäologischen Instituts«. 1830 wird das »Königliche Museum« am Lustgarten eröffnet, dessen Besuch unentgeltlich ist und dessen Bestände zum großen Teil aus den königlichen Privatsammlungen gebildet werden. Er veranlaßte großzügigste Ankäufe für die Museen und Galerien und förderte die Talente in seinem Staat nachhaltig – in Form der Vergabe von Stipendien und Forschungsaufträgen.

Das Herrenhaus

wurde 1797 von David Gilly für Friedrich Wilhelm III. und seine Gemahlin, der Königin Luise, errichtet, ebenso wie das gesamte Dorf
und die Kirche. Die Schlichtheit des Schlosses war der Wunsch des
Bauherrn. In DDR-Zeiten schlimmstens vergewaltigt, soll das Schloß
in Zukunft ein Museum beherbergen sowie die Brandenburgische Fach-
schule für Restaurierung.

Literatur über den König

Thomas Stamm-Kuhlmann, König in Preußens großer Zeit. Friedrich
Wilhelm III. – der Melancholiker auf dem Thron, Berlin 1992.

Die Anfahrt nach Paretz

(Stadt und Land Atlas Berlin/Brandenburg, 1997, S. 63 B 4) Paretz
liegt an der L 92, Autobahnabfahrt Potsdam-Nord Richtung Ketzin.

Sehenswerte Herrenhäuser in der Umgebung

Roskow: (Stadt und Land Atlas Berlin/Brandenburg, 1997, S. 63 B 1)
Dreiflügelanlage, 1723 – 1727 für die Familie von Katte erbaut, 1880 –
1890 grundlegend umgebaut. – **Bagow:** (Stadt und Land Atlas Berlin/
Brandenburg, 1997, S. 62 A 4) »Festes Haus«, 1545 für Andreas von
Schlieben errichtet, von 1772 – 1945 im Besitz der Familie von Ribbeck.
– **Groß Kreutz:** (Stadt und Land Atlas Berlin/Brandenburg, 1997, S.
63 D 2) 1765 wohl von Friedrich Wilhelm Dieterichs erbaut; die Park-
seite inspiriert von Schloß Sanssouci.

Sehenswerte Kirchen in der Umgebung

Paretz: (Stadt und Land Atlas Berlin/Brandenburg, 1997, S. 63 B 4;
Kirchenschlüssel: ev. Pfarramt Ketzin, Rathausstr. 17, Tel. 03 32 33/
8 05 68) 1797/98 durch David Gilly d. Ä. gotisierend umgebaut, bemerkenswerte Herrschaftsloge, Apotheose der Königin Luise, Tonrelief
von Johann Gottfried Schadow von 1811. – **Uetz:** (Stadt und Land
Atlas Berlin/Brandenburg, 1997, S. 64 B 1; Kirchenschlüssel: ev. Pfarramt Alt-Töplitz, 14476 Töplitz, Dorfstr. 67, 03 32 02/6 02 07) neo-

gotischer Backsteinbau von 1860/70, im Inneren gotisierendes Relief der Grablegung Christi aus dem Jahre 1838 von I. Alberti. – **Paaren:** (Stadt und Land Atlas Berlin/Brandenburg, 1997, S. 64 B 1; Kirchenschlüssel: ev. Pfarramt 14641 Paaren, Tel. 03 32 30/5 02 54) 1770 erbaut, über dem Westportal Stifterwappen. – **Groß Kreutz:** (Stadt und Land Atlas Berlin/Brandenburg, 1997, S. 63 D 2; Kirchenschlüssel: ev. Pfarramt 14550 Groß Kreutz, Bahnhofstr. 19, Tel. 03 32 07/5 10 33) höchst beeindruckender Kanzelaltar, um 1775, Wappenschilde der Familien v. Arnstedt und v. Hacke, Marmorepitaph für Fr. von Arnstedt († 1884).

Außerdem bemerkenswert:

Groß Kreutz: an der Kreuzung der B1 und der Dorfstr. stehen beidseitig der Straße in Richtung Kirche zahlreiche spätbarocke Postmeilensteine

Gastronomie

Hotel »Gutshof Havelland«
Potsdamer Str. 30, 14641 Falkenrehde
Tel. 03 32 33/87-0; Fax /87-222

Information

Fremdenverkehrsverband Havelland
Goethestr. 59/60, 14641 Nauen
Tel. 0 33 21/4 03-1 09 Fax /40 35 55

19. RIBBECK

Das Schloß der Familie von Ribbeck dient heute als Altersheim.

HERR VON RIBBECK AUF RIBBECK IM HAVELLAND

Herr von Ribbeck auf Ribbeck im Havelland,
Ein Birnbaum in seinem Garten stand,
Und kam die goldene Herbsteszeit
Und die Birnen leuchteten weit und breit,
Da stopfte, wenn's Mittag vom Turme scholl,
Der von Ribbeck sich beide Taschen voll,
Und kam in Pantinen ein Junge daher,

So rief er: »Junge, wiste 'ne Beer?«
Und kam ein Mädel, so rief er:
»Lütt Dirn, Kumm man röver, ick hebb 'ne Birn.«

So ging es viel Jahre, bis lobesam
Der von Ribbeck auf Ribbeck zu sterben kam.
Er fühlte sein Ende. 's war Herbsteszeit,
Wieder lachten die Birnen weit und breit,
Da sagte von Ribbeck: »Ich scheide nun ab.
Legt mir eine Birne mit ins Grab.«
Und drei Tage drauf, aus dem Doppeldachhaus,
Trugen von Ribbeck sie hinaus,
Alle Bauern und Büdner, mit Feiergesicht,
Sangen »Jesus meine Zuversicht«,
Und die Kinder klagten, das Herze schwer,
»He is dod nu. Wer giwt uns nu 'ne Beer?«

So klagten die Kinder. Das war nicht recht,
Ach, sie kannten den alten Ribbeck schlecht,
Der neue freilich, der knausert und spart,
Hält Park und Birnbaum streng verwahrt,
Aber der alte, vorahnend schon
Und voll Mißtraun gegen den eigenen Sohn,
Der wußte genau, was damals er tat,
Als um eine Birn ins Grab er bat,
Und im dritten Jahr, aus dem stillen Haus,
Ein Birnbaumsprößling sproßt heraus.

Und die Jahre gehen wohl auf und ab,
Längst wölbt sich ein Birnbaum über dem Grab,
Und in der goldenen Herbsteszeit
Leuchtet's wieder weit und breit.
Und kommt ein Jung übern Kirchhof her,
So flüstert's im Baume: »Wiste 'ne Beer?«

Und kommt ein Mädel, so flüstert's: »Lütt Dirn,
Kumm man röver, ick gew di 'ne Birn.«

So spendet Segen noch immer die Hand
Des von Ribbeck auf Ribbeck im Havelland.

(Der Ort Ribbeck wurde von Fontane in seinen »Wanderungen« nicht berücksichtigt, wohl aber ist sein Gedicht so außerordentlich bekannt, daß Ort und Gedicht in diesem Buch Aufnahme fand.)

Das Herrenhaus

Die Familie von Ribbeck besaß das Dorf Ribbeck seit 1536. Das Haus, daß Fontane gesehen hatte, war eingeschossig und mit einem Krüppelwalmdach gedeckt. 1896 wurde es einem grundlegendem Umbau unterzogen und ist heute ein schönes Beispiel für das Erscheinungsbild eines Herrenhauses im neobarocken Stil. Zu DDR-Zeiten diente es als Altersheim, heute wird es von der AWO in gleicher Funktion betrieben.

Nachdem es Anfang der fünfziger Jahre zum Altersheim umgebaut wurde, fertigte der Maler Hans Schindler im Treppenhaus eine programmtische Wandmalerei zum Inhalt des Gedichtes im Stile des sogenannten »sozialistischen Realismus«.

Ein Gedicht begündet den Ruhm des Dorfes

In die Literatugeschichte eingegangen ist das Dorf Ribbeck, seit Theodor Fontane sein berühmtes Gedicht in Emil Dominiks Zeitschrift »Zur guten Stunde« in der Ausgabe vom 1. Oktober 1889 veröffentlichte. Das Gedicht gewann bald ungeheuere Publizität, und die Familie von Ribbeck stand bald als Synonym für die Fürsorgeverantwortlichkeit eines Adligen für die ihm anvertrauten Menschen.

Zum Nachlesen über die Geschichte von Gut Ribbeck und seiner Besitzer: Karl Feldmeyer, Schwierige Heimkehr. Neusiedler auf altem Boden, Berlin 1997, S. 190ff.: Ribbeck – im Hader mit sich selbst.

Die Anfahrt nach Ribbeck
(Stadt und Land Atlas Berlin/Brandenburg, 1997, S. 53 A 2) Ribbeck liegt an der B 5, ca. 10 Km nordöstlich von Nauen.

Interessantes im Dorf
Dorfkirche: um 1722; von den zuständigen staatlichen wie kirchlichen Institutionen der DDR wegen Baufälligkeit bereits zum Abriß freigegeben, wurde sie durch das Engagement des Gemeindepfarrers, dem seine Gemeindeglieder mit ebenso großem Enthusiasmus folgten, sowie der Unterstützung der Brudergemeinde in der damaligen Bundesrepublik wiederhergestellt und ist heute *das* Zentrum des Dorfes.

Bedeutende Denkmäler in der Umgebung
an der B5 stehen zwischen **Berlin-Spandau** und **Groß Warnow** (an der Landesgrenze zu Mecklenburg-Vorpommern) in ca. 10 km-Abstand ca. 2,50 m hohe Meilensteine, an denen der preußische Adler zu DDR-Zeiten weggemeißelt wurde. Mit der Einführung des metrischen Systems im Jahre 1871 wurden die Postmeilensäulen unbrauchbar, auf ihren einstigen Rückseiten die km-Angabe nach Berlin eingemeißelt und so wieder an neuen Standorten aufgestellt. Die alte Meilenangabe findet sich häufig noch auf der jetzigen Rückseite. In Ribbeck steht eine solche ursprüngliche Postmeilensäule nahe der Einmündung der zum Schloß führenden Straße in die B 5. – **Berlin-Spandau:** Zitadelle: beg. 1560 nach Plänen des italienischen Festungsbaumeisters Gandino, seit 1578 vollendet durch Rochus Guerini Graf zu Lynar; die Fassade des Torhauses von 1839, das Wappen im Giebel jedoch von 1701; der Juliusturm wahrscheinlich aus dem 12. Jh., der Zinnenkranz nach Entwurf von Schinkel restauriert. – unmittelbar hinter der Spandauer Stadtgrenze: – **Fort Hahneberg:** erbaut um 1860 (zu besichtigen Sa/So 10 –17 Uhr nur mit Führung!).

Sehenswerte Herrenhäuser in der Umgebung

Pessin: (Stadt und Land Atlas Berlin/Brandenburg, 1997, S. 52 A 4) im Ort gibt es zwei Herrenhäuser, das der Familie v. Knoblauch könnte – wenn der Türbalken mit der inschriftlich genannten Jahreszahl 1436 eine Erstverwendung sein sollte – das älteste Herrenhaus im Land Brandenburg sein (heute leerstehend); das zweite Herrenhaus wurde 1834/35 von der Familie von Bredow errichtet und dient heute als Schule; bei beiden Häusern sind vom Park keinerlei Reste mehr erkennbar. – **Selbelang:** (Stadt und Land Atlas Berlin/Brandenburg, 1997, S. 53 A 1) das Haus der Familie von Erxleben wurde in der 2. H. des 19. Jh. in neogotischen Formen errichtet; das alte Herrenhaus nach dem 2. Weltkrieg abgerissen und der Park parzelliert und mit Wohn- und Nutzbauten versehen. – **Wagenitz:** (Stadt und Land Atlas Berlin/Brandenburg, 1997, S. 42 D 3) vom alten Herrenhaus steht nur der riesige Küchenbau, das Haus selbst wie auch das neue Schloß der Familie v. Bredow wurden nach dem 2. Weltkriege abgerissen; der Park mit großartigem alten Baumbestand ist im wesentlichen erhalten. – **Lietzow:** (Stadt und Land Atlas Berlin/Brandenburg, 1997, S. 53 A 3) das barocke Herrenhaus scheint von dem Obersten du Plessis errichtet zu sein, der das Gut Ende des 17. Jh. besaß. – **Senzke:** (Stadt und Land Atlas Berlin/Brandenburg, 1997, S. 42 D 3) 1872 in spätklassizistischen Formen errichtet. – **Nennhausen:** (Stadt und Land Atlas Berlin/Brandenburg, 1997, S. 52 B 1) das Schloß zwischen 1800 und 1830 im Besitz von Friedrich de la Motte-Fouqué, der hier u. a. seine »Undine« dichtete; in neogotischen Formen durch den Hofbaumeister des Prinzen Karl von Preußen, Ferdinand von Arnim, für den Generalleutnant von Rochow errichtet, der Park mit prachtvollen alten Eichen gut erhalten, im Park Denkmal für A. v. Briest († 1822) sowie die sog. »Fouqué-Eiche«. – **Wassersuppe:** (Stadt und Land Atlas Berlin/Brandenburg, 1997, S. 41 D 2) das Herrenhaus, um 1780 erbaut, z. T. vermietet, z. T. leerstehend und dem Verfall preisgegeben, über dem Portal schönes Allianzwappen des Philipp v. d. Hagen und der Gräfin v. Wartensleben.

Sehenswerte Kirchen in der Umgebung

Berlin-Spandau: Nikolai-Kirche: 15. Jh., im Inneren Hochaltar (1593 – 1596), gestiftet von Rochus Graf zu Lynar, zugleich dessen Epitaph (Besichtigungszeiten Sa 11 – 15 Uhr, So 14 – 16 Uhr). – **Selbelang:** (Stadt und Land Atlas Berlin/Brandenburg, 1997, S. 53 A 1; Kirchenschlüssel: ev. Pfarramt 14641 Retzow, Brandenburger Str. 41, Tel. 03 32 37/8 90 62) 2. H. 15. Jh., Grabsteine der Familie v. Bardeleben (B. v. Bardeleben, † 1579, W. v. Bardeleben † 1589). – **Wagenitz:** (Stadt und Land Atlas Berlin/Brandenburg, 1997, S. 42 D 3; Kirchenschlüssel: ev. Pfarramt 14662 Senzke, OT Haage, Dorfstr. 25, Tel. 03 32 38/8 02 27) 1664; großes Votivgemälde des H. Ch. v. Bredow mit Familie von 1667. – **Senzke:** (Kirchenschlüssel: s. Wagenitz) 1857; an des Westempore Wappen von 1622 der Familie v. Bredow; Taufe 1676, am Turm Grabstein von 1760. – **Nennhausen:** (Stadt und Land Atlas Berlin/Brandenburg, 1997, S. 52 B 1; Kirchenschlüssel: ev. Pfarramt 14715 Nennhausen, Kirchstr. 1; Tel. 03 38 78/6 04 52) spätgot., im Inneren prachtvoller Epitaph für G. v. Lochow († 1612) und seine Frau von dem Magdeburger Bildhauer Christoph Dene von 1614; vier Grabsteine für G. v. Lochow († 1612) und seine Frau († 1595), deren Enkel L. v. Lochow († 1611) und Ae. v. Lochow († 1621); in neogotischen Formen gehaltenes Grabmal für T. H. Roch v. Rochow († 1854) von Friedrich Adler; ferner der Degen, den Baron Friedrich de la Motte-Fouqué in den Befreiungskriegen geführt hat. – **Wassersuppe:** (Stadt und Land Atlas Berlin/Brandenburg, 1997, S. 41 D 2; Kirchenschlüssel: ev. Pfarramt 14715 Hohennauen, Seestr. 3, Tel. 03 38 72/7 02 23) 1756, im Inneren Kanzelaltar von 1703 von Johann Christoph Richter aus Cammer, Totentafel des Kindes Chr. v. Wuthenow († 1705).

Gastronomie

Landhaus Tusk
Hamburger Str. 11, 14641 Wustermark
Tel. 01 72/3 18 30 54

Information

Fremdenverkehrsverein Havelländisches Luch
Dorfstr. 15, 14662 Senzke
Tel. 03 32 38/8 02 05

20. DREILINDEN

Das Jagdschloß »Dreilinden« des Prinzen Friedrich Karl von Preußen.

Ja, der Prinz war ein Gastfreund. Ein eigen Wort, unmodisch und obsolet fast, weil auch das obsolet wurde, was diesem Worte zur Voraussetzung dient: die Gastfreundschaft. Die schöne Gastlichkeitstugend aus Morgenland ist der abendländischen Welt, etwa mit Ausnahme von England und Skandinavien, abhanden gekommen, und wenn dies (wie übrigens kaum anzunehmen) optimistisch bestritten werden sollte, so wird doch das nicht bestritten werden können, daß in Mark Brandenburg und seiner Landeshauptstadt eine der traurigsten Heimstätten alles dessen, was »Gastfreundschaft« heißt, erkannt werden muß. Behufs Beweisführung ist es nur nötig, das eine Wort »Logierbesuch«

auszusprechen, das, anscheinend von durchaus unschuldiger Bedeutung, im Ohr aller Eingeweihten als Schreckenswort umgeht.

In der Tat, Mark Brandenburg hat wenig Gastfreundschaft und noch weniger einen »Gastfreund«; im Jagdhause zu Dreilinden aber fanden sich beide. Während der Monate, die der Prinz hier zubrachte, und am ausschließlichsten wohl in den Spätherbstmonaten, war jeden zweiten Tag eine »Dreilindner Tafelrunde« versammelt, deren Paladine den verschiedensten Lebens- und Berufskreisen, aber doch vorzugsweise dem Kreise der Berliner und Potsdamer Garnison angehörten.

Und nun die Tafel selbst!

Ich habe gleich zu Beginn dieses Aufsatzes ein Bild derselben zu geben versucht, aber freilich nur nach Art eines dissolving view, weshalb es mir in nachstehendem obliegen wird, das eingangs bloß im Fluge Berührte hier näher auszuführen.

Oben am Treppenausgang erwartete der Prinz die Geladenen, an jeden ein freundliches Wort der Begrüßung richtend. In einem Vorzimmer, wohl nach schwedischer Sitte, ward ein Imbiß, ein Vorschmack genommen, und eine mit dem LiqueurABC, also mit Allasch, Benediktiner und Chartreuse beginnende Batterie, die sich über den Rest des Alphabets hin bis zu Maraschino di Zara fortsetzte, stand zu diesem Behufe zur Wahl. Eine kurze Konversation, mehr ein Fragen als ein Sprechen, leitete sich ein, in deren Verlauf der zum erstenmal Erschienene sich aufgefordert sah, seinen Namen in das Fremdenbuch von Dreilinden einzutragen. Eine Durchsicht desselben, jeder Jahrgang ein Band, würde gleichbedeutend gewesen sein mit einer Revue berühmter Namen, wenigstens auf manchem seiner Blätter; aber die Zeit dazu blieb der Neugier versagt, denn im selben Augenblick, wo wir die Fremdenbuchfeder wieder niederlegten, öffneten sich auch schon die Türen zu dem eingangs (im ersten Kapitel) geschilderten Eßsaale, von dessen Decke der große Geweihkronleuchter herniederhing und den Glanz seiner 66 Lichter über den quadratischen, zu zwölf gedeckten und mit Polstersesseln umstellten Eßtisch ausstrahlte. Rechts und links hin blinkende Humpen und Aufsatzstücke. Die dem Range nach Zuhöchststehenden nahmen die Plätze neben dem Prinzen ein, womit das Zeremoniell erschöpft und für die noch verbleibenden Sitze die Gleichwertigkeit ausgesprochen war. Eine Menukarte lag vor oder neben jedem Couvert, aber nicht in dem herkömmlichen Westentaschenformat, sondern als ein großes, in Buntfarbendruck sauber und sinnig ausgeführtes Blatt, das zu besitzen und seinem Album daheim einverleiben zu dürfen, ebensosehr Begehr wie Brauch war. Das Blatt selbst aber zeigte das »Jagdhaus« von Efeu und Weinblatt umrankt, in dessen Gezweige die typischen Gestalten aus der Tafeldienst-Sphäre von Dreilinden standen: der Heiduck, der Jäger, der den Fasan und endlich der Butler und Kellermeister, der das Spitzgläsertablett mitsamt dem Champagner präsentierte.

(aus: Theodor Fontane, Wanderungen durch die Mark Brandenburg: Fünf Schlösser)

Das Herrenhaus
Das Jagdschloß Dreilinden wurde 1955 abgerissen.

Brandenburgische Gastfreundschaft
Wie sein Vater, Prinz Karl von Preußen, so war auch Prinz Friedrich Karl begeisterter Sammler antiker Kunstwerke. Jedoch interessierte sich Friedrich Karl mehr für Ägyptisches und Orientalisches.

1859 kaufte er das Vorwerk »Neu-Zehlendorf« und einige Forstflächen. 1865 errichtete der Baumeister Nabbath ein Jagdschloß im Schweizer Stil. Im gleichen Jahre wird das Gut von König Wilhelm I. in den rechtlichen Status eines landtagsfähigen Rittergutes erhoben und erhält aus Anlaß des im Jahr zuvor von Prinz Friedrich Karl im Deutsch-Dänischen Krieg erfochtenen Sieg bei den Düppeler Schanzen den Namen »Düppel«. Das auch im Schweizer Stil errichtete Herrenhaus steht noch heute.

Auch das Gut Düppel existiert noch. Es beherbergt derzeit die Tierkliniken der Freien Universität Berlin sowie einen Reiterverein.

Fontane war häufig Gast in Dreilinden, und gerade seinen privaten Schilderungen ist zu entnehmen, daß die »Gastereien« dort – verglichen mit heutigen Parties – kurz und relativ karg waren. Am 25. November 1881 trägt Fontane in sein Tagebuch ein: »Um 4 1/2 zu Prinz Friedrich Karl zum Diner in Jagdschloß Dreilinden. Wir aßen zu 12 ... Wundervolles Lokal, reich an historischen Erinnerungen und Curiositäten. Schöne Weine, brillante Verpflegung, ungezwungene Unterhaltung. Das Ganze dauerte von 5 bis 8. Alles ein sehr verfeinertes 'Tabakscollegium'. Gleich nach 8 zur Bahn, um 9 wieder in Berlin.«

Das Buch zum Thema
Helmuth Luther, Friedrich Karl von Preußen. Das Leben des »roten Prinzen«, Berlin 1995.

Die Anfahrt nach Dreilinden
Das Schloß ist abgerissen; doch jeder West-Berliner kennt den Ort, denn anstelle des Schlosses, das den 2. Weltkrieg relativ unbeschadet überstanden hatte, errichteten die Alliierten ihren Kontrollpunkt, von dem heute nur ein Turm als Denkmal geblieben ist.

Bedeutende Denkmäler in der Umgebung
Potsdam: Schloß Sanssouci (Lustschloß Friedrichs des Großen, M. 18. Jh.). – Marmorpalais und Neuer Garten (bedeutendste Schöpfung König Friedrichs Wilhelms II., neben dem Schloß besonders bemerkenswert Küchengebäude nach dem römischen Tempel des Mars Ultor, Eiskeller in Form einer ägyptischen Pyramide, Orangerie mit ägyptisierendem Schmuck von Johann Gottfried Schadow), Beldevere auf dem Pfingstberg (1844 – 1847 nach Entwurf von König Friedrich Wilhelm IV.) davor »Pomonatempel« von Karl Friedrich Schinkel (1800 – 18801). – **Großbeeren:** (Stadt und Land Atlas Berlin/Brandenburg, 1997, S. 76 B 1) auf dem Kirchhof Denkmal für die Schlacht an Großbeeren in Form einer gotischen Fiale von Karl Friedrich Schinkel, im Zentrum der Dorfaue nach Entwurf von C. Lange Betonturm von 1913 – an der einstigen Stelle der Schlacht von 1813, in der Bülow Berlin gegen die Franzosen verteidigte, Pyramide von 1913.

Sehenswerte Herrenhäuser in der Umgebung

Kleinmachnow: (Stadt und Land Atlas Berlin/Brandenburg, 1997, S. 65 D 2/3) von der »Alten Burg« sind nur noch kaum erkennbare Reste erhalten, das Ende des 18. Jh. von Gilly errichtete Herrenhaus nach 1947 abgerissen, von einstigen Gutsbezirk nur noch die heute als Restaurant und Hotel genutzte »Alte Mühle« erhalten; die »Neue Haakeburg« 1905 von Bodo von Ebhardt im Stil rheinischer Burgenromantik errichtet (heute als Hotel und Restaurant genutzt). – **Güterfelde:** (Stadt und Land Atlas Berlin/Brandenburg, 1997, S. 75 A 3) seit Beginn des 20. Jh. wird das Herrenhaus als Altenheim genutzt. – **Diedersdorf:** (Stadt und Land Atlas Berlin/Brandenburg, 1997, S. 76 B 1/1) das barocke Herrenhaus als Hotel und Schulungsstätte, die Wirtschaftsgebäude als Restaurant genutzt, auf dem Gutshof bemerkenswerter Taubenturm aus der 1. H. des 19. Jh.

Sehenswerte Kirchen in der Umgebung

Potsdam: S. Peter und Paul: (Kirchenschlüssel: Propstei St. Peter und Paul, Hegelallee 55, 14467 Potsdam, Tel. 03 31/2 80 49 42) 1867/68 von Wilhelm Salzenberg als katholische Pfarrkirche errichtet, das Äußere inspiriert von S. Zeno in Verona, das Innere von der Hagia Sophia in Konstantinopel (Salzenberg hatte im Auftrage König Friedrich Wilhelms IV. die Kirchen von Konstantinopel aufgenommen und in einem prachtvoll ausgestattetem, großformatigen Buch publiziert). – Nikolaikirche: (Kirchenschlüssel: ev. Pfarramt 14467 Potsdam, Am Alten Markt, Tel. 03 31/29 16 82) 1830 – 1835 nach vernichtendem Brand des Vorgängerbaues nach Entwurf von Schinkel errichtet, die Kuppel 1843 nach dem Vorbild der des Petersdomes in Rom nach Entwurfsskizzen König Friedrich Wilhelms IV. aufgesetzt.

Gastronomie

Schloßhotel und Restaurant »Cecilienhof«
Neuer Garten, 14469 Potsdam
Tel. 03 31/37 05-0

Information

Potsdam-Information
Friedrich-Ebert-Str. 5, 14467 Potsdam
Tel. 03 31/29 11 00, /29 33 85; Fax /29 30 12

21. Petzow

Schloß Petzow, Parkseite. Das in den Formen englischer Gotik erbaute Schloß geht auf Ideenskizzen des Kronprinzen und nachmaligen König Friedrich Wilhelms IV. zurück.

Die etwas unregelmäßig über einen Hügelrücken sich hinziehende Dorfstraße folgt im wesentlichen dem Schwilowufer; zwischen Dorf und See aber ist ein ziemlich breites, schräg abfallendes Stück Land verblieben, in das Schloß und Park sich teilen.

Beides sind Schöpfungen dieses Jahrhunderts; Vater und Großvater des gegenwärtigen Besitzers, des Amtsrats v. Kaehne, riefen sie ins Leben. Die genannte Familie sitzt nachweisbar seit 1630 an dieser Stelle; vielleicht viel länger. Die Kaehnes waren damals schlichte Bauern. In genanntem Jahre, also während des Dreißigjährigen Krieges, erwarben sie das Lehnschulzengut und hielten es nicht nur fest, sondern wußten auch ihren Besitz derart zu erweitern, daß im Jahre 1840 der damalige Träger des Namens in den Adelstand und fünf Jahre später (1845) der Gesamtbesitz zu einem kreistagsfähigen Rittergute erhoben wurde.

Ein Beispiel derartigen Aufdienens »von der Pike«, wie es die Familie Kaehne gibt, ist sehr selten; viel seltener, als man glaubt. Ein Blick auf die Geschichte der Rittergüter belehrt uns darüber. Was in den altadeligen Grundbesitz als Neuelement einrückt oder gar durch Zusammenlegung von Bauerngütern (und selbstverständlich unter schließlicher Ernennung seitens des Landesherrn) neue Rittergüter kreiert, das sind entweder selbst wieder prosperierende, ihren Besitz erweiternde Adelige die für jüngere Söhne einen ebenbürtigen Neubesitz stiften, oder aber – und das ist das Häufigere – es sind Geldleute, Städter, Repräsentanten einer modernen Zeit, die den Handels- und Industriegeist in die Landwirtschaft hineintragen. Der Bauer folgt selten dem Beispiel; er ist stabil, er bleibt was er ist. Wenn er nichtsdestoweniger zu spekulieren beginnt, so tut er's auf seine Weise. Es reizt ihn dann weit mehr das Geld, als das Wachsen der Ackerfläche. Er erweitert sich nicht innerhalb seiner eigenen Sphäre, er wird eben einfach kein anderer.

Die Familie Kaehne bezeichnet einen Ausnahmefall.

Schloß und Park, so sagten wir, sind Schöpfungen dieses Jahrhunderts.

Das Schloß in seiner gegenwärtigen Gestalt, wurde nach einem Schinkelschen Plane ausgeführt. Es zeigt eine Mischung von italienischem Kastell- und englischem Tudorstil, denen beiden die gotische Grundlage gemeinsam ist. Der Bau, wie er sich unter Efeu und Linden darstellt, wirkt pittoresk genug, ohne daß er im übrigen besonders zu loben wäre. Es ist bemerkenswert, daß alles Gotische oder aus der Gotik Hergeleitete auf unserm märkischen Boden seit Wiederbelebung dieses Stils (eine Epoche, die kaum zwei Menschenalter zurückliegt) nicht gelingen wollte. Im Beginn dieses Jahrhunderts hatten wir uns zu entscheiden, nach welcher Seite hin die Entwickelung gehen sollte; irgendeine »Renaissance« war dem herrschenden Ungeschmack gegenüber geboten, es konnte sich nur darum handeln, ob das Vorbild bei der Antike, oder beim Mittelalter zu suchen sei. Schinkel selbst – was jetzt so oft vergessen wird – schwankte; der einzuschlagende Weg war ihm keineswegs von Anfang an klar. Auch er hatte eine Epoche, wo das Malerische des Gewölbebaues, wo Strebepfeiler und Spitzbogenfenster ihn reizten. Hätte er sich damals, wie das bei den rheinischen Baumeistern der Fall war, für Gotik entschieden, so würde die bauliche Physiognomie unserer alten Provinzen Berlins ganz zu geschweigen, überhaupt eine andere gewesen sein. Wir würden die Gotik, nach einzelnen gescheiterten Versuchen, aufs neue gelernt haben, wie die Rheinländer und Engländer sie wieder lernten und, beim Kirchenbau (zu dem es uns an Gelegenheit nicht gefehlt haben würde) uns wieder vertraut machend mit der alten Technik, den zerrissenen Faden der Tradition wieder auffindend, würden wir alsbald auch verstanden haben, unsern Privatbau danach zu modeln und unsere Schlösser und Landhäuser im Kastell- oder Tudorstile aufzuführen. Dies wurde versäumt, weil – so wollen wir, halb aus Courtoisie, halb aus Überzeugung annehmen – ein Besseres an die Stelle trat. Wie die Dinge liegen, wird zwar auch jetzt noch gelegentlich der Versuch gemacht, es mit der Gotik und ihren Dependenzien zu wagen; aber diese Versuche scheitern jedesmal, wenigstens für das Auge dessen, der die Originale oder auch nur das kennt, was mit immer wachsendem Verständnis unsere westdeutschen Neugotiker danach bildeten.

Auch das Herrenhaus zu Petzow ist ein solcher gescheiterter Versuch. Was daran anmutend wirkt, ist, wie schon angedeutet, das malerische Element: nicht seine Architektur. Diese, soweit man überhaupt von einer Architektur sprechen kann, datiert aus dem Anfang der zwanziger Jahre, ist also kaum fünfzig Jahre alt. Dies gilt auch besonders von den angebauten Flügeln. Und doch, als wir diese näher besichtigten, nahmen wir an den Fenstern des Erdgeschosses kunstvoll geschmiedete Eisengitter wahr, die sich unschwer auf die Mitte des vorigen Jahrhunderts zurückführen ließen. Dies verwirrte uns. Das Rätsel sollte sich indes in Kürze lösen. Diese Gitterfenster wurden nämlich in Potsdam bei einem Häuserabbruch erstanden und hierher verpflanzt. Hier prangen nun die hundertfünfzigjährigen an einer erst fünfzigjährigen Front. Wir erzählen das lediglich zu dem Behuf, um zu zeigen, wie man durch Beurteilung von Einzeldingen, von denen man dann Schlüsse aufs Ganze zieht, erheblich irregeleitet werden kann. Nichts war verzeihlicher hier als ein Rechenfehler von hundert Jahren.

Der Park ist eine Schöpfung Lennés. An einem Hügelabhang gelegen wie Sanssouci, hat er mit diesem den Terrassencharakter gemein. In großen Stufen geht es abwärts. Wenn aber Sanssouci bei all seiner Schönheit einfach eine große Waldterrasse mit Garten und Wiesengründen bietet, so erblickt man von dem Hügelrücken des Petzower Parkes aus eine imposante Wasserterrasse, und unser Auge, zunächst ausruhend auf dem in Mittelhöhe gelegenen, erlenumstandenen Parksee, steigt nunmehr erst auf die unterste Treppenstufe nieder – auf die breite Wasserfläche des Schwilow.

Der Park umschloß früher auch die Kirche des Dorfes. Alt, baufällig, unschön wie sie war, gab man sie auf, und auf einem weiter zurückgelegenen Hügel wurde 1841 eine neue Kirche aufgeführt. König Friedrich Wilhelm IV., das Patronat ist bei der Landesherrschaft, ordnete an, daß der Neubau im romanischen Stile erfolgen solle. Stüler entwarf die Zeichnungen; die Ausführung folgte rasch. So reihte sich denn die Petzower Kirche in den Kreis jener neuen schönen Gotteshäuser ein, mit denen der kirchliche und zugleich der feine landschaftliche Sinn des verstorbenen Königs Potsdam und die Havelufer umstellte. Wir nennen nur: Bornstädt, Sacrow, Caput, Werder, Glindow. Ihre Zahl ist um vieles größer.

(aus: Theodor Fontane, Wanderungen durch die Mark Brandenburg: Havelland)

Die landschaftsplanerischen Ideen König Friedrich Wilhelms IV.
Die Architektur von Schloß Petzow kommt bei Fontane nicht gut weg. Für den Baustil gibt es zwei Bezeichnungen: manchmal heißt er »normannischer Burgenstil«, und manchmal »neo-Tudor-Stil«. Beide Begriffe meinen dasselbe. Dieser Stil gehörte zu den Lieblingsstilen, die

der architekturbegeisterte Kronprinz und nachmalige König Friedrich
Wilhelm IV. besonders gerne anwendete. Aus dem Jahre 1857 – fast
als Rückschau auf sein Leben – ist das Bonmot des Königs überliefert:
»Wenn wir [und er meint sich und seine drei Brüder – Z.] als Söhne
eines einfachen Beamten geboren worden wären, so wäre ich Architekt geworden, Wilhelm Unteroffizier, Karl wäre ins Zuchthaus gekommen und Albrecht Trinker geworden.« Betrachtet man seinen und
die Lebensläufe seiner Brüder, so trifft diese Charakteristik durchaus
zu. Der zeichnerische Nachlaß Friedrich Wilhelms IV. umfaßt nach
einer ebenso groben wie vorsichtigen Schätzung etwa 17 000 Einzel-
motive, und er hat alle Bereiche bedient: Architektur, Möbel, Vasen,
Orden, Bühnenbild, Buchillustration etc. So plante er um 1817, auf
dem »Kälberwerder«, einer kleinen Insel in der Havel neben der Pfaueninsel, für eine Bruderschaft ein Kloster zu errichten, bei dem seine
Begegnung mit dem Londoner Tower nicht ohne Einfluß blieb. Er
lieferte Schinkel die Entwurfsskizzen für Charlottenhof, die Römischen
Bäder, Schloß Babelsberg und Schloß Glienicke. Er entwarf die
Heilandskirche in Sacrow, die Friedenskirche im Park von Sanssouci.
Der Architekt von Schloß Petzow ist nicht bekannt. Dessen Sprache
paßt bestens in das Œuvre des Kronprinzen, und in der Tat gibt es im
Nachlaß des Königs eine Reihe von Skizzen, die als Entwürfe für Petzow
gelten könnten. Zumal der Kronprinz und der Besitzer des Rittergutes
Petzow einander gut kannten. Kurz nach seiner Thronbesteigung im
Jahre 1840 erhob er dann auch den Herrn von Petzow, Karl Friedrich
August Kaehne in den erblichen Adelsstand. Er hatte in seinem Gut
die landschaftsgestalterischen Ideen Friedrich Wilhelms geradezu beispielhaft im Sinne eines Mikrokosmos umgesetzt. Vom König ist ein
Wort überliefert, das er kurz nach seiner Thronbesteigung an Lenné
gerichtet hat: »Der Herzog von Dessau hat aus seinem Land einen
großen Garten gemacht. Das kann ich ihm nicht nachmachen, dazu ist
mein Land zu groß. Aber aus der Landschaft zwischen Berlin und Potsdam könnte ich nach und nach einen großen Garten machen.« Was
Friedrich Wilhelm im Großen vorhatte, hat Kaehne modellhaft im

Kleinen getestet – der Versuch darf als in höchstem Maße gelungen bezeichnet werden.

Wenn denn einmal der zeichnerische Nachlaß des Königs wissenschaftlich durchforscht sein wird, so wird man der Berlin-Potsdamer Kulturlandschaft einen weiteren bedeutenden Architekten eröffnet haben: Friedrich Wilhelm IV., während der heute allseits gerühmte Schinkel in die Rolle des »genialen Ausführenden« schlüpfen wird.

Das Herrenhaus

Das Schloß wurde 1825 für Karl Friedrich August Kaehne nach englischen Vorbildern erbaut. Inspirator der Architektur war wohl der preußische Kronprinz. Der dazugehörige höchst eindrucksvolle Landschaftspark wurde von Lenné geschaffen. Im Ensemble von Schloß, Kirche, Dorf und Park von Petzow ist als Mikrokosmos verwirklicht, was Friedrich Wilhelm mit der Landschaft zwischen Potsdam und Berlin im Großen vorhatte: sie in einen Garten zu verwandeln, in dem die Kulturen der Welt einträchtig miteinander vereinigt sind. Heute wird es als Hotel und Restaurant genutzt.

Literatur zum Thema

David E. Barclay, Anarchie und guter Wille. Friedrich Wilhelm IV. und die preußische Monarchie, Berlin 1995.

Die Anfahrt nach Petzow

(Stadt und Land Atlas Berlin/Brandenburg, 1997, S. 74 B 1/2) man folge der B 1 in Potsdam Richtung Brandenburg, nach dem Passieren von Geltow unmittelbar hinter der Brücke über den Schwilow-See folge man der Ausschilderung »Petzow« in Richtung Südwest.

Bedeutende Denkmäler in der Umgebung

Lehnin: (Stadt und Land Atlas Berlin/Brandenburg, 1997, S. 73 C 1) Zisterzienserkloster, 1180 als Grablege der Askanier von Markgraf Otto I. von Brandenburg gestiftet, 1542 durch die Säkularisation aufgehoben und zum Domänenamt gewandelt, seit 1911 Stift, die Klosterkirche nach Vorbildern altmärkischer Backsteinarchitektur (Prämonstratenser Klosterkirche Jerichow) zwischen dem späten 12. und frühen 13. Jh. errichtet, der charakteristische Dachreiter auf Wunsch und nach Vorstellungen Kaiser Wilhelms II. an der Stelle des ursprünglichen errichtet; eindrucksvolle Bauten des Klosterbezirkes. – Brandenburg: Dom und Bistum, 948 von Kaiser Otto I. gegründet.

Sehenswerte Herrenhäuser in der Umgebung

Klein Glienicke (Berlin): Sommersitz des Prinzen Karl von Preußen, seit 1824 nach Entwürfen seines ältesten Bruders, des nachmaligen Königs Friedrich Wilhelms IV., durch Schinkel umgestaltet, der Park (Pleasure Ground und Landschaftspark) von Lenné, dem Fürsten Pückler und Karl selbst gestaltet. – **Jagdschloß Klein Glienicke (Berlin):** im Kern Jagdschloß für den Großen Kurfürsten von 1683, 1859 vom Prinzen Karl von Preußen für seinen Sohn Friedrich Karl erworben, durch Ferdinand von Arnim in der Formensprache des französischen Barock zur Dreiflügelanlage umgebaut, 1889 weiterer Umbau durch den Berliner Schloßbaumeister Albert Geyer, der u. a. den achteckigen Treppenturm anfügte; 1963 Restaurierung des Schlosses unter Beifügung einiger moderner Architekturteile durch Max Taut. – **Reckahn:** (Stadt und Land Atlas Berlin/Brandenburg, 1997, S. 72 B 2) schöner Barockbau um 1720 für Friedrich Wilhelm von Rochow errichtet, daneben das »Alte Herrenhaus« mit beeindruckendem Renaissancegiebel, um 1605 für Tobias von Rochow errichtet. – **Ziesar:** Burg der Bischöfe von Brandenburg, im Kern 14. Jh., umfanggreiche Neubauten durch Bischof Dietrich von Stechow, am Zinnenkranz Wappenschild der brandenburgischen Bischöfe, am Turmeingang Grabstein für C. von Arnim († 1579) in ritterlicher Rüstung; Herrenhaus v. Bardeleben, wohlproportionierter, aber sehr bescheidener Fachwerkbau aus der 2. H. des 17. Jh. – **Cammer:** (Stadt und Land Atlas Berlin/Brandenburg, 1997, S. 82 A 4) das Herrenhaus ist abgerissen, an seiner Stelle heute ein Kinderspielplatz, der einst höchst eindrucksvolle Park ist immer noch bemerkenswert.

Sehenswerte Kirchen in der Umgebung

Reckahn: (Stadt und Land Atlas Berlin/Brandenburg, 1997, S. 72 B 2; Kirchenschlüssel: ev. Pfarramt 14778 Krahne, Dorfanger 2, Tel. 03 38 35/4 00 70) 1739 vom Baumeister Heins aus Brandenburg errichtet; schöne, von Pilastern gegliederte Patronatsloge, zwei hölzerne Kronleuchter aus der Bauzeit. – **Ziesar:** Burg-Kapelle, 1470, außerordentlich prachtvolles Backsteinportal, im Inneren vollständig erhaltene Malerei aus der Erbauungszeit, Altarretabel von 1470 mit Wappen des Bischofs Dietrich von Stechow. – Ev. Pfarrkirche Heilig Kreuz, frühes 13. Jh., 1860 – 1862 durchgreifende Wiederherstellung, im Inneren beeindruckender Doppelgrabstein mit Ritzzeichnung der Verstorbenen, zwei Ritter der Familie v. Kothe.

Gastronomie

Hotel Bayrisches Haus
Im Wildpark 1, 14471 Potsdam
Tel. 03 31/96 37 90
Seidler art'otel
Teppelinstr. 136, 14471 Potsdam
Tel. 03 31/98 15-0

Information

Tourismus-Information Werder/Havel
Kirchstr. 6/7, 14542 Werder/Havel
Tel. 0 33 27/4 31 10

22. Caputh

Schloß, Hofseite.

Schloß Caput rüstete sich also zum Empfang einer neuen Herrin. Die Grundform blieb, aber Erweiterungen fanden statt; zwei kleine Eckflügel entstanden, vor allem wurde die innere Einrichtung eine andere. Eine Halle im Souterrain, wo man den Jagdimbiß zu nehmen pflegte, wurde an Wand und Decke mit blaugrünen holländischen Fliesen ausgelegt, die Zimmer des Obergeschosses mit Tapeten behängt und mehrere mit Plafondschildereien geziert. Besonders bemerkenswert war die Ausschmückung des »großen Saales«, ein Deckengemälde, das seinem Gedankengange nach, an spätere Arbeiten Antoine Pesnes erinnert. Minerva mit Helm, Schild und Speer fuhr die Künste: Baukunst,

Skulptur und Malerei, in die brandenburgischen Lande ein; ein gehörntes Ungetüm, halb Luzifer halb Caliban, entweder den Krieg oder die Roheit, oder beides zugleich darstellend, entweicht in Dunkel vor dem aufgehenden Licht. Ähnlich wohlerhalten präsentiert sich ein zweites Bild, im sogenannten »Grünen Zimmer«. Zwei geflügelte Genien halten die umkränzten Bilder von Kurfürst und Kurfürstin in Händen: die Fama bläst mit einer Doppeltuba den Ruhm beider in die Welt hinaus; eine andere geflügelte Gestalt zeigt auf die Chronik ihrer Taten. In einem dritten Gemach, das den Namen des Schlafzimmers der Kurfürstin führt, begegnen wir einem Deckenschmuck aus wahrscheinlich eben dieser Zeit.

Außer einem Mittelbilde zeigt er zwei weibliche Figuren: die Nacht, ein Fackellicht tragend, und den Morgen, Rosen streuend in leicht angehauchtem Gewölk.

Sophie Charlotte und König Friedrich I. bis 1713

Kurfürstin Dorothea starb 1689; beinahe unmittelbar nach ihrem Hinscheiden wurde Schloß Caput von Kurfürst Friedrich III. erworben, der es nunmehr seiner Gemahlin, der gefeierten Sophie Charlotte, zum Geschenke machte. Es geschah nun Ähnliches wie nach dem Tode von de la Chieze. Die Ansprüche an Glanz und Luxus waren innerhalb der letzten zwanzig Jahre abermals gewachsen, nirgends mehr als am Hofe des prachtliebenden Friedrichs III. Wie das Schloß de Chiezes nicht reich genug gewesen war für Kurfürstin Dorothea, so waren die Einrichtungen dieser wiederum nicht reich genug für die jetzt einziehende Sophie Charlotte. Auch jetzt, wie während der siebziger Jahre, berührten die Ummodelungen, die vorgenommen wurden, weniger die Struktur als das Ornamentale und wieder waren es in erster Reihe die Deckenbilder, diesmal in allen Räumen, die den ohnehin reichgeschmückten Bau auf eine höchste Stufe zu heben trachteten. Dies Betonen des Koloristischen lag ja im Wesen der Renaissance, die, selbst malerisch in ihren Formen wie kein anderer Baustil, es liebt, die Farbe sich dienstbar zu machen.

Ob Kurfürstin Sophie Charlotte noch Zeuge dieser letzten Neugestaltung wurde, die das Schloß in seiner inneren Einrichtung erfuhr, ist mindestens fraglich. Bis 1694 – wo der Stern Charlottenburgs aufging, der zugleich den Niedergang Caputs bedeutete – konnte die Fülle dieser Deckenbilder nicht vollendet sein; die kurze Zeitdauer verbot es. Aber auch der Inhalt dessen, was gemalt wurde, wenigstens jenes hervorragendsten Bildes, das sich in der »großen Porzellankammer« befindet, scheint dagegen zu sprechen. Es stellt dar: wie Afrika der Borussia huldigt. Diese, auf Wolken thronend, trägt eine Königskrone und neigt sich einer Mohrenkönigin, zugleich einer Schar heranschwebender schwarzer Genien zu, die mit Geflissentlichkeit die Schätze Indiens und Chinas: Teebüchsen und Ingwerkrüge, sogar ein Teeservice mit Tassen und Kanne, der auf Wolken thronenden Borussia entgegentragen.

Die Königskrone der Borussia, falls es die Borussia ist, deutet unverkennbar auf einen Zeitpunkt nach 1701. Andererseits ist es freilich nicht ganz leicht, in dieser, mit einer gewissen souveränen Verachtung der Länder- und Völkerkunde auftretenden Symbolik, die nichts so sehr haßt als Logik und Konsequenz, sich zurechtzufinden.

Kurfürstin Sophie Charlotte verließ schon 1694 Caput. Aber bis zu ihrem Tode (1705) und noch darüber hinaus, bis zum Tode ihres Gemahls, blieb Caput ein bevorzugtes Schloß, eine Sehenswürdigkeit von Ruf. Man setzte Summen an seine Instandhaltung, sei es nun, um vorübergehend hier eine Villeggiatur zu nehmen, oder sei es – Insonderheit nachdem seine Ausschmückung vollendet war – um es etwaigem, bei Hofe eintreffendem Besuche als ein kleines märkisches Juwel zeigen zu können.

Eine solche Gelegenheit bot sich 1709. Wir finden darüber folgendes. Als in den ersten Julitagen eben genannten Jahres König Friedrich IV. von Dänemark und Friedrich August von Polen auf Einladung Friedrichs I. von Preußen in Potsdam eine persönliche Zusammenkunft hielten (ein großes Staatsbild im Charlottenburger Schlosse stellt diese Begegnung der »drei Friedriche« dar), war der prachtliebende Friedrich, an dessen Hofe diese Vereinigung stattfand, bemüht, seinen

Gästen eine Reihe von Festen zu geben. Unter andern ward am 8. Juli auf der prächtigen Jacht, welche im Bassin des Lustgartens lag und mit 22 Kanonen ausgerüstet war, eine Lustfahrt nach Caput unternommen. Dieses überaus prächtige Schiff, das mit allem nur erdenklichen Luxus ausgestattet war, und in der Tat an die Prachtschiffe der alten Phönizier und Syrakuser erinnerte, war in Holland nach Angaben des Königlichen Baumeisters und Malers Madersteg erbaut worden. Man schätzte allein die goldenen und silbernen Geräte, die sich in seinem Innern aufgestellt befanden, auf 100 000 Taler. Auf diesem Schiffe, das eigens dazu gebaut war, die Havel zu befahren, glitten die drei Könige stromabwärts nach dem Lustschlosse von Caput. Man erging sich in dem inzwischen zu einer baumreichen und schattigen Anlage gewordenen Parkgarten und kehrte gegen Abend zu Tafel und Ball nach Schloß Potsdam zurück.

Wenn dieser Tag in dem historischen Leben Caputs der glänzendste war, so war er auch der letzte. Der König, früh alternd, schloß sich mehr und mehr in seine Gemächer ein; der Sinn für Festlichkeiten erlosch, er begann zu kränkeln; am 25. Februar 1713 starb er. Alle Schlösser standen leer; sie sollten bald noch leerer werden.

(aus: Theodor Fontane, Wanderungen durch die Mark Brandenburg: Havelland)

Das Schloß

gehört seit kurzem in den Verband der von der Stiftung Schlösser und Gärten Berlin-Brandenburg verwalteten Häuser, wird derzeit höchst akribisch restauriert und ist daher nicht zu besichtigen. Gleiches gilt für den Park.

Besitzergeschichte

Schloß Caputh ist eigentlich ganz typischer märkischer Herrensitz aus der Zeit des Barock: eine Dreiflügelanlage, deren es sehr viele in der Mark gibt, wohl proportioniert, mit Mansardwalmdach und Fledermausgaupen – also überhaupt nichts Aufregendes, wären da nicht der komplett mit Delfter Kacheln geschmückte Sommerspeisesaal sowie die prachtvollen, allegorischen Deckenmalereien. Beides macht den Reiz und die Einzigartigkeit des Schlosses von Caputh aus und der Umstand, daß Caputh das einzige Schloß ist, das in seiner Ausstattung in die Zeit des Großen Kurfürsten weist. Im Prinzip wurde es der Witwensitz seiner zweiten Gemahlin, Dorothea von Holstein-Glücksburg (1636 – 1689), für die wohl auch der Sommerspeisesaal mit den Delfter Kacheln geschmückt wurde. Kurfürst Friedrich III. (1657 – 1713) schenkte im Jahre 1690 Schloß Caputh wiederum seiner Gemahlin, Sophie Charlotte von Hannover (1685 – 1735), die allerdings schon vier Jahre darauf ihren Sitz in dem Dorf Alt Lietzow nahm, deren Schloß und Dorf seit 1705 nach ihr »Charlottenburg« genannt wurden.

Caputh aber erlebte seinen Höhepunkt 1709. Es wurde renoviert, weil hier anläßlich des Treffens des sächsischen Kurfürsten und polnischen Königs Friedrich August – »August der Starke« – und König Friedrich I. in Preußen in Potsdam ein Empfang stattfand. Das Selbstbewußtsein Friedrichs I. muß außerordentlich groß gewesen sein, seine beiden »Königskollegen« in das schlichte und bescheidene Jagdschloß Caputh einzuladen; verfügte August der Starke mit Schloß Moritzburg über ein mit geradezu hochmodernem Komfort ausgestattetes Jagdschloß.

Die Anfahrt nach Caputh

(Stadt und Land Atlas Berlin/Brandenburg, 1997, S. 74 B 2/3) durch Potsdam auf der B2 Richtung Leipzig, nach der Kreuzung am Landtag der Ausschilderung »Caputh« folgen oder B1 Richtung Brandenburg, in Geltow nach nach Südwesten ebenfalls der genannten Ausschilderung folgen.

Bedeutende Denkmäler in der weiteren Umgebung

Wiesenburg: (Stadt und Land Atlas Berlin/Brandenburg, 1997, S. 91 A 4) Schloß, für Brandenburg bemerkenswert große Vierflügelanlage, im Kern 2. H. 16. Jh., 1864 – 1880 Rekonstruktion durch Oskar Mothes. – Der Park im Rahmen der Restaurierung durch Mothes wiederhergestellt. – **Belzig:** (Stadt und Land Atlas Berlin/Brandenburg, 1997, S. 92 A 2) von der mittelalterlichen Burg der 33 m hohe Bergfried erhalten, unter der Herrschaft des Kurfürsten Ernst von Sachsen in der M. des 15. Jh. erneuert, umgebaut nach Zerstörungen im 30jährigen Krieg; vor der Burg kursächsische Postmeilensäule von 1725. – **Rabenstein:** (Stadt und Land Atlas Berlin/Brandenburg, 1997, S. 92 D 3) romantisch gelegene Burg mit Bergfried aus dem 13. Jh., gegenüber diesem der sog. »Rittersaal«, Feldsteinbau des 13. Jh. mit barockem Mansarddach, an der Außenmauer des Wohnflügels Aborterker. – **Potsdam:** ehem. Zollhaus, Templiner Str. 30, um 1805. – »Marienquelle«, nach Entwurfsskizzen König Friedrich Wihelms IV. von Preußen an der Straße nach Caputh 1855 von August Stüler erbaut. Vorbild war das Portal des im 12. Jh. erbauten Grabes der Gottesmutter Maria im Kidrontal bei Jerusalem. Die Potsdamer »Marienquelle« ist das einzige gebaute Zeugnis der Jerusalem-Verehrung dieses preußischen Königs.

Sehenswerte Herrenhäuser in der Umgebung
Philippsthal: (Stadt und Land Atlas Berlin/Brandenburg, 1997, S. 75 B 1/2) Haus Friedrichshuld: 1765 für den Vorsteher der Kolonie Philippsthal erbaut, deren Bewohner Maulbeerbaumkulturen anlegen sollten, mit deren Erträgen die in Nowawes (= heute Potsdam-Babelsberg) ansässigen Seidenspinner arbeiten sollten. – **Schmerwitz:** (Stadt und Land Atlas Berlin/Brandenburg, 1997, S. 91 A 4) prachtvolles spätbarockes Schloß der Familie Brand von Lindau. Auffallend sind die im Schloßbereich stehenden Häuser aus Klinkern, die Anfang der 50er Jahre errichtet wurden, als das Schloß als Schulungsstätte für Offiziere der »Kampfgruppe«, einer paramilitärischen Organisation der SED, diente.

Sehenswerte Kirchen in der Umgebung
Caputh: Dorfkirche (Stadt und Land Atlas Berlin/Brandenburg, 1997, S. 74 B 2/3; Kirchenschlüssel: ev. Pfarramt 14548 Caputh, Potsdamer Str. 46, Tel. 03 32 09/7 04 05), 1848 – 52 von Friedrich August Stüler nach Ideenskizzen des Königs Friedrich Wilhelm IV. errichtet. –

Wiesenburg: (Stadt und Land Atlas Berlin/Brandenburg, 1997, S. 91 A 4; Kirchenschlüssel: ev. Pfarramt 14827 Wiesenburg <Mark>, Schloß-str. 3, Tel. 03 38 49/5 02 90) Herrschaftsstuhl 3. Viertel 16. Jh.; Sandsteinepitaph für F. Brandt von Lindau († 1548) und seiner Ge-mahlin († 1555), wohl von Georg Schröter geschaffen, Sandsteinepitaph für F. von Dieskau († 1568), hölzernes Epitaph für M. Brandt von Lindau († 1568) – **Belzig:** (Stadt und Land Atlas Berlin/Brandenburg, 1997, S. 92 A 2; Kirchenschlüssel: ev. Pfarramt 14806 Belzig, Kirch-platz 2, Tel. 03 38 41/4 24 01) Pfarrkirche S. Marien, im Inneren Epitaph für Chr. E. Müßigk († 1724), Kanzel 1659/60 von Christoph Witt mit Gemälden von 1678 von Daniel Schneider. – Bricchius-Ka-pelle: Feldsteinbau vom 15. Jh.; im Inneren drei bemerkenswerte Epitaphien aus den Jahren 1576, 1606 und 1. H. 17. Jh. – **Raben:** (Stadt und Land Atlas Berlin/Brandenburg, 1997, S. 93 D 3; Kirchen-schlüssel: ev. Pfarramt 14823 Raben, Dorfstr. 21, Tel. 03 38 48/6 02 23) spätromanischer Feldsteinbau, 1. H. 13. Jh., an der Außenwand Grab-steine aus der M. des 18. Jh.

Gastronomie
Restaurant »Fährhaus Caputh«
Straße der Einheit 85, 14598 Caputh
Tel. 03 32 09/7 02 03
Burghotel Eisenhardt
Burg Eisenhardt, 14806 Belzig
Tel. 03 38 41/3 12 96

Information
Fremdenverkehrsverein Schwielochsee e.V.
Lindenstr. 56, 14548 Caputh
Tel. 03 32 09/7 08 86

Das Schloß in Beuthen steht heute leer und verkommt.

Die Augustsonne fällt auf das am Dorfausgange gelegene Herrenhaus. Der alte Torweg, der von der Straße her auf den Hof führt, ist eine Blumenpforte geworden und auf den Steinpfeilern rechts und links wehen die preußischen Fahnen. Ebenso hat sich das an sich einfache Herrenhaus verändert und ist kaum noch das alte. Seine weißgetünchten Wände blicken nur hier und da noch aus der Umrahmung von Festons und Girlanden hervor und die Vorbautreppe verbirgt ihr schlichtes Geländer hinter einem Walde von hohem Schilf. Aus der weit offenstehenden Tür lugt von Zeit zu Zeit ein Mädchenkopf hervor und fragt mit jedem Blick über den Hof hin »ob sie kommen?« Auf dem

Korridor aber schreiten befrackte Herren auf und ab und vergleichen mechanisch die Taschenuhr mit der Wanduhr, dem einzigen Schlagwerk im Hause, das in unbeirrter Ruhe seinen Gang fortsetzt, während alle Herzen rascher und höher schlagen. Die Tauben sitzen den Dachfirst entlang, als warteten sie mit, und der Hahn, der sonst wohl im Schatten unter dem Vordach um diese Stunden zu meditieren pflegt, heut schüttelt er seine Federn und scheint sich in den Honneurs zu üben, sooft er auf einem Fuße steht. Jetzt aber meldet sein lauter Schrei, daß Freund oder Feind im Anzuge, die Tauben flattern auf und die Mädchen auf dem Hausflur rufen was jeder weiß: Sie kommen! Im Nu sprengen jetzt Vorreiter auf den Hof, der erste Wagen hält und die Pferde schnaufen und werfen den Schaum von den Nüstern; eine lange Reihe von Equipagen folgt; aber ehe sie heran sind, öffnet ein Jäger den Schlag und den Tritt hinab, der sich beim Öffnen der Wagentür wie von selber ausbreitet, steigen König und Königin. Sie haben sich anmelden lassen in Groß-Beuthen, haben um Quartier gebeten für die Tage des Manövers, das die Garden auf dem Sandplateau des Teltow eben heute begonnen haben, und da sind sie nun, um ihren Einzug zu halten. Liebe empfängt sie und Ehre geben sie. Die Schilftreppe hinauf schreitet das hohe Paar, und nach Worten herzlicher Begrüßung treten König und Königin in die für sie bereitgehaltenen Zimmer.

Und nun eine Stunde später.

Im Freien ist das Mahl angerichtet unter ein paar mächtigen Kastanien, die das weiße Linnen des Tisches überschatten. Und was alles hat der Wunsch, ein Schönstes und Bestes zu tun, aus diesem schlichten Platze gemacht! Der Staketenzaun, dessen Holzwerk längst die Zeichen gereifter Jahre trägt, hat seine Moos- und Flechtenpatina hinter Pyramiden von Riesenmais versteckt und was im Garten noch Duft und Farbe hatte, scheint jetzt hier versammelt zu sein. Die Treibhäuser haben ihre Blumentöpfe bis auf den letzten Mann gestellt und selbst der Landsturm der Astern ist aufgeboten worden. Terrassenförmig stehen sie rechts und links und blicken einander über die Köpfe fort, als wären sie nicht nur erschienen, um gesehen zu werden, sondern auch um selber zu sehn.

Die trotzigen Tage liegen weit zurück – König und Königin sind zu Gast in Groß-Beuthen. Die vollen Blätterschirme geben Schatten und doch liegt ein Sonnenschein über der Tafel und das Singen der Vögel klingt als wollten sie denen draußen erzählen von dem Feste, das hier gefeiert wird. Das Auge der Königin hängt an dem reizenden Bilde, der König aber, der den Zauber mehr fühlt als sieht, strömt über von jener gemüt- und geistgebornen Heiterkeit, die so viele Herzen eroberte, selbst abgeneigtere als die Herzen derer, die hier unterm Kastaniendache versammelt sind.

Das Mahl ist vorüber und unter den Bäumen wird es schwül; aber der offene, lustige Garten liegt ausgebreitet vor ihnen und seine breiten Steige laden zu einem Spaziergang ein. Die Obstbaumallee hinauf, an der Akazienlaube vorüber, am Weinspalier zurück, so schreitet der König in raschem Geplauder auf und ab und unterbricht sich nur, wenn aus Näh' oder Ferne die Glocken herüberklingen, die den Abend einläuten.

Die Dämmerstunde kommt und der Tee wird auf der Garten-treppe serviert. In der Luft ist kaum ein Zittern. Zwei das Haus schützende hohe Platanen breiten ihr Gezweig über die Gruppe hin und ein paar Schwarzpappeln die weitab am Ausgange des Gartens stehn, stehen jetzt wie Schatten vor dem letzten Streifen der Abendröte. Stiller wird's und nur ein Hauch, der sich eben regt, zieht über die Levkojenbeete hin und trägt ihren Duft bis zu der Gartentreppe hinauf. »Wie schön es bei Ihnen ist« wendet sich der König an die Dame des Hauses und atmet höher und voller, als bad' er sich in der duftigen Frische des Abends.

Aber diese Frische wird allmählich zur Kühle jung und alt beginnen zu frösteln, und der Schutz und Wärme bietende Gartensaal empfängt die hohen Gäste. »Was lesen wir?« fragt der König. »Ehre, dem Ehre gebührt, ich dächte, wir hörten ein Kapitel heut aus der Geschichte der Goertzkes.

Und der Vorleser verbeugt sich und rückt an den Tisch. Beschämt und gehoben zugleich sitzen die Goertzkes umher und horchen auf jedes Wort. Sie kennen alles, aber das Bekannteste selbst klingt ihnen heute neu, wo der König dem Berichte lauscht.

Von ihrem Eltervater wird gelesen, von Joachim Ernst v. Goertzke, dem »alten Goertzke« par excellence. Nichts wird vergessen: wie er als Page Marie Eleonorens in schwedische Dienste kam; wie er unter dem Schwedenkönig bei Leipzig focht; wie ihn die Kaiserlichen bei Lützen zum Hinkefuß und Krüppel schossen und wie ihm das alte märkische Herz endlich wieder lebendig ward und er zurücktrat in den kurbrandenburgischen Dienst. Und weiter dann: wie er ein großer Feldoberst wurde, der bei Rathenow und Fehrbellin dem alten Feldmarschall Wrangel, dem »Gustav Wrangel« zeigte, daß aus dem Schüler ein Meister geworden. All das und wie der Kurfürst ihn seinen »Paladin« genannt, es wurde gelesen heut und noch viel mehr. Und auch wie seine letzten Tage waren. In Friedersdorf, das er gekauft und aus Trümmern und Asche wieder aufgebaut hatte, saß der Alte vor seinem Schloß und freute sich der Sonne, die herniederschien und des Wohlstands und Segens um ihn her. Und von Zeit zu Zeit kam auch Besuch: ein alter Weißbart, gefolgt von Töchtern und Enkeln, als wär es der Winter und brächte den Frühling mit. Das war Gusower Besuch und der alte Weißbart der kam, war der alte Derfflinger. Unter einer weitzweigigen Rotbuche setzte man sich dann und die beiden alten Kämpen, die jederzeit Nachbarn gewesen waren, auf ihren Schlachtfeldern sonst und mit ihren Ackerfeldern jetzt, sie gedachten der alten Zeit und der alten Namen. Und auch am 30. März 1682 hielt der Gusower Wagen auf der Rampe von Friedersdorf. Aber nicht zu frohem Besuche; Glokken klangen und Kanonen wurden gelöst und der Achtzigjährige war nur gekommen, um den Siebzigjährigen in die Gruft zu senken. In der Friedersdorfer Kirche ruht die leibliche Hülle des »Paladin«; neben dem Altar aber steht hochaufgerichtet sein steinern Bild und schaut fromm und mutig drein, wie's einem brandenburgischen Kriegsmanne geziemt.

Der Vorleser schwieg. »Ich weiß, daß die Goertzkes noch immer die alten sind« sagte der König. »Der Erfolg steht bei Gott; aber Mut und Treue stehen bei uns.«

Im Gartensaale wurd' es still und bald auch im Hause. Der König schlief inmitten seiner Treuen wie jener »reichste Fürst«, den die Dichter besungen, und wenn Segenswünsche Macht haben über die Träume, so war sein Traum wie der Sommer der zieht oder wie Gesang der abends vom See her ans Ufer klingt.

(aus: Theodor Fontane, Wanderungen durch die Mark Brandenburg: Spreeland)

Das Herrenhaus

steht noch, ist leer und vollkommen verwahrlost. Den Park gibt es nicht mehr, denn auf seiner Fläche wurde Mitte der fünfziger Jahre eine große Schule samt Parkplatz zur Ausbildung von Lehrlingen errichtet. Einige große, beeindruckende Bäume künden noch von seiner einstigen Herrlichkeit. Ebenfalls gibt es noch die »beiden das Haus schützenden Platanen« auf der Gartenseite des Herrenhauses. Der Besuch des Königs und seiner Gemahlin, von dem Fontane berichtet, fand im Jahre 1855 statt. Danach wurde im Park ein Steintisch mit der Inschrift: »FW IV 1855« aufgestellt, der aber nicht mehr vorhanden ist.

Friedrich Wilhelm IV. und die Regionalgeschichte Brandenburgs

Friedrich Wilhelm IV. darf wohl als der geschichtssinnigste unter den preußischen Königen und Kaisern angesehen werden. Er förderte nachhaltig die Erforschung brandenburgischer Geschichte und Kultur. Der in der ausgewählten Episode von Fontane namentlich nicht genannte »Vorleser« war niemand anders als Louis Schneider (1805 – 1878), »Geheimer Hofrath und Vorleser Seiner Majestät des Königs«, wie sein offizieller Titel lautete. Er war eigentlich Schauspieler und seit 1845 – wie wir heute sagen würden – »Chefregisseur« am Königlichen Opernhaus in Berlin. Während der Revolution von 1848 stellte er sich grundsätzlich und ohne Diskussion auf die Seite des Königs. Von den Ensemblemitgliedern, die mehrheitlich auf Seiten der Barrikadenkämpfer standen, wurde er daher in so starkem Maße angefeindet, daß er seine Stellung aufgab. Nun erhielt Schneider die oben genannte Stellung im Hofstaat des Königs und war stets bei allen Reisen des Königs dabei. Der Hofrat war Gründungsmitglied und Vorsitzender des Vereins für die Geschichte Potsdams, Vorsitzender des Vereins für die Geschichte Berlins, Mitglied im Verein für die Geschichte der Mark Brandenburg. Er war es wohl, der Friedrich Wilhelm IV. immer wieder auf die Bedeutung der Regionalgeschichte Brandenburgs aufmerksam machte. Die Schriften der Vereine, deren Mitglied er war, zeugen von der schier ungeheuren Aktivität, mit der Schneider seine Forschungen vorantrieb und seine Erkenntnisse der Öffentlichkeit mitteilte.

Die Anfahrt nach Beuthen
(Stadt und Land Atlas Berlin/Brandenburg, 1997, S. 85 A 3) Großbeuthen liegt an der Kreuzung der B 101 und der L 246.

Die Dorfkirche
(Kirchenschlüssel: ev. Pfarramt Trebbin, Berliner Str. 1a, Tel. 03 37 31/ 8 08 06)Fachwerkbau von 1713/14, der aus braunen Klinkern gefertigte Westturm 1847 angefügt. Im Inneren Kanzelaltar aus der Erbauungszeit mit Wappen der Familien v. Goertzke und v. Schlabrendorff. Besonders bemerkenswert aber ist der an die Decke des Kirchenschiffes gemalte blaue Himmel mit Wolken und Sternen, der wohl als Vorläufer oder gar Inspirator für Schinkels berühmten Himmel in seinem Bühnenbild für Mozarts Oper »Die Zauberflöte« gelten kann. Ein ähnlicher Himmel ist auch in der von Friedrich Wilhelm IV. entworfenen Dorfkirche in Sacrow zu sehen. Im Inneren über dem Portal der alttestamentarische Spruch »Ich und mein Haus, wir wollen dem Herrn dienen« (Josua 24,15); er betont die besondere Verbundenheit des Gutsherrn mit König Friedrich Wilhelm IV., denn ganz ähnlich steht er auch als Weihespruch über der Friedenskirche in Potsdam-Sanssouci, der architektonischen Lieblingsschöpfung des Königs.

Bedeutende Denkmäler in der Umgebung
Kloster Zinna: (Stadt und Land Atlas Berlin/Brandenburg, 1997, S. 95 D 1) gegründet 1170/71 als Filial von Kloster Altenberg bei Köln

durch Erzbischof Wichmann von Magdeburg, in der eindrucksvollen spätromanischen Klosterkirche prachtvoller Epitaph für den Kammerherrn J. J. Gratz († 1706), Urnengrabmal für H. Klinsmann († 1781), Grabplatte des Abtes Nikolaus († 1400) mit figürlicher Ritzzeichnung, figürliche Reliefgrabplatten für den Amtshauptmann v. Oppen († 1577) und A.v. Arnsdorf († 1587).

Sehenswerte Herrenhäuser in der Umgebung

Löwenbruch: (Stadt und Land Atlas Berlin/Brandenburg, 1997, S. 76 D 1) das Rittergut gelangte 1823 auf dem Wege der Erbschaft in den Besitz der Familie v. d. Knesebeck, die es bis zur Enteignung im Rahmen der »Bodenreform« besaß. Das Herrenhaus hat wohl 1734 Ernst Ludwig von der Gröben, späterer Chef der Kriegs- und Domänenkammer, erbauen lassen. An der Vorderseite im Mittelrisalit zwei große Allianzwappentafeln. Die (vom vor dem Haus stehenden Betrachter) links angebrachte zeigt das Wappen der Familie v. d. Knesebeck und der Familie v. Bredow; es wurde angebracht anläßlich der Eheschließung von Eugen v. d. Knesebeck und Klothilde v. Bredow aus dem Hause Haage im Jahre 1833; auf der rechts davon angebrachten Tafel begegnet wiederum das Wappen der Familie v. d. Knesebeck mit dem der Familie v. Hennings, angebracht anläßlich der Eheschließung von Wilhelm v. d. Knesebeck (dem Sohn des eben genannten) und Jenny von Hennigs im Jahre 1869. – **Blankensee:** (Stadt und Land Atlas Berlin/Brandenburg, 1997, S. 85 A 1) schönes barockes Herrenhaus, von 1902 bis 1928 Landsitz des Schriftstellers Hermann Sudermann. Das Haus wird derzeit restauriert und wird danach als Tagungs- und Begegnungsstätte der Technischen Universität Berlin dienen. Der Landschaftspark mit prachtvollen alten Bäumen relativ gut erhalten; im Park zahlreiche antike bzw. antikisierende Skulpturen aus der Sammlung Sudermann. – **Gröben:** (Stadt und Land Atlas Berlin/Brandenburg, 1997, S. 75 D 2) Herrenhaus vom Typ »Festes Haus«, M. 16. Jh. errichtet dem Zeugnis einst vorhandener Allianzwappen des Johann Christian v. Schlabrendorff und seiner Gemahlin Anna Augusta Elisabeth von Pfuel mit der Jahreszahl »1720« wohl auch in diesem Jahr errichtet. – **Siethen:** (Stadt und Land Atlas Berlin/Brandenburg, 1997, S. 75 D 3) das Herrenhaus ist ein spätklassizistischer Bau und dient heute als Kinderheim (zu Gröben und Siethen s. ausführlich Fontane, Kap. »Groeben und Siethen « im Band »Spreeland«). – **Baruth:** (Stadt und Land Atlas Berlin/Brandenburg, 1997, S. 97 C 1) hier sind eigentlich vier Schlösser auf engstem Raum versammelt: das sog. »Frauenhaus« vom Ende des 16. Jh.; am Anf. des 18. Jh. errichtete Friedrich Sigismund Graf zu Solms ein neues Herrenhaus, in der M. des 19. Jh. ließ Reichsgraf Friedrich Ludwig zu Solms ein weiteres Haus daran bauen, und letztendlich wurde Anf. des 20. Jh. ein Kopfbau in neobarocken Formen angefügt, in den einige Wappen eingefügt sind. – **Golssen:** (Stadt und Land Atlas Berlin/Brandenburg, 1997, S. 107 B 3) den von einem Walmdach gedeckten Kernbau ließ der Kriegs- und Domänenrat Vieth von Golzenau um 1720 errichten; die seitlichen Anbauten Graf von Redern, der 1771 das Rittergut erworben hatte. 1846 gelangte es in den Besitz des Grafen Friedrich Heinrich Ludwig zu Solms, im Besitz dessen Nachkommen, die 1888 in den Fürstenstand erhoben wurden, es bis zur Enteignung durch die Bodenreform verblieb. Im Park sehr schönes gußeisernes Denkmal von 1810 für die Gräfin Fontana, geb. v. Redern. – **Großmachnow:** (Stadt und Land Atlas Berlin/Brandenburg, 1997, S. 76 D 4) 1815 von Jean Simeon Coste im Stil der preußischen Landbauschule erbaut, im Mittelrisalit über dem Portal die Inschrift »Salve«; in den beiden äußeren Räumen im Erdgeschoß Deckenmalereien von Ronald Paris aus dem Jahre 1987 zum Leben auf dem Dorfe. Der Künstler bezeichnet sie heute als »ländliche Idyllen«, als »pastorales« (in einem Telephonat mit dem Autor am 14. August 1997). Für Helmut Hanke, damals Professor am Institut für Gesellschaftswissenschaften beim ZK der SED, las sich die Malerei allerdings so: »Die Bauern, Herren des Ganzen nunmehr, Besitzer des Herrenhauses seit der Enteignung und zukünftige Nutzer von Park und Haus, leisten sich jetzt auch Kultur. Die alten Maße wiedergewonnen, keine geschmacklose Willkür mehr, einfach und edel zugleich ... Gesellschaft und Natur endlich ausgesöhnt, Mensch und Tier in solidarischer Gemeinschaft, die Menschen als je Besondere im tätigen Miteinander. Kein Gedanke an irgendeine 'Farm der Tiere' ... Im Bilde aber das Volk bereits Herr seiner Geschicke, das Eigentum in den richtigen Händen, das Haus fest gegründet. Die arbeitenden Menschen zu guten Taten froh vereint, alles in allem längst der Vernunft folgend ... All dies höchst gegenwärtig und schön utopisch zugleich. So soll es sein, so muß es werden – nicht nur in Großmachnow.« (Helmut Hanke, 48 Quadratmeter, Gedanken zu einem Bild, in: Sonntag 3, 1988, S. 7; Nachdruck in: »Bei uns«. Beilage der Märkischen Volkstimme Nr. 20 »Auf dem Wege zum X. Kongreß des Verbandes Bildender Künstler der DDR, vom 20. Mai 1988.) Doch der Betrachter im Jahre 1997 vermag weder »pastorales« noch das »Volk [als] bereits Herr seiner Geschicke« zu erblicken. Vielmehr wird an einer Stelle die barocke Balustrade von einem hochbeladenen Erntewagen überfahren, die dramatisch in einzelne Teile zerbricht – der Bauer also zerstört als neuer Herr die alten Grenzen –, die Fahne mit dem Wappen der Familie von Schlabrendorff wird über jene Balustrade geworfen, um anstatt ihrer die rote Fahne kommunistischer Herrschaft aufzuziehen, und an anderer Stelle feiert das befreite dörfliche Volk. Hanke sieht in diesem Feierbild »die arbeitenden Menschen zu guten Taten froh vereint«. Doch das befreite dörfliche Volk ist am Ende betrunken und prügelt sich – einer schlägt gerade auf einen anderen mit einem Stuhl ein. Daneben spielt ein Orchester, wie der dicke Foliant andeutet, offenbar klassische Werke, und die Dorfjugend schläft dabei. Hier begegnet dem der DDR-Geschichte Kundigen weder eine »pastorale« noch eine utopisch-freundliche Darstellung des Landlebens, sondern eine im Stil des späten sozialistischen Realismus gemalte Rechtfertigung der »Bodenreform« mit all ihren Folgen. Und natürlich stillt eine junge bäuerliche Mutter ihr Kind im Schutz einer aufsteigenden Friedenstaube – es gibt wohl kaum ein Cliché der »sozialistischen Menschengemeinschaft«, das hier malerisch nicht bedient worden ist – das Bild an der Decke des Herrenhauses in Großmachnow ist ein spätsozialistischer »Schinken«, von dem – hätte es ihn (den Schinken) damals real gegeben, sich wohl gern manch einer eine Scheibe abgeschnitten hätte. Ein programmatisches Bild agitatorischen Charakters, dem wohl deshalb ein Platz im

Berliner Deutschen Historischen Museum als Zeitzeuge zur »Bodenreform« zu wünschen wäre. – **Märkisch Wilmersdorf:** (Stadt und Land Atlas Berlin/Brandenburg, 1997, S. 85 A 4) im Kern 1801, 1901 im Stil der normannischen Burgenromantik umgebaut; im noch immer durch seine Größe eindrucksvollen, aber völlig verwahrlosten und verwilderten Landschaftspark sind die im Dehio Berlin (Ost) und Potsdam (1983) erwähnte Gedenksäule für I. S. v. Schwerin nur noch in wenigen Bruchstücken sowie die Bronzefigur eines Eselsjungen von August Gaul gar nicht mehr vorhanden. – **Königs Wusterhausen:** (Stadt und Land Atlas Berlin/Brandenburg, 1997, S. 77 CD 3/4) Bau des frühen 16. Jh. vom Typ des »Festen Hauses« mit Treppenturm, 1717/18 für König Friedrich Wilhelm I. umgebaut; in einem Gartenhäuschen – das heute nicht mehr steht – fanden hier die Sitzungen des »Tabackskollegiums« statt. – **Zossen:** (Stadt und Land Atlas Berlin/Brandenburg, 1997, S. 86 B 4) vom einstigen Schloßbezirk ist nur das heute schmucklose Torhaus aus dem 16./17. Jh. erhalten; von der ehem. Burg ist der Rest einer Bastion erhalten sowie das »Haus Zossen«, eine später mehrfach veränderte Anlage des frühen 16. Jh. – **Schenkendorf:** (Stadt und Land Atlas Berlin/Brandenburg, 1997, S. 77 D 2) der wohl bedeutendste Besitzer des Rittergutes war der Berliner Zeitungsverleger Rudolf Mosse, der es Ende des 19. Jahrhunderts erworben hatte. Das aus gelben Klinkern erbaute Haus wird etwa um diese Zeit errichtet worden sein. – **Genshagen:** (Stadt und Land Atlas Berlin/Brandenburg, 1997, S. 76 C 1) das Rittergut gehörte der Familie von Haake, bis es 1834 dem Geh. Justizrat Schulze verkauft wurde. Auf dem Wege der Erbschaft gelangte es Anf. des 20. Jh. an die Familie von Eberstein, deren Angehörige es bis zur Enteignung nach 1945 besaßen.

Sehenswerte Kirchen in der Umgebung
Blankensee: (Stadt und Land Atlas Berlin/Brandenburg, 1997, S. 85 A 1; Kirchenschlüssel: ev. Pfarramt 14959 Blankensee, Dorfstr. 19, Tel. 03 37 31/1 54 57) spätes 17. Jh., im Inneren Patronatsloge mit Inschriftenkartusche vom Anf. des 18. Jh., Ahnentafel, 17. Jh., sehr schöner Epithaph aus der späten Renaissance, gemaltes Epithaph und

Figurengrabstein für A. v. Schlabrendorff (✝ 1567), prachtvolles Epitaph für Chr. W. v. Thümen (✝ 1541), als Taufstein dient eine marmorne venezianische Brunneneinfassung (vera da pozzo) aus der 1. H. 11. Jh. – **Stangenhagen:** (Stadt und Land Atlas Berlin/Brandenburg, 1997, S. 85 B 1; Kirchenschlüssel: ev. Pfarramt 14959 Blankensee, Dorfstr. 19, Tel. 03 37 31/1 54 57) errichtet 1727, über dem Portal Allianzwappen des Chr. W. v. Thümen und der S. H. v. Schlieben, Patronatsloge, Inschriftengabsteine von 1715/19 sowie 1725. – **Gröben:** (Stadt und Land Atlas Berlin/Brandenburg, 1997, S. 75 D 2; Kirchenschlüssel: ev. Pfarramt 14974 Ahrensdorf, Hauptstr. 29, Tel. 0 33 78/ 80 49 14) 1508, die Kirche nach verheerendem Brand 1909 nach Entwurf von Franz Schwechten (dem Erbauer der alten Kaiser-Wilhelm-Gedächtnis-Kirche in Berlin) unter Hinzufügung einer Vorhalle und einer Sakristei wieder aufgebaut, eindrucksvolles Zeugnis des in neogeotischen Formen gehaltenen »vaterländischen« Kirchenbaues der Zeit; Altar, Kanzel und Wandmalereien ebenfalls in diesem Stile; im Inneren Totentafel für den im Heer des brandenburgischen Kurfürsten vor Ofen in Ungarn gefallenen Gustav Albert von Schlabrendorff mit Ansicht der »Vestung Offen«, Grabstein für Christina Elisabeth v. Schlabrendorff (✝ 1694) und Gustav Albrecht v. Schlabrendorff (✝ 1703) sowie für den Lieutenant Christian Siegmund von Schlabrendorff, der 1741 in der Schlacht bei Mollwitz – dem entscheidenden Sieg Friedrichs des Großen gegen das österreichische Heer im ersten Schlesischen Krieg – fiel sowie Grabstein der Anna Augusta Elisabeth von Schlabrendorff, geb. v. Pfuehl (✝ 1744). – **Jühnsdorf:** (Stadt und Land Atlas Berlin/Brandenburg, 1997, S. 76 C 2/3; Kirchenschlüssel: ev. Pfarramt 15827 Blankenfelde, Dorfstr. 21, Tel. 0 33 79/27 78) Feldsteinbau, wohl M. 14. Jh., Umbau und Ausstattung M. 19. Jh., im Inneren Grabstein für L. v. Hacke (✝ 1737) mit wappentragenden Engeln. – **Märkisch Wilmersdorf:** (Stadt und Land Atlas Berlin/Brandenburg, 1997, S. 85 A 4): Dorfkirche Anf. 18. Jh., an der Westseite Gruft von 1746 mit Allianzwappen der Familien von Schwerin und von Kanitz, darunter lateinische Inschriftentafel mit dem Text, daß Friedrich Bogislaw von Schwerin und seine Frau Dorothea von Kanitz diese

Gruft zum Andenken für sich und die Familie im Jahre 1746 errichtet haben. – **Schenkendorf:** (Stadt und Land Atlas Berlin/Brandenburg, 1997, S. 77 D 2; Kirchenschlüssel: ev. Pfarramt 15711 Zeesen, Friedens-str. 54, Tel. 0 33 75/90 20 51) spätmittelalterlicher Feldsteinbau, im Inneren qualitätvoller Schnitzaltar von 1516. – **Kerzendorf:** (Stadt und Land Atlas Berlin/Brandenburg, 1997, S. 75 D 4 Kirchenschlüssel: ev. Pfarramt 14974 Ludwigsfelde, Margaritenweg 1a, Tel. 0 33 78/51 28 17) neoromanischer Bau von 1896 nach Entwurf von Karl Hoffacker; im Inneren Grabstein für J. L. le Duchat de Dorville mit Putten und Wappen († 1770). – **Großmachnow:** (Stadt und Land Atlas Berlin/Brandenburg, 1997, S. 76 D 4; Kirchenschlüssel: ev. Pfarramt 15831 Selchow, Glasower Str. 2, Tel. 0 33 79/42 34) 1. H. 13. Jh., im Inneren sehr schönes Epitaph für O. v. Schlabrendorff († 1721). – **Siethen:** (Stadt und Land Atlas Berlin/Brandenburg, 1997, S. 75 D 3; Kirchenschlüssel: ev. Pfarramt 14974 Ahrensdorf, Hauptstr. 29, Tel. 0 33 78/80 16 87) im Inneren beeindruckende Wappensammlung auf Holz- und Blechtafeln, die vermutlich zu einer Ahnentafel des Otto Christian von Schlabrendorff (1698 –1744) gehörten, Renaissance-Patronatsgestühl mit Wappen der 1914 in den preußischen Adelsstand erhobenen Familie von Badewitz (der fünfzackige rote Stern ist originaler Bestandteil dieses Wappens!); in der Vorhalle beeindruckender alter Opferstock.

Gastronomie

Landgasthof »Theodore F.«
Dorfstr. 1, 14974 Gröben
Tel. 0 33 78/80 01 18; Fax /80 02 61
Hans-Clauert-Stube im Akzent-Parkhotel
Parkstr. 5, 14959 Trebbin
Tel. 03 37 31/71-0; Fax /71-1 11
(Küche: Mo – Sa 17.30 – 22.30, So 11.30 – 14.30)
Hotel »Vierseithof«
Im Haag 20/Am Herrenhaus 1, 14943 Luckenwalde
Tel. 0 33 71/62 68-0; Fax /62 68-68

Romantik-Hotel »Alte Försterei«
Markt 7, 14913 Kloster Zinna
Tel. 0 33 72/4 65-0; Fax /4 65-2 22

Information
Tourist-Information
Kienitzer Str. 100, 15834 Rangsdorf
Tel. 03 37 08/75 40; Fax /7 54 50

24. KOSSENBLATT

Schloß Kossenblatt, Parkseite

Im Jahre 1735 kam König Friedrich Wilhelm I. auf einer Jagd von Königs-Wusterhausen aus in die Cossenblatter Gegend, sah das schöne Schloß und forderte den Besitzer auf, ihm seine Besitzung zu verkaufen. Als dieser Antrag abgelehnt wurde, wurden nichtsdestoweniger alle Mittel in Bewegung gesetzt, sich des ganzen Güterkomplexes zu versichern. Es fand sich auch bald ein Weg, da er sich durchaus finden sollte. Der Verlauf war folgender. Graf Barfus hatte dem Unterhändler des Königs gegenüber von 180 000 Talern gesprochen, nur um loszukommen in der festen Voraussicht, daß diese hohe Summe nie bewilligt werden würde, worin er auch recht behielt. Vielmehr begnügte sich der König damit den Grafen wissen zu lassen, daß der Preis seiner Güter, nachdem er überhaupt einmal auf den Verkauf derselben eingegangen sei, nicht länger einseitig durch ihn selbst bestimmt werden könne. Es geböte sich jetzt eine Taxierung. Hiernach kam denn auch im Januar 1736 ein Kauf zustande, ohne daß die belehnten Agnaten befragt worden wären. Der König bewilligte 125 000 Taler, schlug Cossenblatt zur Herrschaft Königs-Wusterhausen und überwies es, gleich nach der Übergabe, seinem zweiten Sohne, dem Prinzen August Wilhelm. Ob dieser je dort residiert hat, ist zweifelhaft. Der Prinz bevorzugte das in Nähe seiner Garnison Spandau gelegene Schloß Oranienburg und begnügte sich damit, seinen Namenszug A. W. an dem großen Frontbalkon des ehemaligen Barfusen-Schlosses anbringen zu lassen.

Prinz August Wilhelm verschmähte Cossenblatt, aber der König selbst scheint während seiner letzten Lebensjahre viele Wochen und Monate daselbst zugebracht zu haben. Wenn der Ausdruck gestattet ist: er saß hier seine Gicht ab und Cossenblatt wurde der Hauptschauplatz jener Kunstübungen, deren Resultate die bekannte Inschrift tragen: in tormentis pinxit.* ...

In demselben Staats- und Empfangszimmer befindet sich noch ein Dutzend anderer Porträts: die in tormentis gemalten Bilder des Königs selbst. Das Mildeste, was man von ihnen sagen kann, ist: sie verleugnen die Stunde ihres Ursprungs nicht. Freilich haben auch sie ihre Verehrer gefunden. Einige unbedingte Friedrich-Wilhelm-Bewunderer haben die ganze Frage auf das Gebiet der Energie gespielt und von diesem Standpunkt aus mit einem gewissen Rechte gesagt: »So malte ein Mann, der nicht malen konnte. Und so malte er unter Schmerzen und – jeden Tag ein Bild.« Vor diesem Raisonnement verneigt sich die Kritik.

Alle diese Bilder des Königs rühren aus den Jahren 1736, 1737 und 1738 her. Es sind sämtlich Porträts (Bruststücke) und zwar einundvierzig an der Zahl, von denen sich zweiunddreißig in den Zimmern, neun aber im Korridor befinden. Alle in Rahmen von gebeiztem Eichenholz. So häßlich die Bilder sind und so unfähig ein künstlerisches Wohlgefallen zu wecken, so wecken sie doch immerhin ein gewisses künstlerisches Interesse.

(aus: Theodor Fontane, Wanderungen durch die Mark Brandenburg: Das Oderland)

Das Herrenhaus

Das Schloß wurde zwischen 1699 und 1712 für den Reichsgrafen J. A. von Barfuß errichtet. Der Park ist erhalten und in vergleichsweise gutem Zustand.

»In tormentis pinxit ...«

Jeder der preußischen Herrscher ist in späterer Zeit in eine »negativ besetzte Schublade« getan worden: der Soldatenkönig war dick und prügelte, Friedrich der Große war schwul, Friedrich Wilhelm II. bestechlich und liebte kleine Mädchen, Friedrich Wilhelm III. geistig beschränkt, Friedrich Wilhelm IV. geistig umnachtet, Kaiser Wilhelm I. das intellektuelle Ebenbild seines Vaters, Friedrich III. willenschwach und Wilhelm II. größenwahnsinnig. Noch erst in jüngster Zeit erschienene Publikationen bedienen sich dieser Clichés. Doch keines entspricht der Ausschließlichkeit, mit der es verbreitet wird. Man sollte es differenziert sehen. Gewiß wird vom Soldatenkönig berichtet, daß er schreiend über den Potsdamer Marktplatz lief, seine Untertanen mit seinem Krückstock malträtierte und dabei schrie: »Ihr sollt mich lieben ...« Angenehm war das für die Betroffenen sicher nicht, nur: dieser König führte keinen Krieg, er hinterließ bei seinem Tode einen ordentlichen Staatshaushalt ohne Schulden und hatte einiges für die Landeskultur getan. Und überdies war er sensibel und behandelte seine Gicht mit einer »Maltherapie«, wie wir heute sagen würden. Seine Bilder sind beredte Zeugnisse dafür.

Das Buch zum Thema

F: W: Pinxit. Der Soldatenkönig als Maler. Kat. Ausst. Staatliche Schlösser und Gärten Potsdam-Sanssouci, 1990 – Jochen Klepper, In tormentis pinxit. Bilder und Briefe des Soldatenkönigs, Stuttgart 1959

Die Anfahrt nach Kossenblatt

(Stadt und Land Atlas Berlin/Brandenburg, 1997, S. 99 A 4) Kossenblatt liegt an der L 443, südwestlich von Beeskow.

Bedeutende Denkmäler in der Umgebung

Beeskow, Burg: (Stadt und Land Atlas Berlin/Brandenburg, 1997, S. 90 C 3/4) ursprünglich Wasserburg Anf. 13. Jh., im 15. Jh. verfallen, 1519 – 1524 durch den Bischof von Lebus, Dietrich von Bülow, als geräumiges Wohnschloß neu erbaut, heute Museum mit interessanter Sammlung zur offiziellen DDR-Kunst. – **Burg Friedland:** (Stadt und Land Atlas Berlin/Brandenburg, 1997, S. 100 A 4) im 13. Jh. angelegt, seit 1523 Sitz des Johanniterordens, heute leerstehend. – **Burg Teupitz:** (Stadt und Land Atlas Berlin/Brandenburg, 1997, S. 97 A 3) auf der Spitze einer Halbinsel im Teupitzsee gelegen, 1307 erstmals genannt, von der historischen Bebauung nur noch das Amtshaus von 1769 erhalten, alle anderen Bauten insbesondere durch die Nutzung als Ferienheim für Mitglieder des Politbüro der SED grob entstellt oder als Plattenbau aufgeführt.

Sehenswerte Herrenhäuser in der Umgebung

Groß Leuthen: (Stadt und Land Atlas Berlin/Brandenburg, 1997, S. 99 C 3/4) das heutige Erscheinungsbild der großartigen, prachtvollen Anlage ist durch den Umbau von Bodo Ebhardt 1912 – 1914 geprägt, die Johann Abraham v. Wülfing, der 1906 in den Besitz von Groß Leuthen gelangt war, veranlaßt hatte. – **Lübben:** (Stadt und Land Atlas Berlin/Brandenburg, 1997, S. 108 B/C 4) 1368 als Wasserburg mit mächtigem Wohn- und Wehrturm errichtet, das 2. Obergeschoß mit Knickwalmdach von 1685; der Turm 1914/15 restauriert, im großen Saal des Erdgeschosses Gemälde »Die Huldigung der Stadt an Kurfürst Friedrich II. Eisenzahn von Brandenburg« aus dem Jahre 1917 von August Oetken. – **Lübbenau:** (Stadt und Land Atlas Berlin/Brandenburg, 1997, S. 119 A 2/3) das Rittergut war zwischen 1621 und 1945 im Besitz der gräflichen Familie zu Lynar, das Schloß 1817 – 1820 von Carl Benjamin Siegel errichtet, die Seitenflügel stoßen – gemäß sächsischer Bautradition – in stumpfem Winkel an den knappen Corps de logis, im großartigen Landschaftspark Orangerie, 1820 von Siegel, Kanzlei 1745 – 1748 (heute »Spreewaldmuseum«), Remise und Marstall (sog. Efeuhaus), Fachwerkbau von 1744 – 1746; der Park nach 1820 von Johann Erdmann und Heinrich Wilhelm Freschke geschaffen, in DDR-Zeiten zum sog. »Volkspark« umgewidmet, aus dieser Zeit zahlreiche entstellende Einbauten. – **Straupitz:** (Stadt und Land Atlas Berlin/Brandenburg, 1997, S. 110 C 1/2) Herrenhaus von 1794 der in der Niederlausitz bedeutenden Familie von Houwald, in der 2. H. des 19. Jh. umgestaltet. – **Bärenklau** bei Guben: (Stadt und Land Atlas Berlin/Brandenburg, 1997, S. 110b B 3) Herrenhaus, 1926 –1928 für den Gubener Tuchfabrikanten Lehmann als prachtvolle, riesige Dreiflügelanlage errichtet, deren Parkseite mutatis mutandis die Formensprache von Sanssouci aufnimmt; der einst großartige Land-schaftspark mit einer Vielzahl seltener Gehölze durchsetzt. – **Lieberose:** (Stadt und Land Atlas Berlin/Brandenburg, 1997, S. 110a A 1) im Kern 1557 als Dreiflügelanlage von Thadäus Paglio für Joachim von der Schulenburg erbaut, nach Brand 1657 Ende des 17. Jh. erneuert und von oberitalienischen Stuckateuren mit reichen Stuckdecken versehen. Der Park in Ansätzen noch vorhanden.

Sehenswerte Kirchen in der Umgebung

Groß Leuthen: (Stadt und Land Atlas Berlin/Brandenburg, 1997, S. 99 C 3/4; Kirchenschlüssel: ev. Pfarramt 15913 Groß Leuthen, Dorfstr. 18, Tel. 03 54 71/6 25) neoromanische Kirche von 1857, im Inneren Patronatsloge, Grabstein für W. Schenk († 1599), M. v. Reussen († 1751), sehr schöner Wappengrabstein für G. Wrabsky († 1557) sowie für das Ehepaar A. und E. Schenk († Anf. 17. Jh.). – **Lübben:** (Stadt und Land Atlas Berlin/Brandenburg, 1997, S. 108 B/C 4) Stadtkirche (Kirchenschlüssel: ev. Pfarramt 15907 Lübben, Berliner Str. 21, Tel. 0 35 46/31 22), hier wirkte zwischen 1622 und 1647 der bedeutende evangelische Liederdichter Paul Gerhardt. Im Inneren zahlreiche höchst bemerkenswerte Grabmäler, so z. B. für den kurfürstlich-sächsischen Kanzler G. Kindler von Zackenstein († 1649), Schrifttafel und Wappen-

scheibe für K. v. Rosenthal († 1534), für A. Kindler v. Zackenstein (†
Anf.17. Jh.; Denkmal für Paul Gerhardt, 1907 von Friedrich
Pfannschmidt. – **Lübbenau:** (Stadt und Land Atlas Berlin/Branden-
burg, 1997, S. 119 A 2/3; Stadtkirche (Kirchenschlüssel: ev. Pfarramt
03222 Lübbenau, Kirchplatz 4, Tel. 0 35 42/26 78) 1738 – 1741 wohl
nach Plänen des sächsischen Festungsbaumeisters Gottfried Findeisen
errichtet; im Inneren Grabstein für v. d. Schulenburg, Ende 16. Jh.,
großartiges Wandepitaph von 1765 für M. C. v. Lynar († 1768) von
dem sächsischen Hofbildhauer Gottfried Knöffler, Sarkophage für
M. C. v. Lynar († 1768) und seiner Frau Chr. H. F. v. Lynar († 1730) mit
Wappen und reich bekrönten Initialen. – **Straupitz:** (Stadt und Land
Atlas Berlin/Brandenburg, 1997, S. 110 C 1/2) Kirchenschlüssel: ev.
Pfarramt 15913 Straupitz, Kirchstr. 5, Tel. 03 54 75/4 96) 1827 – 1832
nach Plänen von Karl Friedrich Schinkel errichtet, im Inneren zahlrei-
che höchst bedeutende Grabsteine für Mitglieder der Familie von
Houwald, so z. B. Grabmal für Chr. († 1661) mit bemaltem plastischem
Wappen und großem Wappenrelief, C. H. W. († 1741) mit reicher
Vitentafel, J. H. († 1786): Säulenstumpf mit Silhouettenbildnis und
Urnenvase, klassizistischer Marmorepitaph für G. C. W. († 1799) und
dessen Frau A. M. geb. v. Koch († 1815).

Gastronomie
»Köllnitzer Fischerstuben«
Hauptstr. 19, 15859 Groß Schauen
Tel./Fax 03 36 78/7 10 84
Aalhof
Hauptstr., 181859 Groß Schauen
Tel. 03 36 78/6 29 81; Fax /6 31 52

Information
Amt Unterspreewald, Tourismusbüro
Hauptstr. 49, 15910 Schönwalde
Tel. 03 54 74/4 05

Schloß Lübbenau sollte Anfang der achtziger Jahre abgerissen werden.

Der nächste Morgen brachte uns noch ein Reisedessert: den *Besuch des Lynarschen Parks.* Er liegt, wenn ich mich recht orientiert habe, auf einer Halbinsel, die durch zwei Spreearme gebildet wird. Schöne Baumpartien ziehen sich beiden Längsseiten hin und gewähren an einzelnen Stellen durch das Laub der Bäume hindurch, reizende Blicke in die Wiesenlandschaft hinein. Man übersieht, je nach der Aufstellung, die man nimmt, zwei ganz verschiedene Teile des Spreewalds: nach Norden hin die reichen Felder, die zwischen Lehde und Leipe liegen, nach Westen hin das Wiesenterrain zwischen Lübben und Lübbenau. An dieser seiner nördlichen Lisiere ist der Park von ganz besonderer Schönheit, und die Edeltannen und moosbewachsenen Steinbänke, vor allem die Spree selbst, die wie ein tiefer Wallgraben mit Schilf und Schlingkraut und Erlengebüsch uns unmittelbar zu Füßen lag, erinnerten mich an den Park von Warwick Castle, wo sich, wie hier die Spree, so dort der Avon an moosigen Steinbänken vorüberzieht und durch die Erlenbüsche hindurch einen Einblick in die Wiesengründe »des Herzens von England« gestattet.

Freilich, im selben Augenblick, wo wir uns zur Linken wenden und statt der grauen Wände von Warwick Castle die gelbgetünchten Wände eines modernen Schloßbaues erscheinen sehen, schwindet die Möglichkeit eines ferneren Vergleichs, und wir sind wieder in der Lausitz, an der Grenze unserer heimatlichen Mark. Damit aber sei kein Tadel ausgesprochen. Es ist ein mäßiger Vorwurf, nicht so – schön zu sein wie die Venus von Milo. Der moderne Bau vor uns ist kaum 30 Jahre alt. Bis dahin stand hier ein altes Schloß, an dessen Niederreißung sich folgende liebliche Sage knüpft: Die Lynars, so heißt es, waren von alten Zeiten her nicht glücklich in ihrer Ehe. Friede wurde Unfriede, Segen wurde Unsegen, man trug es von Geschlecht zu Geschlecht wie einen Fluch. Als der jetzt lebende Graf dem Tage seiner Vermählung nahe war und voll innigster Liebe zu seiner Braut des harten Geschicks gedachte, das auch *ihrer* warten möchte, trat eine Zigeunermutter an ihn heran und sagte: »Begrab das Schloß, so begräbst du euren Fluch.« Der Graf, ein frommer Mann, übersetzte sich das Zigeunerwort in *seine* Sprache. Das Opfer ist Quell alles Segens, so dachte er. Der alte Bau fiel, und das junge Paar zog ein in neue Räume. Da steht das Schloß jetzt, eine Mahnung, daß die Liebe das höchste Gebot sei. »Und hat es geholfen?« Ja, *es hat*. Die Freudigkeit des Opfers ist mächtiger gewesen als die Ungunst des Geschickes. Friede zog ein und Glück und Segen. Die Gräfin ist tot jetzt. »Sie war ein Engel«, sagte mein Erzähler.

Das neue Schloß ist ein stattlicher Bau, der gewinnen wird, wenn er erst seinerseits ein paar hundert Jahre auf dem Rücken trägt. Zwei lange Flügel stoßen beinahe rechtwinklig aufeinander; die Linie, wo sie sich berühren, ist abgestumpft und bildet nun ein schmales Mittelstück (Corps de Logis). Der ganze Bau wird von zwei abgestumpften

Türmen überragt, die sich an die Rückenfront des Corps de Logis anlehnen und mit ihren Fundamenten die Einfassung einer Freitreppe bilden. Die Vorderfront, der es an Ornamentik fehlt, zeigt als einzigen Punkt, worauf das Auge ausruhen kann, das *Lynarsche Wappen,* zwei Felder mit blühendem Lein, zwei andere mit einer gewundenen Schlange. Die Schlangen und das Haus leben seit alter Zeit auf einem guten Fuß. Ob man aus Liebe zu den Schlangen die Schlange ins Wappen aufgenommen oder, umgekehrt, aus Liebe zum Wappen sich mit den Schlangen befreundet hat, laß ich dahingestellt sein; nur das Faktum bleibt, daß die beiden Schlangen im Wappenschilde der Lynars kaum fester und treuer an ihnen hängen als die leibhaftigen Schlangen die unten im Park herumspazieren.

(aus: In den Spreewald. Vier Reisekapitel von Th. F. (1859), in: Theodor Fontane. Wanderungen durch die Mark Brandenburg, hrsg. von Gotthard Erler, Berlin 1991, Bd. 6, S. 26ff.)

Über Postmeilensäulen

Nahe der Stadtkirche in Lübbenau steht eine Postmeilensäule, deren Inschrift besagt, sie stamme aus dem Jahre 1740.

Territorial-historisch gehört Lübbenau zur Niederlausitz, die bis 1815 sächsisch war. Da aber der sächsische Kurfürst Friedrich August III. (1750 – 1827) den verhängnisvollen Fehler begangen hatte, mit Napoleon zu kollaborieren, weil dieser ihn 1806 zum König von Sachsen ernannt hatte. Die Strafe für diese Eigensucht folgte nach der endgültigen Niederlage Napoleons. Während des Wiener Kongresses im Jahre 1815 wurde die Niederlausitz Preußen zugesprochen.

Die Postmeilensäulen aber blieben. 1721 befahl Kurfürst Friedrich August I., steinerne Postsäulen zu errichten. Die Sachsen hatten vier verschiedene Arten derartiger Säulen: Distanzsäulen, Ganzmeilensäulen, Halbmeilensäulen und Viertelmeilensteine. Distanzsäulen und Ganzmeilensäulen hatten die Form ägyptischer Obelisken – nur eben viel kleiner als die originalen Vorbilder.

In Preußen erließ König Friedrich Wilhelm II. im Jahre 1792 ein Edikt über den Chausseebau. Auch in Preußen hatten die eine große

Distanz mitteilenden Steine die Form eines Obelisken, aber sie waren kleiner und viel schmuckloser als die sächsischen. Auf der 1817 bis 1819 errichteten Chaussee von Berlin nach Küstrin über Müncheberg und Seelow waren die Ganzmeilensteine aus Gußeisen – ein Beispiel hat sich noch kurz vor dem westlichen Stadteingang von Seelow erhalten. Die Halbmeilensteine dagegen waren gestreckt-glockenförmig, während die Viertelmeilensteine gedrückt-glockenförmig waren. Daneben hatte der am häufigsten anzutreffende Meilenstein die Form eines Rundsockelsteines mit Kegeldach. Viertel- und Halbmeilensteine konnten auch nur durch ihre Größe unterschiedene halbrunde Steine sein, wie sie in Groß Kreutz bei Werder in großer Zahl zu finden sind.

Die Benutzung der Kunststraßen – Chausseen – war nur gegen die Entrichtung einer Gebühr möglich. In regelmäßigen Abständen gab es Mautstellen – Chausseehäuser –, an denen die Straßenbenutzungsgebühr kassiert wurde. Diese »Einnehmerhäuser« waren in der Regel groß und stattlich, konnten aber auch höchst einfach und klein sein, wenn sie in den Formen der von Gilly geprägten preußischen Landbauschule erbaut waren.

Das Schloß

1621 wird die Burg mit dem gesamten Land von Elisabeth Gräfin zu Lynar erworben. Bis 1945 verbleibt Schloß Lübbenau im Besitz der Grafen zu Lynar. Ursprünglich war es eine Wasserburg, die um 1600 zu einem sehr stattlichen Renaissanceschloß umgebaut wurde. 1817 bis 1820 wird das heutige Schloß umgebaut. Es erhält jene für Herrenhäuser und Schlösser sächsischer Formensprache so typische Formengebung, in der der Corps de logis (d. h. der Mittelbau) sehr schmal gehalten ist und von dem die Seitenflügel im stumpfen Winkel abgehen. Wilhelm Friedrich Graf zu Lynar verlegte 1930 den Familiensitz nach Schloß Seese – das 1974 dem Braunkohleabbau der damaligen DDR zum Opfer fiel – und richtete in Schloß Lübbenau ein Museum ein. Die Herrschaft Lübbenau wurde Anfang 1945 von den Nazis enteignet, weil Wilhelm Friedrich Graf zu Lynar als persönlicher Adjutant des Generalfeldmarschalls von Witzleben aktiv am Widerstand gegen Hitler beteiligt war und wegen seiner Beteiligung am Attentat vom 20. Juli 1944 gegen Hitler am 29. September 1944 im Zuchthaus Plötzensee in Berlin hingerichtet wurde. Nach der kommunistischen Machtübernahme wurde das Gut durch die Bodenreform parzelliert, es diente weiterhin zum Teil als Krankenhaus, Entbindungsstation, als Dauerheim für Kleinkinder. Als diese Institutionen Anfang der siebziger Jahre aus dem Schloß auszogen, gab es im »Rat der Stadt« tatsächlich ernsthafte Überlegungen, das Schloß zu sprengen und aus den Trümmern einen Rodelberg zu machen. Die Rettung für den Weiterbestand des Hauses war letztlich der »VEB Rechenbetrieb Binnenhandel«, der es als Schulungs- und Ausbildungszentrum nutzte. Nach der Wende wurde es der Familie Lynar zurückgegeben, da die Enteignung nicht unter die Bodenreform fiel.

Die Anfahrt nach Lübbenau

(Stadt und Land Atlas Berlin/Brandenburg, 1997, S. 119 A 2) A 15 Richtung Cottbus, Abfahrt Lübbenau.

Gastronomie

Schloßhotel und Restaurant Lübbenau
Schloßbezirk 6, 03222 Lübbenau
Tel. 0 35 42/87 30
Hotel und Restaurant »Branitz«
Heinrich-Zille-Str., 03042 Cottbus
Tel. 03 55/7 51 00; Fax /6 20 00
Schloßhotel Burg Teupitz
Kirchstr. 8, 15755 Teupitz
Tel. 03 37 66/6 00; Fax /60455

Information

Fremdenverkehrsverein Lübbenau und Umgebung e.V.
Ehm-Welk-Str. 15, 03222 Lübbenau
Tel. 0 35 42/36 68; Fax /4 67 70

Literatur zum Schloß

Christel Lehmann, Der Schloßbezirk Lübbenau, Lübben, 1991. – Götz Freiherr von Houwald, Die Niederlausitzer Rittergüter und ihre Besitzer, Neustadt an der Aisch 1992, Bd. IV: Kreis Kalau Teil II, S. 90ff.

Literatur zum Thema

Siegfried Rühle, Postsäulen und Meilensteine, Dresden 1994. – Herbert Liman, Preussischer Chausseebau. Meilensteine in Berlin, Berlin 1993 (= Berliner Hefte, 5).

Bedeutende Denkmäler am Ort

im Schloßpark: Orangerie, um 1820 wohl von Carl Benjamin Siegel, von dorischen Säulen getragene Halle (heute Galerie). – Kanzlei (1745 – 1748), heute Teil des »Spreewaldmuseums«; Remise und Marstall (»Efeuhaus«), 1744 – 1746 als beeindruckender Fachwerkbau errichtet; der Schloßpark in den Jahren nach 1820 von Johann Erdmann und Heinrich Wilhelm Freschke angelegt. – Stadtkirche St. Nicolai, 1738 – 1741 wohl nach Entwürfen des Dresdner Festungsbaumeisters Gottfried Findeisen errichtet; bemerkenswert das große Wandepitaph für M. C. v. Lynar († 1768) von dem Dresdner Hofbildhauer Gottfried Knöffler; Grabmal für J. H. v. Wedig († 1765); zwei wappengeschmückte Sarkophage für M. C. v. Lynar und Chr. H. F. v. Lynar († 1730).

Bedeutende Herrenhäuser in der Umgebung

Gehren: (Stadt und Land Atlas Berlin/Brandenburg, 1997, S. 117 C 4) 1904 als Ruhesitz in Form einer romantisierenden Burg für den General Ludwig Georg von Etzdorf (1831 – 1906) erbaut – bei entsprechender Pflege könnte das Haus das »Neuschwanstein« des Bundeslandes Brandenburg werden. – **Beesdau:** (Stadt und Land Atlas Berlin/Brandenburg, 1997, S. 118 C 2) Das Haus stammt im Kern aus dem mittleren 15. Jh., als die Familie von Polenz auf dem Rittergut Beesdau ansässig war. Auch die Umfassungsmauer eines annähernd quadratischen Schloßturmes aus jener Zeit ist erhalten. Wohl Ende des 18. Jh. erfolgte der Umbau zur Dreiflügelanlage. Die große Zeit für Beesdau jedoch begann, als das Rittergut von dem Landwirt Johann Gottlieb Koppe erworben wurde. Koppe war Schüler des Landwirtschaftsreformators Albrecht Thaer. In Möglin lehrte er an der von Thaer eingerichteten Landwirtschaftlichen Akademie. In der Mitte des 19. Jh. wurde Schloß Beesdau umgebaut. Der Nordflügel wurde verlängert und der heute noch erhaltene runde neoromantische Treppenturm im Hof angefügt. – **Sonnewalde:** (an der B 96, ca. 20 km südlich Luckau) Das »Hinterschloß«, der Wohnbereich der Fürsten Solms-Sonnewalde, wurde 1949 abgerissen. An seiner Stelle wurde als Zeichen der sog. »Herrschaft des Volkes« eine Freilichtbühne samt dazugehörender Kneipe erbaut. – **Fürstlich Drehna:** (Stadt und Land Atlas Berlin/Brandenburg, 1997, S. 118 D 3) Würde die DDR noch existieren, gäbe es die prachtvolle Vierflügelanlage nicht mehr, denn sie sollte dem Braunkohleabbau zum Opfer fallen. Der von Lenné gestaltete Park ist zum größten Teil nicht mehr vorhanden. Das Schloß wird derzeit von der Brandenburgischen Schlösser GmbH aufwendig restauriert in der Hoffnung, danach einen kompetenten Nutzer zu finden. Bis zum Ende des 2. Weltkrieges besaßen die Fürsten Lynar Schloß und Gut, wovon sie durch die »Bodenreform« vertrieben wurden. – **Mallenchen:** (Stadt und Land Atlas Berlin/Brandenburg, 1997, S. 118 D 4) Das heutige Herrenhaus erbaute 1780 Erasmus Gottfried von Patow, nachdem er zehn Jahre zuvor durch den sächsischen Kurfürsten Friedrich August in den Reichsfreiherrenstand erhoben wurde. Das wohlproportionierte Haus diente während der DDR-Zeit als Verwaltung der LPG und als Lebensmittelverkaufsstelle. Jetzt befindet sich nur noch eine Wohnung darin; gelegentlich wird es als Versammlungsraum genutzt. Fährt man auf das Schloß zu, so sieht man linker Hand im durch die Bodenreform parzellierten Teil des Gutshofes einen schönen Taubenturm aus Fachwerk. – **Zinnitz:** (Stadt und Land Atlas Berlin/Brandenburg, 1997, S. 118 C 4) Inspiriert ist das Aussehen des Gebäudes von der Potsdamer Villenarchitektur des 2. Drittels des 19. Jh., als König Friedrich Wilhelm IV. von Preußen sich anschickte, die Landschaft zwischen Berlin und Potsdam nach italienischem – vorzugsweise toskanischem – Vorbild umzugestalten. In jenen Jahren war

Erasmus Robert Freiherr von Patow (1804 – 1890) Besitzer des Rittergutes Zinnitz. In den Tagen nach der Märzrevolte des Jahres 1848 übernahm v. Patow auf Wunsch des Königs das Ministerium für Handel,
Gewerbe und öffentliche Arbeiten. Danach war er Oberpräsident der
Provinz Brandenburg und schied Ende 1849 aus dem Staatsdienst aus.
Als der spätere König und Kaiser Wilhelm I. 1857 die Regentschaft für
seinen durch mehrere Schlaganfälle schwer erkrankten Bruder übernahm, berief er v. Patow zum Finanzminister. Patow gebührt das Ver-
dienst, das nach 1786 errichtete schlichte barocke Herrenhaus zu einem Höhepunkt der Architektur des 19. Jh. in der Niederlausitz gemacht zu haben. Bauherr dieses Hauses war Generalmajor Philipp
Ludwig Sigismund Bouton des Granges, der das Rittergut Zinnitz 1786
für den Preis von 22 000 Talern gekauft hatte. – **Calau:** (A 13, Abfahrt
12: Calau) Die Stadt Calau wurde am Rande des sog. »Niederlausitzer
Grenzwalles« im Jahre 1279 angelegt. Schon vorher hatten die Herren
von Eilenburg hier eine Burg gebaut, die »Dunckelsburg«. Sie wurde
bereits im Jahre 1576 abgerissen, aber noch heute lassen die mächtigen
Reste der zyklopischen, aus Feldsteinen erbauten Mauerreste erkennen, wie stark bewehrt diese Burg ursprünglich war.

Auf dem einstigen Burggelände wurde am Anf. des 18. Jh. das
sog. »Burglehnhaus« errichtet. Einer Inschrift am Haus ist zu entnehmen, daß es im Jahre 1716 fertiggestellt war.

Das wohlproportionierte Haus wird gegenwärtig restauriert, so
daß der von mehreren barocken Gebäuden umstandene Platz, dessen
Kopfsteinpflaster noch das originale mittelalterliche sein soll, ein an-
sehnliches Zentrum erhält. – **Altdöbern:** (A 13, Abfahrt 13: Bronkow)
Alexander Dietrich von Eickstedt war der erste der bedeutenden Besitzer. Der sächsische General nahm 1717 den Abschied, um sich ganz
Altdöbern widmen zu können. Auf den Grundmauern der einstigen
Wasserburg schuf er eine Dreiflügelanlage – die Keimzelle eines außerordentlich eindrucksvollen barocken Schlosses. Dazu schuf er einen Park, der an die bedeutendsten Parkgestaltungen in Sachsen an-
schloß. Nach dem Tode Eickstedts verkaufen die Erben das Rittergut
dem Hofküchenmeister Johann Jacob Nöller, dessen Tochter mit dem

Intendanten des sächsischen Premierministers Brühl, Karl Heinrich von Heinecken, verheiratet war. Heinecken wurde 1748 in den Reichsgrafenstand erhoben und legte 1749 den Lehnseid für Altdöbern ab. Heinecken ließ dem Herrenhaus ein weiteres Geschoß aufsetzen und erweiterte den Park erheblich. Nicht nur sehr seltene Gehölze, die noch immer vorhanden sind, wurden angepflanzt, sondern auch viele Figuren aus Marmor und Sandstein aufgestellt.

Die Anbauten des 19. Jh. gehen auf Heinrich Graf von Witzleben und dessen Gemahlin, Marie Prinzessin Reuß, zurück. Der Garten erfährt abermals eine Umgestaltung: Eduard Petzold, ein enger Mitarbeiter des Fürsten Pückler-Muskau, legte um den barocken Park einen englischen Landschaftsgarten an. Witzleben vergrößerte durch Zukauf den Besitz erheblich und wandelte den Gesamtbesitz – zu dem nun auch die Rittergüter Chransdorf, Illmersdorf, Kasel, Lugk, Reddern, Göritz, Gräbendorf und Laasow gehörten – in ein Fideikommiß um, d. h. der Besitz durfte nicht verkauft werden, sondern sollte der wirtschaftlichen Absicherung der Nachkommen der Familie dienen. Nach dem Ende des Ersten Weltkrieges erwarb der in Berlin ansässige jüdische Zigarettenfabrikant Eugen Laib Garbáty das Anwesen, der es 1938 an den Fürsten Leopold IV. zur Lippe verkaufte. Den Zweiten Weltkrieg überstand das Schloß ohne größere Zerstörungen, weil hier die schwedische Gesandtschaft aus Berlin hin verlegt worden war In der DDR-Zeit war das Schloß zunächst als Kinder-, später als Altenheim genutzt und sollte dann Parteischule der LDPD (Liberal Demokratische Partei Deutschlands), eine der sog. »Blockparteien« der DDR, werden. Da diese Pläne schon damals nicht realisiert wurden, steht das Haus leer. Neue Nutzer mit geeigneten Konzepten werden gesucht. – **Ogrosen:** (A 15 Abfahrt 3: Vetschau) Die große Zeit des Gutes brach an, als 1622 Ogrosen an Otto Heinrich von Stutterheim, den Landesältesten des Kreises Calau, verkauft wurde. Seine Nachfahren hielten das Gut bis zum Jahre 1784, als Rudolf Leopold von Loeben das Gut kaufte.

Otto Hieronymus von Stutterheim ließ das alte Gutshaus vollständig umbauen. Sein Sohn Otto Heinrich von Stutterheim (1659 – 1714) vollendete diesen Umbau.

Es gab wechselnde Eigentümer. Der letzte der Stutterheims war Kurt Friedrich Wilhelm Leopold, der sich durch 1813 ausgebrachte Sympathiebekundungen für den preußischen König wie auch den russischen Kaiser bei seinem Lehnsherren, den sächsischen, mit Napoleon verbündeten König, unbeliebt gemacht hatte. Über mehrere weitere Zwischeneigentümer gelangte das Rittergut 1923 in den Besitz der Familie Lüdeke, die es bis zur Bodenreform hielt. Nach der Vertreibung der Alteigentümer 1945 durch die Kommunisten hatte das Gutshaus das »übliche« Schicksal: Aussiedler-Wohnungen, Verwaltungsgebäude etc. Doch nach dem Beitritt der DDR zum Rechtssystem der Bundesrepublik kauften die Enkel der Lüdekes das Gut zurück. Eine neue Hoffnung ist angebrochen – ökologische Landwirtschaft wird betrieben, und wer will, kann den Aufschwung sehen – und kosten! –

Vetschau: (Stadt und Land Atlas Berlin/Brandenburg, 1997, S. 120 C 4) Der erste wichtige Besitzer ist Eustach von Schlieben, der 1540 Schloß und Stadt Vetschau erwirbt und mit dem Bau eines neuen Schlosses beginnt. Für die Bedeutung des Ortes wie auch des Besitzers spricht, daß Kaiser Maximilian am 4. Januar 1564 das Schloß besuchte. Zwischen 1860 und 1870 – das Schloß hatte mittlerweile einen bürgerlichen Besitzer – wurde eine grundlegende Restaurierung vollzogen, in deren Verlauf auch der Mittelrisalit der Vorderfront angefügt wurde, der heute so charakteristisch für das Bild des Schlosses ist.

In der Mitte der achtziger Jahre wurde der Rittersaal im 3. Obergeschoß historisierend ausgestattet – ein schönes Zeugnis vom Geschmack und der eleganten Raffinesse der Gründerzeit.

Seit 1920 ist das Schloß im Besitz der Stadt Vetschau, und noch heute ist hier die Stadtverwaltung untergebracht; der Rittersaal dient als Standesamt und wird für kulturelle Veranstaltungen genutzt.

Im Schloßpark finden sich zahlreiche schöne, alte Bäume. –

Drebkau: (an der B169, ca. 10 km sw Cottbus) Bereits im Jahre 1364 wird Drebkau als »Feste Burg« erwähnt. Von der alten Anlage sind noch heute bedeutsame Reste zu erkennen. Wechselnde Herrschaften lassen ein kompliziertes Bild der Entwicklung erstehen, bis 1776 Christoph Adam Burchard von Schiebell, der sächsische Kriegs- und Kabinettsminister, Schloß und Gut übernimmt.

Der Ort war seit 1635 kursächsisch und gehörte seit 1815 zu Preußen. Zur Schloßherrschaft Drebkau gehörten außerdem die Rittergüter Domsdorf, Golschow und Kausche. Der Park ist in Ansätzen zu erkennen; die großen Bäume wie auch die Hecken, deren einstige planmäßige Anlage heute nur noch schwer auszumachen ist, sind Zeugnisse einer Garten- und Parkgestaltung, deren Kontinuität vom späten 18. Jh. bis zum ausgehenden 19. Jh. reicht. Zu DDR-Zeiten wurde der Schloßbezirk aufgesiedelt und im Schloß Wohnungen eingerichtet; derzeit steht es leer. – **Stechau:** (etwa 10 km sö von Schlieben an der B 87) Schloß Stechau ist im Bundesland Brandenburg trefflichstes Beispiel für eine richtige Entscheidung: nämlich das Haus den Nachkommen der alten Besitzerfamilie oder seriösen Investoren zu überlassen. Daß die eigentlich rechtmäßigen Eigentümer sehr viel Geld aufwenden müssen, um in den rechtmäßigen Besitz ihrer Häuser zu gelangen, macht um so mehr betroffen, da die »Bodenreform« der SED ein völkerrechtliches Unrecht allergrößten Ausmaßes darstellte. Beeindruckend ist dennoch das Engagement, mit dem viele der alten Familien darangehen, die Schäden an Häusern und Parks zu beseitigen.

Haus und Park Stechau erstrahlen heute wieder in schönstem Glanz, und deren Wiederherrichtung ist nicht nur ein mäzenatischer Akt der Öffentlichkeit gegenüber, sondern gleichermaßen auch Zeugnis des behutsamen, verantwortungsbewußten Umgangs mit historischer Architektur.

Die von einem Krüppelmansardwalmdach gedeckte, prachtvolle Dreiflügelanlage ist ein Werk des späten Barock, inschriftlich datiert in das Jahr 1747.

Im 1987 in Ost-Berlin erschienenen Dehio-Band über die Bau- und Kunstdenkmäler in den ehemaligen Bezirken Frankfurt (Oder) und Cottbus wird das Haus als »im gegenwärtigen Zustand wenig eindrucksvoll« charakterisiert. Zu DDR-Zeiten diente es als Sitz der Leitung der einstigen LPG, später als Landambulatorium.

Heute befindet es sich wieder im Besitz der Familie Gontard, die das Rittergut Stechau bis zur Enteignung durch die Bodenreform besaß. 1993 wurden Schloß und Park Stechau zurückerworben und mit größtem Erfolg begonnen, aus dem »wenig eindrucksvollem« Haus wieder eine Perle zu machen – nicht nur der Region, sondern des gesamten Bundeslandes. Würden heute noch – wie im Barock üblich – Gebäude mit Beinamen versehen, so müßte Stechau das »brandenburgische La Fenice« genannt werden. Mit den Restaurierungsarbeiten betraute der neue Schloßherr den Schweizer Architekten Tino Walz, der internationalen Ruhm durch die Wiederherstellung der im 2. Weltkrieg zerstörten Münchner Residenz erwarb. Die Verse »auferstanden aus Ruinen« aus der Nationalhymne des dem DDR-Regime treu ergebenen Dichters Johannes R. Becher bekommen hier eine neue Qualität: »Sieger der Geschichte« sind die einst Bekämpften, die hier mit Verantwortungsgefühl, Pflichtbewußtsein und höchst sublim ausgebildetem Geschmack die Traditionen des Rittergutsbesitzes rekultivieren.

In gerader Sichtachse zum Schloß wurde im Jahre 1912 am Ende des Park-Parterres ein neoklassizistisches Grabmal errichtet. Hier liegen Eliza Maria Gontard und ihr 1941 verstorbener Gatte Adolf Friedr[ich] Eug[en] Gontard bestattet; letzterer durch die Inschrift »Ein Edelmann von ritterlicher Güte« charakterisiert.

Im nun beispielhafft wiederhergestellten, zu DDR-Zeiten als Nutzholzplantage dienenden Park, dessen Teich zur Müllkippe verkommen war, steht eine von Tino Walz geschaffene Stele aus weißem Marmor, die die Formensprache sowohl klassisch griechischer Denkmäler (z. B. Grabstele der Hegeso im Berliner Pergamon-Museum) und gleichermaßen klassizistischer Werke der 1. H. des 19. Jh. aufnimmt. Sie soll an Susette Gontard und den Privatlehrer ihrer Kinder, den Dichter Friedrich Hölderlin erinnern, der im Jahre 1796 zur Gattin seines Arbeitgebers in heftiger Liebe entflammte und sie als »Diotima« in seinen Gedichten in die Weltliteratur eingehen ließ. Da die gemein-

same Liebe nicht zu verwirklichen war, verließ Hölderlin zwei Jahre später die Familie. Im Park von Schloß Stechau sind beide nun endgültig vereint. Schloß Stechau ist ein privater Wohnsitz und kann daher nicht ohne weiteres besichtigt werden. Der Park ist öffentlich zugänglich; geführten Besuch des Anwesens Stechau regele man unter der Tel.-Nr. 0 89/28 66 25-23; -17 (Fax) bzw. Tel./Fax 03 53 61/8 05 51.
– **Branitz** (OT von Cottbus): (Stadt und Land Atlas Berlin/Brandenburg, 1997, S. 120a D 3) Das Rittergut gehörte bis zur Enteignung 1945 der Familie von Pückler. Das Schloß wurde 1772 von August Heinrich Graf von Pückler errichtet, ist ein zweigeschossiges, wohlproportioniertes Haus mit Mansarddach, Mittelrisaliten und Wappenkartuschen. Der Park zählt zu den bedeutendsten Schöpfungen des Fürsten Hermann von Pückler-Muskau.

Bedeutende Kirchen in der Umgebung

Beesdau: (Kirchenschlüssel: ev. Pfarramt 15926 Schlabendorf, Stoßdorfer Weg 1, Tel. 03 54 39/2 43) 14. Jh.; in Inneren Sandsteinkanzel von 1566; Epitaph für J. v. Polentz († 1549), Doppelgrabstein (1565) von Georg Schröter aus Torgau für H. v. Polentz († 1564) und dessen Gemahlin; Doppelgrabstein von Georg Schröter für E. v. d. Schulenburg und A. v. Ziegesar († 1563); Grabstein von Wolf Mönch für Sarah v. Loß († 1609); Figurengrabstein eines Ritters v. Polentz († 1587) und Frau E. v. Polentz († 1620). – **Sonnewalde:** Stadtkirche (Kirchenschlüssel: ev. Pfarramt 03249 Sonnewalde, Hainstr. 1, Tel. 03 53 23/2 43) Ende 14./1.H. 15. Jh.; Altarblatt und Tondo im Aufsatz des Altares um 1900 von Eberhard Graf von Solms-Sonnewalde; drei Grabsteine für A. v. Solms († 1587), C. C. v. Meulegracht († 1611) und für J. F. v. Solms († 1654). – **Stechau:** (Kirchenschlüssel: ev. Pfarramt 04936 Kolochau, Dorfstr. 13, Tel. 03 53 61/8 03 84) Die Dorfkirche ist ein Granitquaderbau aus der 1. H. des 13. Jh., die 1732 barock umgebaut wurde. Im Inneren höchst qualitätvolle Epitaphien für Mitglieder der Familien von Birkholz und von Ampach.

Hinweise für die Benutzung des Buches

Alle Service-Angaben, wie Postleitzahlen, Orte, Straßen oder Telephonnummern wurden nach der neuesten Ausgabe der Telepfonbuch-DC-ROM der Telekom (Ausgabe 2, 1997) angegeben und vor Abgabe des Manuskripts nochmals überprüft. Für eventuell bis zur Zeit der Drucklegung erfolgten Änderungen und den sich daraus ergebenden Konsequenzen übernimmt der Autor keine Haftung.

Die Kirchen in der Mark Brandenburg sind in der Regel außerhalb der Gottesdienste geschlossen. Angegeben ist das jeweils zuständige Pfarramt, das über den betr. Schlüssel verfügt. Es gibt jedoch in jedem Dorf mindestens einen Einwohner, der einen Kirchenschlüssel hat. Man frage die Einwohner – in der Regel wird dem Interessierten weitergeholfen.

Da die Orte mitunter sehr schwer zu finden sind und kaum bekannt sein dürften, wurde nach jeder Ortsangabe auf den »Stadt und Land Atlas Berlin/Brandenburg«, Berlin: Stadt & Land Vertriebs GmbH 1997, verwiesen.

Über den Autor

Geb. 1950 in Guben; 1951 bis 1971 wohnhaft in Frankfurt (Oder), erste Erfahrungen in der ehrenamtlichen Bodendenkmalpflege. 1971 bis 1976 Studium an der Humboldt-Universität zu Berlin (Ost). 1981 Promotion über ein Thema aus der byzantinischen Kunstgeschichte an der Martin-Luther-Universität Halle-Wittenberg. Wegen politischer Unstimmigkeiten mit dem DDR-Regime 1982 Übersiedelung nach West-Berlin. 1983 bis 1988 freier Mitarbeiter beim RIAS-Bildungsprogramm; 1983/84 Mitarbeiter am Landesarchiv Berlin. Studienreisen durch Norditalien, Österreich, die Schweiz und die USA. Forschungsaufenthalt am Centro Tedesco di Studi Veneziani in Venedig. Forschungen und Publikationen zur Architektur und bildenden Kunst in Preußen in der 1. Hälfte des 19. Jahrhunderts. Gastvorlesungen an der Johann-Wolfgang-Goethe-Universität in Frankfurt am Main und an der Western Michigan University in Kalamazoo/Michigan (USA). Seit 1991 Mitarbeiter am Fachbereich Architektur der Technischen Universität Berlin; hier Vorlesungen und Seminare zum Thema »Geschichte der Architektur und bildenden Künste in der Mark Brandenburg«. Derzeit beschäftigt mit der mehrbändigen Edition eines historisch-kritischen Gesamtverzeichnisses der brandenburgischen Schlösser, Herrenhäuser und Burgen. Gründungsmitglied und Präsident des Landesheimatbundes Brandenburg e.V., zu dessen Zielen es u.a. gehört, preußische, brandenburgische und Adelsgeschichte vorurteilsfrei darzustellen, sowie Gründungsvorsitzender der Ferdinand von Quast-Gesellschaft e.V.; Herausgeber der von beiden Vereinen edierten Schriftenreihe »MONUMENTA BRANDENBURGICA.«

Der Autor ist Mitglied im Beirat für Tourismus beim Ministerium für Wirtschaft, Technologie und Mittelstand des Landes Brandenburg.

Namensverzeichnis

Ortsverzeichnis

QUELLENNACHWEIS:

Zitat 4. Umschlagseite:
aus: Johann Christoph Bekmann,
Historische Beschreibung der Chur und
Mark Brandenburg,
Berlin 1751, S. 18

Vor- und Nachsatz Karte von 1795,
Berlin, Privatbesitz

Zitate in den Texten:
„Theodor Fontane.
Wanderungen durch die Mark Brandenburg
in drei Bänden,
hrsg. von Helmuth Nürnberger,
© 1991 Carl Hanser Verlag München Wien

Zitat Seite 68:
aus: Johann Christoph Bekmann,
Historische Beschreibungen der Chur und
Mark Brandenburg,
Berlin 1751, S. 234

BILDNACHWEIS:

Sigurd Buhr, Berlin: Seiten 74; 125; 160;
183; 195; 223
Landesbildstelle Berlin: Seite 190
Margot Prust: Titel-Fond; Seiten 132;
138; 145
Dr. Reinhard Schmook-Archiv: Titel;
Seite 146
Ullstein/Gurlt: Seite 169
Ullstein/Schöllkopf: Seite 176
Dr. Gerd.-H. Zuchold: Seiten 69; 80; 87;
93; 99; 107; 120; 164; 203; 210; 229

Impressum

FRANKFURTER ODER EDITIONEN
Buchverlag GmbH
Heinrich-Roller-Str. 16 – 17
10405 Berlin
Tel. (030) 44 37 69 10
e-mail:foe.verlag @t-online.de

©
Herausgeber:
Gerd-H. Zuchold,
Berlin

Gesamtgestaltung:
Ateliergemeinschaft
Prust & Bärisch,
Neuenhagen b. Berlin

Schriften des Landesheimatbundes Brandenburg e. V. (LHB)
zur Architektur- und Kulturgeschichte im Brandenburgischen
herausgegeben im Auftrag des Vorstandes des LHB
von Gerd-H. Zuchold

Druck:
Druckerei Greschow,
Welzow

ISBN 3-930842-41-6

St.K.

Stolpe

Tornow

Schönberg

Blankenberg

Tramnitz

Dannenfelde

D

Bantikow

Trieplatz

Cantow

Brunn

Schr

Döfse

Kl.

Gr. Dessau

Wulterhaufen

Wildberg

Leddin

Gartow

Plänitz

Gantzer

Metzeltin

Rohrlaack

Temni

Übermefche

Gaartz

ftadt

Campchl

Bückwitz

Barfikow

Spiegel Manufactur

Vichel

Köritz

Seegeletz

Lafikow

Kohe Ofen

Nackel

ninenfaue

Schönfeld

Wutzetz

M I T TE

nsgut

Schäferberg

Damm

ichsbruch

Dreetz

Der

dorf

Zotz

Michaelisbruch